学校高质量发展
新质教育系统的构建与实施

张洪波 / 主编

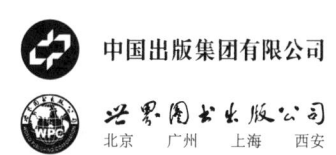

中国出版集团有限公司

世界图书出版公司
北京　广州　上海　西安

图书在版编目（CIP）数据

学校高质量发展新质教育系统的构建与实施 / 张洪波主编. — 北京：世界图书出版有限公司北京分公司，2025.3. — ISBN 978-7-5232-2099-3

Ⅰ.G632.0

中国国家版本馆 CIP 数据核字第 20258TE730 号

书　　名	学校高质量发展新质教育系统的构建与实施
	XUEXIAO GAOZHILIANG FAZHAN XINZHIJIAOYU XITONG DE GOUJIAN YU SHISHI
主　　编	张洪波
总 策 划	吴　迪
责任编辑	张绪瑞
特约编辑	马美聪
出版发行	世界图书出版有限公司北京分公司
地　　址	北京市东城区朝内大街 137 号
邮　　编	100010
电　　话	010-64033507（总编室）　0431-80787855　13894825720（售后）
网　　址	http://www.wpcbj.com.cn
邮　　箱	wpcbjst@vip.163.com
销　　售	新华书店及各大平台
印　　刷	长春市印尚印务有限公司
开　　本	787 mm×1092 mm　1/16
印　　张	20.75
字　　数	222 千字
版　　次	2025 年 3 月第 1 版
印　　次	2025 年 3 月第 1 次印刷
国际书号	ISBN 978-7-5232-2099-3
定　　价	58.00 元

版权所有　翻印必究

（如发现印装质量问题或侵权线索，请与所购图书销售部门联系或调换）

编委会

主　编 张洪波

副主编 丁艳辉　顾慧欣　王　晶　王　微
　　　　 高　宁　樊伟东　郝建平　王　波
　　　　 闫玉波　袁　伟

编　委（按姓氏笔画排列）
　　　　 王　杨　王玉冬　王丽梅　王朝晖
　　　　 王惠民　刘兴宇　孙　剑　李　强
　　　　 李叶青　杨　帆　杨　凯　杨　佳
　　　　 吴俊峰　张大鸣　邵雪冰　赵　丽
　　　　 姜隽姝　耿中良　贾　婕　夏　峰
　　　　 徐凤花　董英杰

序

　　授之以鱼，不如授之以渔；授之以渔，不如授之以欲；孩子先向内生长，将来才会飞得更高、走得更远；对美的追求和渴望，能指引你到达名利无法到达的地方；不求人人为大事而来，但谋学校各个向阳而生。每一句箴言都是孩子成长、学校教育的真情解读。长春市第八中学把全面贯彻落实党的教育方针、坚守五育并举、办人民满意教育落到实处，仅用几年的时间，就从一所长春市二类学校，发展到全市人民最为关注和认可的学校之一，中考录取线比肩长春市一类名校。学校发展拾级而上，不仅培养出长春市的文科状元，升入重点大学的人数也实现了翻倍。学校的发展如实地呈现出一所普通高中真实蜕变的过程，创造了基础教育普通公办高中发展的奇迹。这本专著，系统地阐述了八中人全方位思考、探索与实践的学校教育教学工作，这种经验是经过实践检验、高站位、简单、实效、可复制的，是一份极具价值的教育成果。

　　长春市第八中学的成功在于从哲学视角实事求是，把教育理想与教育实际相结合，做人本且可发生的教育。学校教育从思想高度上提出并落实，德育工作不应是虚夸的首位，而应是学校教育的核心地位；课堂教学不是非此即彼思想的博弈，而是讲授、导学、扶学并存，扶学为课堂高度的"层级扶学课堂理论"。

长春市第八中学的成功在于工作成体系，新时代全人八中办学导图、"四三二"融合党建、和润德育"2+3"工作体系、和怡教学"五五六"工作体系。在这个体系下，学校每个方向的工作还有更详细的路线图、时间表、工作表。学校的发展依托体系的功能和系统的力量。

长春市第八中学的成功还在于教育回归传统，在教育新概念层出不穷的当下，学校赋予很多传统育人活动新的生命，听课中的约课、学生观影、名人大讲堂、入校礼、毕业礼、成人季、校园新劳动、周末艺体广场、新年音乐会，每一项传统活动都在学校教育中焕发了勃勃生机。

本书并非空洞的理论演绎，而是凝结着八中教育人多年躬耕的实践智慧。它记录了长春市第八中学在教育改革道路上的探索足迹，既有成功的经验，也有深刻的思考。愿这份来自北国春城的实践答卷能为广大教育工作者提供有益的借鉴和启示，激励更多的教育同仁在教育改革的征程中不断奋进，共同书写教育事业的新篇章，为培养德智体美劳全面发展的社会主义建设者和接班人贡献力量。

长春市第八中学党委书记 张洪波

2025 年 3 月

目录 CONTENTS

第一章	学校教育改革与发展	1
第二章	"四三二"融合党建体系的建构与实施	33
第三章	扶学思想及扶放教学范式	64
第四章	备课、辅导、考试及作业高效范式	98
第五章	五维一体教师队伍建设	119
第六章	教师阶梯型激励式评价及学科成绩数字化	139
第七章	学生"四元互动"激励式综合素质评价	150
第八章	"五彩三杠"及课时评价新工具	165
第九章	养根育魂"尖毛草"课程体系	198
第十章	基于生涯信念的学生发展指导体系	258
第十一章	建构"三·七"思政课程体系	292

第一章
学校教育改革与发展

世殊时异，法与时转，变革是世界发展永恒的主题，人类通过变革来顺应时代的发展，并实现对世界的改造。世界永恒不变的是变化。近几年，我国教育改革风起云涌，各种改革思想、改革方法应接不暇，"未来教育""现代教育"等多个热血词汇满血而来，阐述的也都有自己的道理。现在，确实是一个不缺教育思想的时代，面对百家争鸣，学校办学之路怎么走？我认为最关键的是要有咬定青山不放松的定力。

"以人为本"是教育改革的压舱石。不管思想如何千姿百态，办法如何千变万化，不管在东方还是西方，教育改革的压舱石都应该是"以人为本"，有它压舱，教育改革的大船任凭风大浪急也不会倾覆。因为教育的对象是人，教育是以影响人的身心发展为直接目标的活动，教育活动想要顺利进行和卓有成效，就必须建立在遵循人的身心发展规律基础之上。苏霍姆林斯基说："教育的终极目的应该是向人传送生命的气息。"泰戈尔则说："教育就是培养学生面对一丛野菊花而怦然心动的情怀。"这些对教育的解读基本传承了古希腊哲学家苏格拉底的教育思想，他认为教育是把孩子的内心引出来，让孩子主动变成自己想成为的样子。我国的教育改革也强调回归教育的原点，即由对知识的关注回到对人的关注。当我们的改革立足于人的发展，当学校的教育着眼于学生综合素质提升和个性特长培养，当我们的教育活动都着眼于学生基础和发展需求，时时处处"以人为本"，教育才是有灵魂的教育，课堂才是有生命的课堂，学习才是最有价值的学习。"以人为本"是教育改革的压舱石，也是改革的方向标，所有教育改革的思想都可用"以人为本"来检验。改革的道路可以是千万条，当我们都胸怀"以人为本"行走，就一定会在终点相遇。

"百年树人"是教育改革的航速器。教育不能求快,"十年树木,百年树人",育人不是件容易的事,不要期望罗马一日建成,教育需要慢功夫。时下,无论做什么都追求快节奏,如"快餐""快递"等等,以至于人们都把"快"作为效率提高的标志。我们也期望一项改革立竿见影,但许多事物都有它本来的规律,违背规律只图便捷高效是得不偿失的。我们只是把握规律、利用规律,而不是改变规律。做教育就像培育种子,过程中需要我们付出汗水和心血,从旁协助,顺应规律地促使其健康成长。如果外力胡乱干扰,只会抑制天性,破坏系统,结果必然是事与愿违。拔苗助长的悲剧不就让世人嘲笑了数千年?拔苗助长的人一定不知道禾苗的想法,所以才会急功近利地以可笑的方式去实现目标。教育人要深深懂得要让种子自行汲取养料、自由发芽与成长的道理。

教育也快不了。我们国家将长期处于社会主义初级阶段,教育作为一项重大的社会事业和民生工程,它绝不会孤立于社会发展之外而独自得到发展,不要期望一夜之间在世界上领先。教育需要社会事业发展提供更好的硬件条件,需要更高的师生配比,需要办更多、更好的高等教育和解决好不升入大学的就业问题,因此,"人们对美好教育的期望与社会事业、教育事业发展不平衡不充分"的矛盾也将长期存在。教育不能急功近利,任何一项教育事业的成功都归功于咬定青山不放松的坚持,需要"百年树人"的耐心,需要前人植树、后人乘凉,心甘情愿为后人奉献的无私境界。

教育坚守了"以人为本",坚信了"百年树人",改革就有了"定力",教育就不会随波逐流,也不会违背规律急功近利。

1. 教育改革的哲学模型

现代系统理论认为物质的结构和功能是对应的。一方面,结构决定功能;另一方面,功能也制约结构,功能促进结构进化。功能是人们追求的目标,但功能不是人的直接操作对象,因而人类改造世界的变革方式就是寻找物质系统的结构特征与功能之间的对应关系,通过改变物质结构,以获取人需要的功能。例如,细胞功能的不同在于其结构的不同,肌肉细胞具有收缩功能而肝细胞具有代谢分解功能,这是由于肌肉细胞由具有收缩功能的肌动球蛋白纤维构成,而肝细胞则由与代谢活性有关的肉质网与核糖体组成。金刚石和石墨都是碳元素组成的单质,但物理性质差异很大,主要原因是原子结构不同,金刚石是碳原子按六面体结构排列形成的晶体,而石墨则是碳原子按平面结构排列形成的晶体。在探讨学校教育高质量发展问题时,同样要关注功能与结构。教育要实现某一功能也需要回溯教育本质,聚焦问题核心,以人性为基础,以教育规律为准绳,对构成教育环节的数量、成分、时间、生物体以及组织关系进行更为科学的分配、重组,建构更为合理的结构,这样教育自然会发生真正的变革。目前,课程改革和高考改革就是通过调整学科结构实现新的育人功能的。学校深层次的变革,本质上是在尊重人的本性和遵循教育规律的基础上调整学校教育结构。基于此,长春第八中学创建了"溯源调结构、结构定功能"的可持续发展的新模式。

"溯源调结构、结构定功能"理解起来并不难,但实际操作还需要教育理论和教育者的智慧支撑,即要坚持科学发展观,坚持理论和实践相结合,深化学校教育结构变革。在认识上,坚持科学发展观。教育结构的变革首先要使其功能遵从教育规律。规律的一个重要属性就是客观性,不以人的意志为转移,按客观规律办事,教育事业才会得到发展。另外,坚持以人为本,因为教育的核心是人,关注人性就是让教育回归本真、回归常识,这是做好教育必须考虑的非常重要的一个因素。在行动上,坚持理论和实践相结合。按照辩证唯物主义认识论,学校所有教育结构变革构想,都需要通过教育实验团队的实验来检验其科学性、操作性和实效性,在调整完善方案的过程中提升理论,以科学的方法指导科学的实践,直至最后见到实效,得到推广。

2.学校教育的核心

广义的教育是指一切有目的的增进人的知识技能、影响人的思想品德、增强人的体质的活动。这包括有组织的和无组织的、系统的和零碎的教育形式,无论是在学校环境中还是通过其他社会实践活动。狭义的教育主要指学校教育,即专门组织的教育活动。它包括全日制学校教育、半日制教育、业余教育、函授教育等多种形式,旨在根据社会的现实和未来需要,遵循年轻一代身心发展的规律,有目的、有计划、有组织地引导受教育者获得知识技能,陶冶思想品德，发展智力和体力，以培养适应社会需求的人。教育的社会性体现在它是社会活动的一部分，涉及教师、学生和学校之间的互动。教育是一个终身过程，旨在培养个体的认知、情感和道德等，帮助他们实现个人价值和社会价值。苏格拉底说："教育的本质是点燃、鼓舞和唤醒。一万次的灌输，不如一次真正的唤醒。"因此，教育是一个灵魂唤醒另一个灵魂，是一颗心灵感召另一颗心灵，是一个生命点燃另一个生命的过程。

学校教育是教育最重要的组成部分，具有极强的复杂性和综合性。学校教育要做到促进学生德智体美劳全面而有个性的发展。对教师，有教无类、因材施教、寓教于乐、教学相长；对学生，学以致用、学而时习、循序渐进、持之以恒。古代如此，现在依然。爱因斯坦在美国高等教育300周年纪念会演讲稿《论教育》中这样说："如果人们忘掉了他们在学校里所学到的每一样东西，那么留下来的就是教育。"这段话在教育界流传甚广。

学校教育的核心应是培养学生的人文精神，其他一切精神、品质和技能都是它的次生品，学生有了人文精神，学校才是真正做到了终身教育，不仅解决了学习问题，更是解决了学生成长和幸福的问题。一个没有人文精神的人，不能称之为人才，也不能成为合格的接班人，充其量就是个有技能的野蛮人。追溯我们的教育，孔子的教育观，也不是培养人掌握什么技能，而是教化大家做一个文明人。

3. 授之以渔，不如授之以欲

中国古话说"授人以鱼，不如授人以渔"，意思是传授给人既有知识，不如传授给人学习知识的方法。细细思量，给学生学习方法，确实要比直接给知识有效，进一步思考，人生最大悲哀，莫过心死，人生没有欲望，别说给渔网让其去捕鱼，就是给现成的熟鱼，都未必有心思去吃。教育也是如此，比方法更高级的教育手段，应该是唤起学生的成长欲望，激发学生内在驱动力，因此，教育的逻辑应该完善为"授人以鱼，不如授人以渔；授之以渔，不如受之以欲"。

抛开素质教育先不谈，中国基础教育抓分数最成功的典型都是谁？在我心中，第一个就是大家熟知的某某中学，不必多说。另一个就是北京二十二中的孙维刚老师，他把一个普通班级从初中带到高中，班级55%的学生考上清华北大。他们靠什么成功培养出那么多高分的学生呢？有人认为，某某中学靠的是军事化管理，孙维刚靠的是高效教学方法。其实这样的认知只是毛皮，他们的成功都有一个共同的规律，就是先从思想上做学生工作。某某中学核心思想是"想上天堂，就得先下地狱""要成功，先发疯""多答一分，干掉千人"，在这样的思想驱动下，学生心无旁骛，一心向学，怎么会没分数？孙维刚的经验是，把80%的时间用在做班主任上，先教会孩子怎么做人。孩子有了自信、能自控、有担当、勇进取，自然解决了当下的分数，更形成了终身发展的优秀品质。在这里我不去评判教育思想的对错，但个人认为，办学大手笔抓分数，不能只是死看死守，不能只是靠时间去磨，而是应想尽办法改变孩子的内心，因为真正考上清华北大的学生也不是看出来的，靠的是内驱力，随便一个普通学校出成绩的班级，也一定是有昂扬向上精神的班集体。因此，想抓分，先育魂。

木桶理论说的是一个水桶能装多少水，取决于最短的那一块木板。这个理论前些年在教育领域非常流行，很多人借助这一理论来指导教育，甚至作为选拔校长的考试命题，成为指导育人的准绳。那么这个理论适合教育吗？

哈佛大学创新实验室的托尼·瓦格纳20世纪九十年代有一部力作——《创新者的培养》，其核心观点是人的创新能力与生俱来，也就是说孩子生来不是一张白纸，是带有各种基因的，按照心理学的理念，每个孩子都是独特而唯一的个体。这些研究成果不是唯心论，而是基于基因这个物质的唯物论。哈佛大学的霍华德·加德纳提出了多元智能理论：每个人都有自己的特长，也一定有自己的不足，教育应指导学生利用自己的优势来发展自己。基于这样的认知，我们应该鼓励教师做"扬长"的教育，而不是"补短"的教育。成长过程中的任何一个优势，都可能转化成如好奇心、自信等学习必备的品质。现代教育不能再演绎"邯郸学步""东施效颦"的历史故事。中国有一句俗语叫"一招鲜，吃遍天"，我们每个个体都没有能力样样通，也没必要样样行。未来的世界虽然需要复合型人才，但真正解决大问题的一定是团队，团队是最完美的拼图，并非大家都是一样"长宽"的木板,而是每个人有长板也要有短板,只有这样的咬合才会拼出最美的图案。人类社会的发展,更需要的是创新,创新人才重要的特征就是"长板"是否突出,而不是样样通、样样松,扬长教育就是"授之以欲"很好的举措。

4.学校所谓的理念做窄了教育

每每谈起学校的教育,很多校长浓彩重笔的可能就是自己的办学理念,大谈理念创新。我们不妨细细审视,谁的理念超越了老祖宗告诉我们的有教无类、因材施教、寓教于乐、教学相长、学以致用、学而时习、循序渐进、持之以恒这32字箴言?其实,现在所有学校提出的办学理念,都是在强化教育的某一方面,都是对全面的、科学的教育思想的窄化,对学生成长的片面性指导。再具体一点,更是对人本教育思想的否定,因为一个学校按着某一理念办学,不管什么样的孩子，有什么特长、成长背景、心愿，只要来这所学校就要被强行灌输它的理念，强推它的特色，何谈尊重学生和个性教育？因此，作为中小学校办学应少玩理念，多思考怎样全面落实党的教育方针，紧盯立德树人的根本任务。

党的二十大报告及《国家中长期教育改革和发展规划纲要（2010—2020）》等国家核心文件，强调的是加快义务教育优质均衡发展，强化学前教育、特殊教育普惠发展，坚持高中阶段学校多样化发展，其中并没有"特色"二字，但现在有些教育行政部门和学术部门把高中多样化发展解读为高中阶段特色发展。深度分析，我感觉二者之间是相互矛盾的，高中实现了特色发展，结果就是不管你是什么个性的学生，只要来我校，学校都会努力按照他们的特色培养，学校特色越鲜明，对学生固有的个性限制越严重。国家提出的高中段多样化发展，其立意还是非常准确的。从宏观上看，要做好基础教育，也要有多样的职业教育；从微观上看，多样化办学，就是学校办学多样化，满足不同学生的不同需求。因此，关于特色办学，我个人认为这种说法是有一定问题的，并不是对国家提出的多样化办学的具体落实，相反，这种提法是和多样化办学相矛盾的。

5. 教育改革不是不破不立

老教师都很清楚，做了二三十年教育，我们喊了二三十年改革创新，然而，今天的学校办学，今天的课堂教学和三十年前并没多大变化，如果有一些变化，可能也未必是什么改革创新，大都是在弥补办学或教学工作中缺失的、没做到的东西。一直以来，谈工作，听汇报，很多校长都在大书自己的创新点，听者也在找改革的创新点，其实发言者和听者的想法都有些偏颇，学校工作最大的亮点不应该是创新点，而应是一所学校多年一直坚守的东西。教育是久久为功、百年树人的事业，教育工作者应该多做一点咬定青山不放松的坚持，少谈一点改革创新的玄虚。我不反对学校教育工作要有改革、有创新，但真的不能张口是改革、闭口是创新，改革创新根本不是学校教育工作的主体、主流和主要。

多次听闻一些教育者谈论教育不破不立。不破不立，看似很有力度的一个用词，但用在教育上是不合适的，教育的改革从来不是改朝换代，而是在传承中创新。真正科学的教育发展，应该是先立再破或边立边破的，当一些改革相对成熟了，再取替原来的一些做法或新旧彼此兼顾，这才是教育真正的，既现实又理想的发展状态。我们的教育从大事到小事，这些年也没少走弯路，教育改革不是敢不敢"破"的事，关键是有没有更好的道路。因此，我呼吁我们的教育者，多点先立后破的稳重，少点不破不立的冲动和急功近利。

6. 教育改革更要会做减法

老子在《道德经》中说："万物之始，大道至简，衍化至繁。"意思是说大道理（指基本原理、方法和规律）是极其简单的，把复杂冗繁的表象层层剥离之后就是事物最本质的大道理。教育是个复杂冗繁的工程，要做好教育，教育者就要凭借智慧层层剥离表象，抓住教育最本质的东西。

虽然人们已经不再说现在处在知识爆炸的时代，但很多专家已经预见，每隔五年到十年，知识就会成倍增长。中小学处在基础教育阶段，并没感受到那么大的冲击，但是新的知识持续进入校园是未来教育绝对回避不了的事情。未来，还有二十多门新的课程（国家计划）要进入中小学，想要破解这个问题，校长就必须有做减法的智慧。

有一个事实不能回避，那就是"校外"对学校的压力。与教育有关的部门都在努力作为，而这千条线的终点都在学校，你方唱罢我登台，每项任务看似都有道理，当所有部门的道理都指向校长时，校长的智慧就是从中悟出学校落实的"道理"，而这个道理的核心就是如何做减法。

教学改革更是如此。前几年，有几所学校改革风起云涌，各地朝拜的人蜂拥而至，而今大都归于沉寂。但却有另外两所自行其道的学校，悄然中被很多学校效仿。追其缘由，是因为他们的升学率高，更因为经验简单，把办学简单到"看、讲、练"。笔者不认同这样办教育，但又不得不认同这两所学校校长的智慧，看清了社会的现实需求，抓住了高考还是一张试卷的升学规则，在繁杂的社会浪潮中理出办学宗旨，简单、自然、有效，而且形成了文化，每个学生都心甘情愿接受"看、讲、练"之苦。如果我们取其校长的智慧，应用到现在教育改革中，很多头疼的事也会迎刃而解。比如综合素质评价，就从满足高考需求来说，让孩子把有意义、有价值的真事记录下来，一学期就记一件事，六个学期六个真事放在一起，足可满足高校观察、选择学生所需，何须各地统一信息系统，什么都做记录，又不知谁记录好，更不放心真假。再如，学生生涯发展指导，只要让学生能够自我认知，把励志、体验真正做起来，又何须冗长的报告，人人填小册子。真正的目标，学生大都不愿意写在册子上，而是内化于心，深融于魂。

很多有情怀的校长都希望在学校推动一个理念，值得注意的是，作为学校的领导者，不要陶醉在自己的理论体系中，而是应该把精力更多地放在老师身上，关注老师会怎么想、怎么做，如何能做好。其实，再好的理念，如果是给原有的教育增负，很多老师就会消极抵制，理念大都落空，真正能够得到落实的，还是减量增效，做减法的改革。

改革需做减法，科学的教育管理也必须如此。一个有二十条的课堂评价表和一个只有五条的课堂评价表，哪一个真正可用，哪一个效果更好，学校参与管理的领导和老师都非常清楚。在学校能够真正得到落实的都是做过"减法"的方案。大数据统计如此，很多不是理论可以预知的。

国家为了推进素质教育，发展学生核心素养，将新一轮课程和高考改革同步运行。笔者对这次改革缺乏足够的信心，因为我们的课程专家拿出的方案大都是增加内容，强化要求，很少看到减少什么，一个只做"加法"，不做"减法"的改革方案，很难真正得到落实。

全国喊了这么多年的教育减负，为什么效果不明显，值得我们思考。课程内容作为源头，不做减法，所有减负的愿望都是空谈。

社会发展为教育做"加法"，这是发展必然，我们无法抗拒；专家做"加法"，让我们对教育的认识全面而深刻，是教育需要，我们也要接受。但这又涉及另外一个问题——如何做加法？

学校、社会都要思考这个问题。有的学校开设了 STEM 课程、创客空间还有竞赛活动，有几个孩子参与？学校开设音、体、美、劳动课程，有上课场所吗？教师结构调整了吗？我们想让孩子去锻炼，我们的城市有几个开放的供孩子们玩球的足球场、篮球场？我们让孩子去实践，社会有几处愿意接纳？这些"加法"都需要有配套支持。教育不能只提要求，不顾事实。

7. 中国教育与创新人才

我们的教育怎么培养不出创新人才呢？2010 年中国成为全球最大制造国。世界知识产权组织（WIPO）数据统计指出，2011 年中国通过《专利合作条约》（PCT）途径提交的国际专利，申请量已超越美国居于全球第一，2022 年专利申请量已经占世界四分之一；统计数据揭示，维系美国半导体霸权的精英人才中，华人超过半数，单是硅谷地区就有 25 万华人工程师。这些世界顶尖人才，有几个不是在中国接受的基础教育？有人说那怎么没有获得诺贝奖？其实诺贝尔奖都是迟到的，再过二三十年，中国人可能会将诺贝尔奖拿到手软。那么我们的教育优势在哪里？科技创新需要的关键能力是什么？前者是形式逻辑，后者是系统实验。客观地说，后者我们确实比较落后，但前者我们完全可以碾压世界，这就是中国教育厉害所在。我们要文化自信，首先要教育自信，没有教育自信何谈文化自信。

当下，世界面临百年未有之大变局，各种思潮相互撞击，各种势力相互角逐。有一批人一直认为知识没有国界，科技没有国界，看似很有道理，但我们反问一下，西方的高科技给我们吗？花钱买都不卖，我们想自己搞，都会受到各种势力的打压。这看似是个学术问题，其实背后涉及教育的三个根本问题，即培养什么人、怎么培养人、为谁培养人。因此，我们的学校教育始终坚持以培养社会主义接班人为根本。

创新教育不要被"实践"绑架。近些年来，STEM课程以及和实验、实践密切相关的课程成为创新人才培养和学校改革创新的标配。我们常说实践出真知，然而从认知心理学角度来看，实践并不是唯一的好办法。从大脑的认知机理上讲，一个新的认知需要和大脑中已经有的其他认知相连接才能被记得牢，和越多的已有认知相连接，记得越牢。实践的作用是让一个知识点和学生的生活经验相连接，由于实践中涉及知识点以外大量的其他认知（如人际沟通、手眼脑配合、语言理解等等），所以实践是增强学生记忆的非常有效的方式。但是对于已经建立大量抽象认知的成年人（或者高年级学生）来说，实践就不是唯一建立认知连接的有效途径。阅读、欣赏艺术品、讨论，甚至自己推导一遍数学公式都能在大脑中产生丰富的连接。由此可见，在低年级孩子大脑内存比较少的情况下，实践是学习很有效的方式，但到了高年级，学生大脑内存已逐渐丰富，那么分析、综合、评价以及创造这样的过程往往更有效果。其实，在人类社会发展过程中，真正有影响的创新大多建立在理论模型的基础上，而不以实验为基础，现在，建立在理论模型上的创新已经主导着自然科学、社会学、心理学、经济学等多个领域。因此，不要认为只有实验、实践了才能培养创新人才，不要让创新被实践、实验绑架，让人们忽视培养创新人才的更高的路径。

8.减负应是一场全民持久战

《中小学生减负措施》（"减负三十条"）出台了！这份文件经国务院同意，由教育部、国家发展改革委、公安部、民政部、财政部、人力资源社会保障部、国家市场监管总局、国家广播电视总局、全国妇联九个部门联合印发。"减负三十条"明确，要引导全社会树立科学教育质量观和人才培养观，切实减轻违背教育教学规律、有损中小学生身心健康的过重学业负担，促进中小学生健康成长。

九个部门联合发文，可见国家决心之大，对比历史，可称是最严肃的一次减负举措。民众多半会期待借助此政策能有效缓解目前的很多教育矛盾，但现实中不会真的有"张良得书"之事。教育的问题，不管采取什么政策，也绝不会一蹴而就，国家、社会必须做好长期斗争的准备，因为这些问题背后深度的社会原因，一时还无法破解。

第一个原因是因人根深蒂固的观念。自古以来，万般皆下品，唯有读书高，学而优则仕等观念深入人心。对此，《以小学生减负措施》第十八条给出了明确要求，树立科学育儿观念，即家长要正确认识孩子成长规律，尊重孩子个体差异和天性，保护孩子的想象力、创造力，把培养孩子的好思想、好品行、好习惯作为家庭教育的首要目标。但儒家观念已经存在几千年，这座压在人们心灵上的冰山，不会一时融化。观念如果不转变，减负就无法落实。社会事业即使发展到孩子都能上大学的程度，大学还有不同层次之分；即使人们都有工作，工作还有不同性质之别。为了提高自己的社会地位，学生还是会拼命补课，贪黑起早忙作业。因此，减负工作需要全社会与传统封建理念做长期的斗争。

第二个原因是社会经济的发展。经济基础决定上层建筑，教育从它产生那一天起，就和经济基础密不可分。当社会发展到有了剩余产品，超越本能的主动学习的教育才会产生，因此各种教育矛盾也是社会经济发展的必然产物。在现实中，那些以军事化严格管理著称的名校，一般不会产生在京津沪深这样的经济高度发达的大城市，也不会出现在经济相对落后的西部，最拼教育的地区多是经济发展中游的地区。因为对于拥有更多选择的、文化与物质条件都充足的家庭而言，焦虑没有必要；而对于贫困的家庭而言，脱贫还是全家的目标，也没有精力去纠结教育质量。社会经济发展是一个漫长的过程，教育的各种矛盾也不会一时就能化解。

第三个原因是独生子女的人口结构。《中小学生减负措施》第十八条也提到，切实履行家庭教育职责，严格对孩子的教育管理，支持学校和教师正确行使对学生的教育管理权利。要理性设置对孩子的期望值，鼓励孩子尽展其才。根据孩子的兴趣爱好，选择适合的培训，避免盲目攀比、跟风报班或请家教给孩子增加过重课外负担，损害孩子的身心健康。独生子女的问题是，六个大人守着一个孩子，怕冷、怕热、怕成长不好，别人管不得、碰不得，孩子是六个大人未来的唯一寄托。这样的家庭背景，有谁能够挡住这六个大人带着孩子抢跑的决心？人口结构调整周期很长，独生子女教育一定是教育的长期难题。

第四个原因是我国多年来形成的"以学科为中心"的教育结构。新中国教育体系深受苏联影响，整体是以"学科为中心"建构的。结构决定功能，学科本位思想指导下的教育，知识体量大（比国外），课堂以识记、总结为目标，考试以分数为评价标准，教育多在记忆、理解、应用低阶思维层面上运行。学生把知识记下来就能答上卷子；理解好公式，多用公式解题，就能取得好成绩。如此的结构，怎会让社会停止补课，让学校减少作业？国家已经提出"以人为本"的教育理念，但教育体系的变革还在漫漫的征途中，改变家长、孩子的教育观还需要时间。

社会中所有的问题都是在矛盾斗争中才能得到发展的。有这样一句俗语：小成就靠朋友，大成就靠敌人。教育背后的矛盾，也是教育发展的动力，同样成就了中国教育今天的厉害和未来的伟大。减负看似指向教育，但实质上关系到民族未来，是整个社会无硝烟的战争。我们要挡住面前的敌人，更要决胜千里，动摇"负担"赖以生存的根基。

9. 教什么和怎么教谁重要

在办学中一个重要的问题必须要清楚，教什么和怎么教谁重要？这个问题在教育界争论很大，它直接影响教育的改革方向，是把主要精力放在教学方式改革上，还是放在教材内容选择和处理上。因为你怎么认识世界直接决定你怎么改变世界。

理论和实践都在告诉我们，教材只不过是学生建构学生核心素养的桥梁和纽带而已，有时甚至无须记住教材上的知识，过去有人用《东方时空》也能把语文教得很好。那么什么是教育？爱因斯坦曾经说过："当所学的东西都忘掉之后，剩下的就是教育。"事实也是如此，中小学时代学过的数理化知识还有谁在用？但在学习这些知识的过程中积淀下来的核心素养却让人终身受益。还有，编出再好的教材，如果教学方式不改，还是灌输式教学，一切努力都白扯，因此，怎么教才是教育的关键。当然也不是说教什么无所谓。

10. 成就大才更需志趣

前有钱学森之问，后有西方对我们技术卡脖，虽然我们国家在部分领域已经领先世界，但确实还有太多行业远落后于西方，国家发展需要大批拔尖创新人才。党的二十大报告提出教育高质量发展，既要做到教育公平均衡，又要把教育、科技、人才放在重要位置。

泱泱大国，拔尖创新人才的短缺，有多种原因，进一步分析与一种教育方式逃不了干系，即竞争方式下的教育。我们的教育，从孩子出生到小学、初中、高中、大学乃至一生，始终都喜欢用竞争机制来激励成长。社会不断向学生灌输"吃得苦中苦，方能做人上人""小成就靠朋友，大成就靠敌人"等思想。学校更是重灾区，分数、排名、小红花、小红星、小干部、奖金、各种誓师大会一样不落，有的学校甚至有"要想上天堂，就不要怕下地狱""高考提高一分干掉几千人"等此类"座右铭"。竞争固然有立竿见影的激励作用，但竞争的自然属性就是滋养功利主义思想。这就不难解释各省高分考生基本上都首选去学金融等赚钱多的专业，就业时绝大多数毕业生都以收入为首选，志趣、特长都为利益让路的原因了。然而高端职业人需要的是崇高的职业精神，创新人才需要的是忘我的科学态度，虽然这些素养已经写入课标，但我们的教育者、实施者却很少从这个角度出发办教育。孩子成长可能离不开竞争，但竞争也有可能成为孩子成长的阴霾，怎么克服竞争的负面导向，把握好竞争的计量，选择好竞争的方式，是我们必须重视的教育艺术，尤其要学会非竞争的"养根育魂"的教育方式。

科学需要闲心。中华民族并不缺智慧之人,但没有在近代走上科学的道路,书本上的公式、定律,现实的技术大都来自西方,很大一个原因是我们根深蒂固的理念——知行合一、学以致用。庄子曾经说过,人们皆知有用之用,莫知无用之用。我们缺少的不是"有用",而是"无用":像欧几里得那样专心搞推导命题,像阿波罗尼那样一心画曲线,像哥白尼、伽利略痴迷于看天上的星星,像牛顿一样苦想苹果为什么要落地,像詹姆斯·瓦特呆呆地看水壶盖……正是闲心和对知识纯粹的渴望让人类走上了科学之路。做教育不能只知有用之用,不知无用之用。

11. 目标、标签、自卑感

目标够得着更好。这么多年来,我们的教育非常盛行让孩子树立远大目标。问问我们周边的孩子：长大后要成为什么样的人啊？各个的榜样不是伟人就是大英雄；将来要考哪所大学啊？回答不是清华就是北大。听到这样的话，家长、老师都高兴得不得了，然而就是这样的远大目标，给大多孩子成长带来的不是赋能而是隐患。因为绝大多数孩子会发现，自己越成长离目标越远，甚至会产生失望、不自信、焦虑等情绪。国外孩子他们的榜样多是自己的父母、身边的哥哥、姐姐、朋友，摸得到，看得见，做得来，不断积累小的成功，培养成长的激情和自信。其实人谁都看不到自己的未来，只有不断提高认知，提高自己的层次，才会距理想的自己更近。与其虚无缥缈地胡说，不如脚踏实地，积跬步至千里。教育应培养孩子从小有崇高的目标，目标越崇高，成长动力越强大，而不要空谈树立远大目标，崇高目标和远大目标不是一回事。

心理学中有一个叫作"标签效应"的概念，当一个人被一种词语贴上标签时，他就会做出自我印象管理，使自己的行为与所贴标签的内容相一致。因此老师、父母无意说出的负面的话，就会给孩子带来难以愈合的伤口，让孩子在错误的路上越走越远。就像电影《哪吒之魔童降世》中的哪吒，他一出生就是魔丸，虽然从来没做过坏事，还从妖怪那里救下了一个小女孩，但村民不相信他，还骂他是妖怪。这让哪吒非常痛苦，他觉得村民的话都是真的，就决定坏给大家看，变得嚣张跋扈、无所顾忌。因此，在负面标签的唆使下，孩子很可能就放弃了自我成长。

人的一生都会存在自卑感，这是心理学家阿德勒在所著《自卑与超越》一书中提出的。由于每个人的成长都必然经历从小到大、从弱到强的过程，所以总是遇见比自己成熟、强大、优秀的对照者，总是面临自己过去所不能胜任的任务、挑战和环境，因此每个人内心深处都存在自卑感。具体地说，人的本性都喜欢也习惯往上看，小时候习惯看比自己大的孩子，长大工作时也习惯看赚钱比自己多、日子比自己过得好、职位比自己高、事业比自己优秀的人，这个本性让我们每个人一生都会出现偶尔的自卑感，只是程度不同而已。告诉同学们这一点，同学们对偶尔的自卑就没必要焦虑了，这是生命的正常现象。

12. 教育要向下衔接

教育衔接问题是目前教育的一个热点问题。大家重视及所做的幼小衔接、小初衔接、初高衔接大都是向上衔接，由此导致了幼儿教育小学化，小学教育初中化，初中课程高中化。然而，国家颁布的新的义务段课标却反过来，要求学校解决好向下衔接的问题，如"小幼衔接，小学教育要研究如何适应幼儿的教育""要求小学低年级学生学习具有生活化、综合性、活动化的特点，创设生活情境，更多关注生活中的真实问题，支持学生在游戏、操作、体验等亲身参与的活动中获得具体直观的经验"。我个人认为如果一定要做向上衔接，最好的方式就是做好本学段该做的事，如"幼儿玩、小学慢、初中宽、高中活"，教育不能急功近利，要厚积薄发。

13. 选课走班的错解

最不负责任的选课指导，不是多数人认为的只提供大文大理，而是让学生十二种选择随便选。因为有些课程组合非常鸡肋，孩子辛苦读完大学但国家不需要这样的人才，自己也难找到合适的工作方向，误国误民。合理的指导一般是提供5—8种组合。

在人本思想指导下，课程的选择在一定程度上解决了个性化教育的问题。凡事都有两面性，科目选考也有其弊端，虽终结了学生的文理偏科，但当选考让学生按着自己的兴趣和特长来选科目后，每个学生个体偏科现象更为严重了。我们采取多次考试避免一考定终身的方法，但多次考试拉长了战线，占用了更多时间，反而让高考更加应试化。高考录取中选考科目虽然采取等级计分，但由于群体不同，高考不公平性的问题还是存在的。高考选考，学生的自我选择性和社会发展的刚性需求并不会完全匹配，这些问题不解决，若干年后，会深度影响社会发展。

14. 融合教育的趋势

融合教育的概念应是与学科教育相对而言，项目式学习、问题式学习等都是融合教育常用的学习方式，STEM教育、创客教育虽分类标准不同，但从内涵上看都属于融合教育。那么如何理解融合教育呢？

（1）融合是自然界本身的属性。

自然界中的任何事物都不是孤立存在的，很多事物身上都是物理性质、化学性质、生物特征、数学特征共存，我们单独从某一学科的角度认识事物，一定是片面的，不完整的。人们对事物的理解更是受限人类不同的认知能力。随着认知水平的不断提升，理解也在不断深入，有些当初看似不相干的现象，实际可能遵循了相同的规律。比如，在很早以前，人类发现了磁现象，也发现了电现象，两者看似毫不相关，但后来科学家奥斯特却发现他们有共同的本质。自然界一定还会有很多这样的规律，只是因为我们认知水平的原因，目前还未被发现而已。人类社会的发展都是"天下大势，合久必分，分久必合"，虽然单科教学能让知识更加专业化，但是从本质上看终将归于融合。

（2）学科交叉点是未来科技的创新点。

基于事物的自然属性，事物本身就是各种属性并存，因此未来科技创新点都在学科的交叉点上，一个复合型人才，会具有更强的创新能力。比如：牛顿因为拥有雄厚的数学功底才推导出万有引力定律；中国仅存八年却被称为最成功的大学——西南联大，在抗战期间，培养出了174位院士，2位诺贝尔奖获得者，这些时代精英无一不是各领域学术的集大成者。现在的创新发展都要依托团队，道理就在于学科交叉点是未来科技的创新点，单打独斗、知识单一，是很难有大作为。

（3）融合教育也是学校课程实施的需求。

随着科技的发展与进步，人类社会又积累了很多新的认知，发现了许多新的科技领域。这些新的认知需要向青少年传播，需要纳入学校课程，然而，不管从新知识本身的属性，还是学校课程实施的实际看，学校新增课程都不允许再以单一学科形态出现，课程以大融合的形式呈现是学校教育的大势所趋。比如：培养学生创新思维和操作能力的 STEM 课程就是科学、技术、工程和数学的融合；生涯教育就是与学校德育工作相融合，通过学科渗透与各学科相融合；国家最新强调的新劳动教育在实施时也一定要和研学旅行、生涯教育、社会实践相结合。融合是学校课程设计的必然选择。

其实，现今高中的选课走班，大学的分大类招生，教材中各学科知识的彼此借用，都是应和人才培养的需求。如英语学习中也常需要懂体育、地理、物理、化学、生物等学科的知识才能准确回答问题，理化生之间更是彼此涉及。融合思想已经无处不在，依托融合思想做教育，是人类智慧的发展，更是人类认知世界本该的回归。

15. 工作计划、管理制度

（1）学校工作计划的亮点在哪？

很多校长、领导可能和我一样，每年的工作计划中最得意的是今年工作有哪些创新。然而当学校发展到今天这样的高度，我突然顿悟，计划中最大的亮点不是今年的创新点，而是这些年我们一直坚守的东西，一直坚守的才是我们办学的重要所在，才是学校的品牌所在，十年树木百年树人，教育是咬定青山不放松的事业。名校的名气，大都是它多年坚守的那些东西成就的。

电视剧《天道》里有句话，实事求是做事就是圣人，我觉得很有道理。常人很难一眼就看清事实的样子，因为事实不仅是事物本身，还包括与之相联系的细枝末节，工作中的每一次不如意或每次定事后的修改，背后的原因大都是我们没看清事实。哲学上也有句话，做对事往往都省事，那些增加了很多附加劳动而攫取效益的，一定都不是工作的最佳方案。

（2）学校的大制度与小规矩。

在私立学校，聘任制就是大制度，把真正热爱教育的人、优秀人才吸引到教育行业中来，最低限度也要让教师爱校、爱学生。如果立下聘任、解聘的大制度，小规矩可以很少，大家可各司其职、各显其能。在公办学校，评聘制度不能真正发挥作用。我个人认为，大制度应该是看似不是制度的校风、学风，以及学校今天的发展状况、未来的愿景、科学的举措，用这些把教师的斗志唤醒，使精神凝聚。如果着力于班主任工作量化，行政人员量化，考试成绩量化，很多难以量化的东西也要折算成分数，排出"甲乙丙丁""一二三四"，一路下来，"按下葫芦起来瓢"，校长苦不堪言，很多看似有道理的小规矩，副作用也很大。真正的名校，小规矩往往并不多，很多人都相信细节决定成败，我更相信格局决定结局。

（3）学校应是平台而不是工厂。

很多人都反对把学校说成是工厂，我更反对这样的言论，一些教育大咖常常把自己的学校描述得无所不能。说起劳动教育，学校自成体系，什么都能干；说起体育、美育教育，学校课程丰富多彩，学生美体特长都是学校的功劳；说到品质形成，学校德育工作更是"好孩子都是我培养的"。其实对于孩子的成长来说，学校更应该是个平台，不是保出成品的工厂。课堂就是个平台，学生在课堂上通过学习建构必备品质和关键能力，学校应该按国家要求开齐开足各种课程以满足学生的学习需求，同时发挥学生成长平台的作用，让家庭、社会参与进来，调动学生课余时间去健身、学艺术、参加社会实践，引导学生走正路，走好路。学生成长不是学校自己的事，学校也没能力大包大揽，但是学校完全可以居中搭台，成为多方勠力的发起者、引领者和协调者。

16. 解决教育困局根源在观念

为了推进教育事业的发展，新中国成立以来，我国基础教育已经进行了八次课程改革，如今，我国已经成为世界第二大经济体，可以说，基础教育居功至伟，它为国家的经济建设培养了大批优秀的劳动者。但是教育事业的发展离人们对美好教育的期待还是有很大的差距：我们倡导了三十多年的素质教育依然举步维艰，在某些地方，"看、讲、练"办学模式还在大行其道，把学校办成"人才"的加工厂；课业负担越来越重，补课越来越疯狂，学生成了精致的解题机器……

造成这种局面的直接原因有很多，有人说是高考的压力，有人说是就业的压力，有人说是课业负担重，还有人说老师讲得快或者课上不讲课后讲，看似都有道理，但追根溯源我们就会发现，所有的现象最终都指向了社会几千年来形成的"万般皆下品，唯有读书高""学而优则仕"这种根深蒂固的思想，也就是人们对职业尊卑、三六九等的偏见，这是挡在教育改革路上的"真老虎"。

这个观念不改变，即便人人上大学，人们还会争大学的好坏，人人有工作，人们还会争职业的高低，就算只学一科，也会有人找人补课，让自家孩子比别的孩子占得先机，假如老师课堂就讲"1+2"，也会有家长带着孩子反复训练，确保自己孩子不出错。

2018年1月16日教育部基于学生核心素养的培养发布了高中课程改革方案和课程标准，国家还出台了两依据一参考、三加三、六选三等高考改革方案，让我们看到教育改革又充满希望地起步了。但人们这些观念不改变，再好的方案也会被迫走型。改革希望为学生提供适合的课程，但社会回应的可能是分数优先，个性需求退于次位；改革希望基于核心素养教育，但实际上学校无奈屈服于"老虎拦路"，三年课程一年半讲完，半数的教育时间来做"讲、练、考"；国家提出综合素质评价，激励学生全面成长，最后还可能会演变成学生根据高考需要呈现出"纸面编程"式全面成长。加班加点照旧，反复练题还是硬道理，疯狂补课激情不改。

俗话说"树根不动，树梢白摇"，教育改革也如此。当然，让几千年的封建观念转变绝不是一朝一夕的事，更不是教育独自可为之事。我们教育的大树需要植根于平等、互敬的社会土壤中。如果社会能让环卫工人骄傲地为城市美容，工人自足地拧好每个螺丝，教师快乐自豪地育桃李，医生踏实地进行救死扶伤，科学家自由地畅游未来的世界，每个人各得其所，人职匹配，教育就不用再焦虑，教育改革的新枝就会条条枝繁叶茂。我们呼吁职业的平等和对人的尊重，不是让大家走向"读书无用"的极端，而是期望我们的学生，如果是条鱼就让他在水中畅游，是马儿就在草原上奔跑，是猴子就在林间翻腾，是雄鹰就在天空翱翔，是蜗牛就在路上慢慢前行。

观念的转变，不仅是教育改革急需，更是社会发展必需。现在，很多职业在人们的眼中是不被接受的，一些青年人宁可在家啃老，也不降低标准出去工作，青年人在待业，工厂、工地却在闹人荒。观念不改，教育改革寸步难行；观念不改，社会矛盾难以根治。追求和谐的社会和美好的教育需要改革，但改革在关注调结构、改方法、定政策的同时，更要着眼观念的改变。

一个学生，基础教育要十二年，大学四年，研究生三年，这十九年的时间，孩子都在起早贪黑补课刷题，毕业收入大多数也就几千块钱。如果能够让我们的孩子拿出这个经历的一半时间，贪黑起早学习一项技能，那他一定会成为这个行业的高手，收入自然也不会差，生活一样幸福。真能这样，这个世界也会变得相当美好，到处都是成功的匠人，满眼都是高品位的百年老店……大家为何不如此？徐志摩曾说过：我们躺在儒家挖的大坑里几千年爬不上来。

17.用数学正态曲线预知教育

数学中的正态曲线不仅拥有绝世的凸凹之美，更蕴含着普世真理，自然界可数字化的万物皆以正态曲线分布为自然生态，正态分布在应用时，也可称之为"纺锤形分布"，从物质到事物皆遵循此道。

微观世界中所谓的粒子轨道其实并不存在，只不过是粒子正态分布出现概率高的位置而已。地球上的人口如果按年龄处在正态分布时，人类可分享人口红利，社会亦最有活力，为什么每每朝代更迭几十年后通常会出现大兴的局面，其中人口年龄结构呈正态分布所带来的人口红利也是关键因素之一。

如果用这样的数学思维认识教育，也可找到教育的正确方向。一个城市学生在各类学校的人数分布呈正态曲线最为合理；学校教师建构，按年龄正态分布最有活力；孩子的多元智能、各项指标按正态分布，孩子最有潜质；试卷的难度、学生的成绩按正态分布，考核最为优秀；课堂上，学生情绪状态、思维活动、任务难度分布呈正态曲线，课堂最为优质。以铜为镜，可以正衣冠；以史为镜，可以知兴替；以人为镜，可以明得失；以数学为镜，可以分智愚。

18.学校管理更需要"场"的力量

教育是灵魂与灵魂的对话，是一项叩问良心的职业，很多时候制度无能为力，因此，这份事业更需要一种无形的力量，那就是"场"！

"场源"可以是学校校长。这个场可能是"威"、是"信"、是"敬"、是"情"。这个场主要不是自来权力，而是来自领导者的素养，即学识、性格、品德、气质以及领导的业绩。

"场源"可以是学校文化。学校的文化，一般包括教育的理想或追求，对学校功能及其社会责任的理解，对人性的理解，对学习、工作的态度，对集体的看法。

"场源"可以是教师。教育古训就说"亲其师，效其行，听其言，信其道"，一个阳光向上的班主任，带出的班级一定朝气蓬勃，一个自信有抱负的班主任，他的学生也会壮志凌云。

场在制度管不着的地方起作用，在制度止步的地方掘进，学校会因场变得有温度，教育也会因场而有活力。

（执笔人：张洪波）

第二章
"四三二"融合党建体系的建构与实施

所谓融合，物理意义上指熔成或如熔化那样融成一体，心理意义上指不同个体或不同群体在一定的碰撞或接触之后，认知、情感或态度倾向融为一体。融合建立在所有事物创新的基础上，创出一个新事物，是观察复杂多变世界，解决复杂多变问题的一种方式，是所有事物特色的集中体现，任何事物都能在融合后新的事物中获得体现，以达到恰到好处地解决问题的目的。"融"为消除矛盾，消除对立，"合"则为创新。"融合"就是把矛盾对立的两个或多个事物进行变化、创新，使各事物和谐共存，从而融合成新的事物。著名哲学家张岱年先生就曾精辟总结过中国传统文化的思维特征和优势："兼和为上——兼容多端而相互和谐是价值的最高准衡。"他说："合多为一谓之兼，既多且一谓之和""兼赅众异而得其平衡，富有日新而一以贯之"。兼容和谐、辩证整合，理应成为当今思维的遵循原则。"融合"是社会发展的必然产物，它的思想源泉、思维方式，是建立在中华优秀传统文明和马克思主义哲学思想基础上的，是认识世界、分析世界、解决问题的一种全新的方法和思维。

所谓融合思维，是指通过对不同领域、不同学科的知识和观念进行整合，创造新的想法和解决问题的方法。融合思维不拘泥于传统的思维模式，通过创新性的整合和转化，找到新的解决问题的路径和方法。融合思维强调跨领域、跨学科的整合和创意的融合，通过多元的思考和资源的整合，进一步推动社会的进步和发展。融合思维作为一种创新的思维方式，正在成为新时代的核心竞争力。

一、基层党建要以"融合思维"激发组织力

党的二十大报告指出，"增强党组织政治功能和组织功能，坚持大抓基层的鲜明导向，把基层党组织建设成为有效实现党的领导的坚强战斗堡垒，激励党员发挥先锋模范作用"。基层党组织如何迸发创造力、凝聚力、战斗力、领导力和号召力，关键在于"融合"二字。基层党建的生命力在于融合，需要各级党组织强化融合思维，切实将组织"点亮"在各个角落，让基层党建工作"抬头能看到、伸手能摸到、聊天能谈到"。

党的基层组织建设工作从来都是为完成党的政治任务和中心工作服务的，不能就党建抓党建，不能搞党建工作和经济发展"两张皮"。党建与发展犹如车之两轮、鸟之双翼，只有把党的建设与中心工作"揉"在一起抓，把每条战线、每个领域、每个环节的党建

工作抓具体、抓深入，发展大业才会事半功倍。实践证明，一个地方凡是党建工作做得好，党建与中心工作的融合程度高，中心工作也就自然能保持健康稳定发展。树立融合党建理念，就是要以党建创新促进中心工作，以发展成效检验党建工作，实现党建工作与中心工作同频共振、无缝对接，在同一性中求发展，在差异性中求作为，使基层党组织始终成为带领群众推进各项事业发展的坚强战斗堡垒。

要切实做到"围绕中心抓党建、抓好党建促中心"，变"两张皮"为"一盘棋""一股劲"，就必须聚焦党建工作和中心工作的"四个结合点"。一是聚焦责任机制上的结合点。建立工作机制，完善党组织工作运行、议事决策、分工负责等措施，为党建工作与中心工作融合发展提供充分的制度保障。二是聚焦能力素质上的结合点。建设一支数量充足、结构合理、管理规范、素质优良的党务干部队伍，打牢管党治党坚实基础，把党建工作与中心工作的有机融合落到实处。三是聚焦目标导向上的结合点。把党建工作与中心工作谋划部署统一起来，做到统筹谋划、同心同向，虚实联结、强基固本，找准党建工作服务大局的结合点。四是聚焦实践推进上的结合点。借鉴先进经验，以"组织相加—工作相融—党建引领—共享共赢"为主要内容，以基层党组织共同愿景、共同需求为纽带，开展党组织联建共建活动。

二、学校党建要树立融合理念

教育是国之大计、党之大计。坚持党对教育的全面领导是党中央着眼教育事业发展作出的重大部署，是中国教育事业发展的政治保证和鲜明特色，是落实立德树人根本任务和践行为党育人、为国育才使命的重要举措。学校是培养社会主义建设者和接班人的重要阵地，党的十八大以来，以习近平同志为核心的党中央高度重视学校党的建设工作，作出了一系列重要部署，强调"加强党对教育工作的全面领导，是办好教育的根本保证"。党的领导是全面的、系统的、整体的，学校党组织领导学校改革发展的全局，要着力提升把方向、谋大局、定政策、促改革的能力和定力。

学校党组织要把方向、管大局、做决策、抓班子、带队伍、保落实，在政治立场、政治方向、政治原则、政治道路等方面切实加强政治领导，为学校发展引领正确政治航向。提升组织覆盖力，是学校党组织要能将所做的工作覆盖到师、生、家长等各个群体，使党组织的作用得到充分发挥。提升群众凝聚力，是要使学校教育事业站稳人民立场，更好的服务师、生、家长，创造社会价值。提升社会号召力，是要以新时代新思想为教师凝心聚魂，从而在教育学生和影响家长的过程中凝聚起建设新时代中国特色社会主义伟大事业的磅礴力量。提升发展推动力，是要助力学校教育教学增强育人水平，不断提升育人成效，为学校夯实发展之基。提升自我革命力，是要推动党支部和党员教师自我净化、自我完善、自我革新、自我提高，为学校发展贡献内生动力。

把党建工作作为实现新时代学校高质量发展的重要内容，紧密围绕"立德树人"的根本任务，赓续党的精神血脉，践行为党育人使命，引导教师党员不断增强"四个意识"、坚定"四个自信"、做到"两个维护"，实现党性觉悟和业务能力双提升，从而引导学生树立正确的理想信念，自觉把爱国情、强国志、报国行融入实现中华民族伟大复兴的奋斗之中。

习近平总书记指出："只有围绕中心、建设队伍、服务群众，推动党建和业务深度融合，机关党建工作才能找准定位。"所谓融合，是指以党建工作为引领，一体推进党建工作和学校中心工作互促并进的格局和方法。

随着教育改革的不断深入，党建工作领域越来越宽广，内容越来越丰富，只有树立融合理念，把党建元素和内容体现在教育教学的各个方面、各个领域、各个层次，坚持党建工作和中心工作一起谋划、一起部署、一起落实、一起考核，以抓中心工作的力度和要求把党建工作抓具体、抓深入，以党建工作的成效动员和引导学校党组织和广大党员理解支持中心工作，积极投身中心工作，以党建工作凝聚的智慧和勇气破解学校发展中遇到的困难和问题，实现党建工作与中心工作的高度融合、深度契合、密切配合。

长春市第八中学积极破解"两张皮"，在创新突破中主动积极作为，围绕贯彻落实中央和省市委决策部署，以服务学校高质量发展的目标任务，坚持目标引领、强化问题导向、创新工作载体、聚力服务中心，大力推进学校党建与业务工作深度融合、同频共振。

学校"四三二"融合党建突出"政治建设"这一根本性建设，既牢牢坚持社会主义办学方向，坚定不移贯彻落实习近平新时代中国特色社会主义思想，又用党的创新理论武装师生头脑，站稳立德树人、培根铸魂、举旗定向的政治立场，引导全体党员坚定不移做"两个确立"忠诚拥护者、"两个维护"示范引领者。

推进党建和业务深度融合，既涉及思想认识问题，也涉及工作能力和工作方法问题，主要包括三个方面：一是统筹一体推进。党建工作与业务工作是有机统一的。党建工作抓好了，就能为业务工作提供坚强政治保证。同时，党建工作要想避免"虚化""弱化"，要以业务工作来检验工作成效。统筹推进党建工作和业务工作，就是要使党建工作和业务工作的各项举措在部署上相互配合，在实施中相互促进，围绕中心抓党建，抓好党建促业务。二是坚持问题导向。推动党建工作与业务工作深度融合、相互促进，必须坚持问题导向，深挖影响二者深度融合的主要问题。坚持问题导向，要求发现问题要准、分析问题要透、整改问题要实，奔着问题去，盯着问题改，把深层次问题挖出来，把隐蔽性问题找出来。坚持问题导向推动党建工作与业务工作深度融合，要求在找准问题的基础上，对问题整改实行台账式管理，明确责任主体、进度时限和工作措施，做到问题不解决不松劲、解决不彻底不放手，持续推进，久久为功。

三是夯实制度基础。坚持党建工作和业务工作一起谋划、一起部署、一起落实、一起检查，需要建立健全的相关制度和机制。夯实制度基础是推动党建工作与业务工作深度融合的长远之计、根本之策。要加强制度建设，及时将党建工作与业务工作深度融合的成功经验和有效做法上升为制度，不断把党的政治优势、组织优势、密切联系群众优势转化为推动业务工作发展的优势。

党委充分发挥总揽全局、协调各方的领导核心作用，通过深入贯彻落实党委领导的校长负责制，总揽学校改革发展稳定的全局，把党的领导和依章办学有机结合起来，使党的领导覆盖办学治校各领域、占领宣传思想各阵地、贯穿教育教学各环节、融入人才培养各方面，把党的建设和学校事业发展融合起来，形成"中心工作是什么，党的建设就重点聚焦什么；发展瓶颈是什么，党的建设就重点突破什么"的工作格局。

三、"四三二"融合党建品牌的内容

"四三二"融合党建的"四"即"四个围绕"的目标融合（围绕理念文化，提升思想力；围绕铸魂立德，厚植基础力，实施铸魂立德四大工程；围绕规范提升，提升组织力；围绕先锋引领，提高战斗力）；"三"即"三个注重"的管理融合（注重制度保障、注重管理效能、注重"党建+"特色）；"二"即"两个发展"的品牌融合（党建和业务双发展）。

长春市第八中学"四三二"融合党建框架图

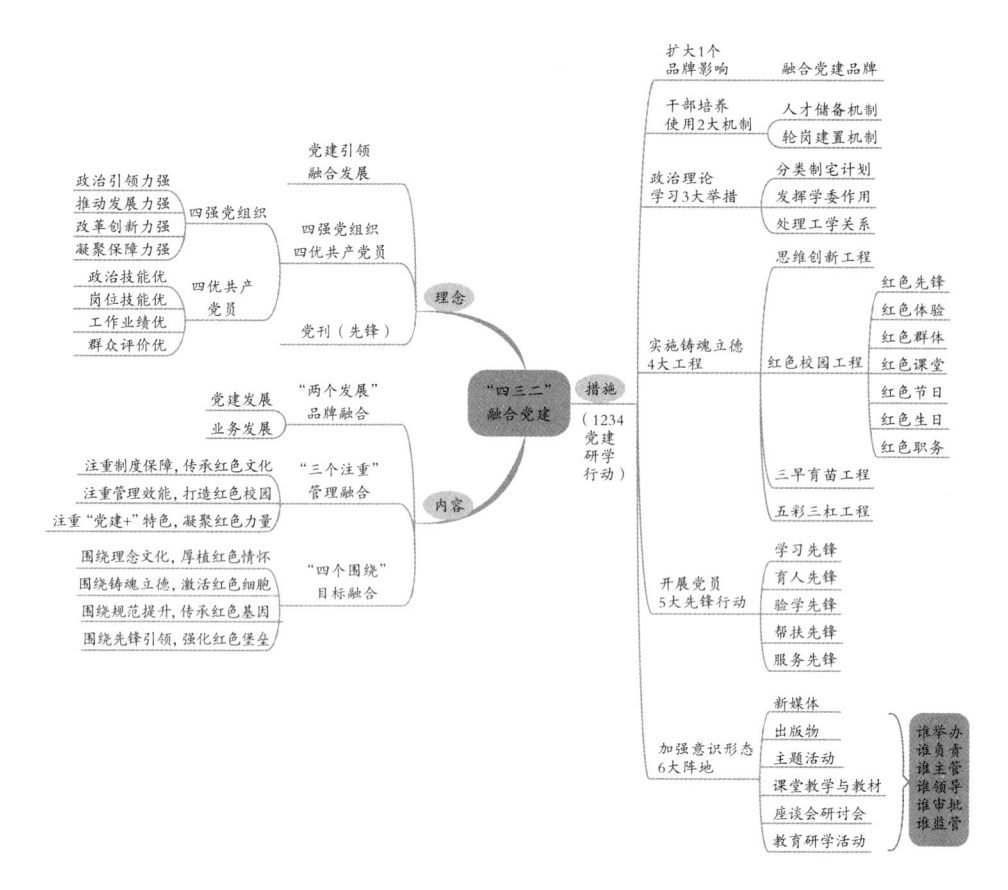

（一）"四个围绕"的目标融合

1. 围绕理念文化，厚植红色情怀

理念融合是先导。融合发展思想是马克思主义发展观在新时代的创新，也是社会发展重要规律，突出"融合"理念，强化"融合思维"，是新时代提高党建工作效率，提升党建工作质量，加强党的全面领导、推进党的建设新的伟大工程的内在要求。党建工作与中心工作实现从配合到融合的转变，是新时代坚持和加强党的全面

领导、推进党的建设新的伟大工程的内在要求。我们把理念融合放在首要位置，从思想深处、从根子上打牢党建和业务融合发展的基础，推动党建和业务深融合、真融合。长春市第八中学的办学理念是"全人教育、和谐发展"。党建工作的理念是"党建引领、融合发展"。学校以"融合党建"为引领，共同与"和展治理、和润德育、和雅之师、和怡教学、和美校园"构成学校"和"文化的体系和内容。学校标识和党建标识寓意深刻、通俗易懂。党建标识是一条红色的丝带迎风飘扬，紧紧围绕在党徽周围，象征着广大党员和群众紧紧围绕在党中央周围，万众一心，开创未来；飘带尾端的两条丝带表示党建和业务融合并进，双效合一，互促共赢。

学校的办学目标：学生有情怀、教师有归属、学校有温度、办学有故事。党建工作的目标：建设"四强"党组织、"四优"共产党员。党刊《先锋》、校刊《全人教育》，每学期一期，引领学校文化，高擎思想火炬，唱响主旋律。党建文化和学校文化充分融合，学校建有党建中心、青年党校、新时代文明实践站、英模长廊，用红色文化引领学校文化，厚植红色情怀。坚持党建引领，构建大融合、大党建的工作新格局。

2.围绕铸魂立德，激活红色细胞

校园文化是学校教育的重要组成部分，是落实立德树人根本任务不可或缺的重要环节，是展现校长教育理念、学校特色的重要平台，是规范办学的重要体现，也是德育体系中有待加强的重要方面。如何深挖校园文化中蕴含的爱国主义教育元素和承载的丰厚道德资源，传承学校优秀的精神文脉，让师生在爱校荣校教育中厚植家国情怀，让中华文化基因、传统美德观念根植于师生的思想意识和道德观念，发挥好校园资源的育人功能，是学校党建工作的重要目标。近日，中共中央印发了《中国共产党学校基层组织工作条例》，这是贯彻落实新时代党的建设总要求和新时代党的组织路线、坚持和加强党对学校全面领导的重要举措，对于建设高质量教育体系具有重要意义。

党建为先，培育基层组织"红色基因"。加强党对教育工作的全面领导，是办好教育的根本保证，要进一步充分发挥党支部的战斗堡垒作用，加强组织生活会、主题党日学习教育等活动形式，让"红色教育"入脑入心；围绕学生群众的思想核心，发挥优秀学生的先锋模范作用，让"红色旗帜"高高飘扬。立德为基，激活教师队伍"责任细胞"。要进一步配齐建强学校党务工作队伍，不断加强师德师风建设，始终不忘立德树人的初心，牢记"为党育人、为国育人"的使命，以理想信念为教育核心，提升学校思想政治工作。切实推动党的各项创新理论进教材、进课堂、进头脑，将社会主义核心价值观内化于心、外化于行，培育爱国、励志、求真、力行的时代新人，为时代青年提供源源不竭的正向能量。

长春市第八中学把红色文化融入立德树人全过程，通过丰富多彩的红色教育活动，激发红色细胞，传承红色精神。为全面落实立德树人根本任务，学校从"培养什么人""怎样培养人""为谁培养人"这一教育的根本问题入手，理顺和架构了"和润德育"框架体系，把立德树人的根本任务下沉聚焦到培养学生"坚毅、担当、自信、好奇心、进取心"五种核心品质上，用"尖毛草"成长，唤起八中教育养根育魂工程。

实施铸魂立德四大工程，即思政创新工程、"三早"育苗工程、红色校园工程、"五彩三杠"工程。用五彩三杠评价工具，搭建学生成长大舞台，把学生的个性特长展示出来，自信心建立起来，把学校、家长、社会共育链接起来；长春市第八中学把研究性学习、社会实践、职业体验、劳动教育、研学旅行融合在一起，让高中综合学习做得起来、走得出去、面对真问题、切实真体验、认知真提升；办好"三礼"，即入学礼、成长礼、毕业礼，高规格关注学生成长的节点，让学生懂得成长；系统坚守教育常识，抓实每日班级内实事评说，每周组织学生进行校外实践活动或职业体验，每月组织学生集体观看优秀影片、维修桌椅，每学期组织年级图书漂流活动,每学年组织校园达人赛等,让学校教育回归本来。

3. 围绕规范提升,传承红色基因

长春市第八中学注重党内组织生活常态化、规范化、标准化。认真开好"三会一课"、主题党日等组织生活。为党员过"政治生日",通过政治仪式教育党员强信念、铭初心、勇担当。坚持文明实践站活动,学校成立了12支教师志愿服务队,在校内和校外进行多方位的服务。学校还定期举行"道德讲堂·身边的感动"宣讲会,通过身边人讲述身边人的感动事迹来达到教育和引领的作用。

学校认真落实党章及《关于新形势下党内政治生活的若干准则》、市教育局《关于严格执行党内组织生活制度的意见》的要求规定,严肃认真开展党内组织生活。

"三会一课":党支部严格按照规定定期召开支委会、党员大会、党小组会,按时上好党课。严格党员大会请假制度,每年各支部校级领导和支部书记都上党课。校级领导以普通党员身份参加所在支部的组织生活,带头交流思想,了解情况,掌握党员群众的真实想法,做好指导帮助工作。

民主生活会和组织生活会:每年都召开民主生活会和组织生活会。认真做好会前准备,听取党员群众意见,遵循"团结—批评—团结"的原则,敞开心扉、交换意见、沟通思想、互相帮助,达到消除隔阂、增进团结、统一思想、凝心聚力的目的。

谈心谈话:书记与普通党员群众之间,领导干部与中层干部、中层干部与一般干部职工之间要经常谈心交心，做好思想政治工作。通过谈心交心，加强了解、加深理解、消除误解，疏导不良情绪，增进党内团结。每学期领导班子成员都谈话50人次以上。

民主评议党员：按照党章规定的党员标准，对党员的工作表现和作用发挥作出客观评议。实行"四评一公告"，按照个人自评、党员互评、民主测评、组织评定、亮分公告的程序开展，促使党员比学赶超、晋位争先。

主题党日：我们结合学校教育教学工作实际，不断拓展"主题党日"内涵，探索推行"主题党日+"模式，每月开展一次党日活动，"党味"浓、"党性"强，做到月月有安排、次次有主题。充分发挥主题党日"党性扫描"的作用，使主题党日真正成为政治学习的阵地、思想交流的平台、党性锻炼的熔炉，不断增强活动的吸引力与感染力。党日活动有深度、有力度、有温度，激发出党员参与的热情，达到入脑入心的效果。为党员过"政治生日"，通过重温入党誓词、赠送党员生日贺卡、宣读入党志愿书等政治仪式引导党员强党性、铭初心。

每年"七一"都召开总结表彰大会，通过总结工作，表彰先进典型事迹等方式，激励广大党员凝心聚力、开拓进取、奋力拼搏、砥砺前行。扎实做好党组织换届选举，2021年9月2日，党委成立大会隆重召开，这是学校政治生活中的大事，标志着学校党建工作迈向新征程。

4. 围绕先锋引领，强化红色堡垒

学校通过开展"红烛先锋行动""三亮三比""党员示范岗""党员亮诺践诺""党员挂牌上岗、亮明身份""万名教师访万家""党员雷锋岗"等载体活动，充分发挥党员的先锋模范作用，一个党员一面旗帜。党员争当学习先锋、育人先锋、教学先锋、帮扶先锋、服务先锋。

以党的旗帜为旗帜、以党的意志为意志、以党的使命为使命，不断提高政治判断力、政治领悟力、政治执行力，从而形成维护党的团结统一和保持党的强大的凝聚力、战斗力。

一是增强了党组织的凝聚力和影响力。党组织的政治核心作用得到充分发挥，凝聚力、影响力和战斗堡垒作用进一步增强，点燃了学校发展的"红色引擎"，守牢了学校红色阵地。开展"强基领航"工程和"红烛先锋"行动，"信仰讲堂——我身边的感动"宣讲会等。

二是提升了党员的向心力和战斗力。党员们比思想领先，比敬业爱岗，比工作业绩，比实干奉献，展现了良好的精神风貌。在疫情防控、志愿献血、教学改革等活动中，党员教师主动亮身份、亮职责、亮承诺、亮本领，带动全校教师比奉献、比创新、比业绩、比学习，发挥了很好的辐射带动作用。开展党员学习先锋、育人先锋、教学先锋、帮扶先锋、服务先锋"五大先锋"争创活动，完善考核机制，加强过程性评价，各职能部门个别项目每季度通报量化结果，发挥引领示范作用，牢牢建强党支部战斗堡垒，充分发挥党员先锋模范作用。教师们积极加入党组织的心情更加迫切。

学校努力探索党建引领"平战结合"基层治理八中模式，100%的党员都进社区"双报到"，主动承担社区抗疫、服务、管理等各项工作。

领导班子以人民为中心、以师生为导向，切实把为师生办实事作为重要工作内容，把提升师生的幸福指数作为重要工作目标，让师生参加进来、监督起来，让师生有感知、得实惠。学校通过问卷调查、召开座谈会、个别访谈了解师生所思、所想、所盼；公开校园意见箱、意见网，倾听群众心声。各级领导制定详细工作方案和任务计划表，深入细致完成调研。立足职能职责，转作风、强担当、抓落实。我们围绕解决学校存在的突出问题和群众反映强烈的热点难点，结合当前学校重点工作，有针对性地列出调研题目，综合运用座谈访谈、调查问卷、个别谈话、典型剖析等办法，采取"四不两直"方式深入教研组和班级调研，开展解剖式案例调研。把情况搞清楚，把症结分析透，领导班子召开了调研成果交流会，大家围绕正反典型案例进行研讨，高质量召开了调研成果交流会，形成了良好的调研工作机制。学校中层以上领导每人都结合实际工作为群众做一件急难愁盼的民生实事。

对调查问卷教师反映较为集中的食堂食品卫生、食材菜品方面的问题以及改善办公环境、办公设施和教工业余增加体育锻炼方面的问题，作出安排部署，着力解决师生切实的八项需求。

强化组织功能，加强我校包保绿园区输油小区的管理，组织慰问孤寡老人、慰问贫困户等活动，为小区赠送了休闲椅，给小区各单元做了公示板。

(二)"三个注重"的管理融合

1. 注重制度保障，传承红色文化

传承和发扬党的百年党建优良传统和丰富经验具有重要的现实价值意义。学校将党建和业务融合的经验上升为制度。强化政治建设为统领，扛起政治责任担当。学校深入学习党的二十大和二十届中央纪委二次全会精神，贯彻落实市十四次党代会、省第十二次党代会和市纪委十四届二次全会精神，贯彻落实习近平总书记视察吉林重要讲话的指示精神，贯彻落实党中央、市委决策部署。认真参加市教育局党组理论中心组"每月一课"集体（扩大）学习会；每两周理论中心组集中学习1次、定期组织专题研讨和读书班。组织全校师生收看二十大开幕盛况，部署"党的二十大精神"学习宣传贯彻系列活动，为全校教师购买二十大报告，为全体党员购买新党章，召开理论中心组二十大精神专题学习会，关键少数领导班子带头学、深入学、广泛学，班子成员和部分中层领导做了二十大精神宣讲；积极推进二十大精神进教材、进课堂、进头脑，各支部以"学思践悟党的二十大，砥砺奋进开启新征程"为主题召开了主题党日活动，从多个方面推动党的二十大精神在我校实现广覆盖、深扎根。

认真落实党委书记"第一学校责任人"责任、校长"主体责任"、班子成员"一岗双责"，制定责任清单，压力层层传导、责任层层落实。研究制定年度党委领导班子落实全面从严治党主体责任"两个清单"，明确全面从严治党重点任务。真正做到守土有责、守土负责、守土尽责。

学校加强党的全面领导。修订完善《学校章程》《党委会议事规则》《校长办公会议事规则》及《"三重一大"决策制度》，进一步规范运行机制。加强思政队伍建设。学校制定《长春市第八中学全面推进"大思政课"建设工作方案》，思政课教师积极参加国培、省培、市级的继续教育培训以及新课程新教材新教法培训，参加了吉林省大中小思政课一体化研究，与理工大学马克思主义学院建立了协作关系，参加了《中国特色社会主义和中国梦》项目研究，还与长春电子科技学院签署了协作协议，部分思政教师参加该校为思政教师开展的研修培训。

学校建立健全了党委联席会议制度、校长联席会议制度、意识形态"一岗双责"责任制落实制度、督导检查推进制度、"七·一"表彰制度、教师节表彰等制度，强化党组织在"三重一大"问题上把关定向作用。做到在守正中创新、在创新中发展，使党建文化在新的历史条件下焕发新的红色力量和生机。

学校实施意识形态工作"一岗双责"，强化以意识形态为主导，筑牢安全防线，严格落实意识形态工作主体责任。校党委切实担负起政治责任和领导责任，将意识形态工作纳入党建工作责任制和年度目标考核，制定《长春市第八中学关于加强意识形态工作实施办法》《长春市第八中学舆情管理制度》《长春市第八中学公众号管理制度》《长春市第八中学微信、QQ群等网络媒介的管理制度》《长春市第八中学德育活动组织与实施办法》《长春八中微信工作群责任人、监督员、宣传员一览表》，把意识形态工作作为党要管党、从严治党、严守思想阵地及提高师生精神文化生活的重要抓手。

第二章 "四三二"融合党建体系的建构与实施

加强网络舆情管理。每学期都召开意识形态和网络意识形态专题会，党委会定期听取意识形态工作情况汇报，突出问题导向，全力防范意识形态领域各类风险。随时分析研判舆情，公众号、微信群、QQ群、校园网，严格落实信息发布"三审三校"三级审核制度，校长、书记是终审人，守牢意识形态红色阵地。完善网络舆情常态监测和预警机制、网络舆情联合应对处置机制，学校大大小小42个微信工作群，实行"谁建群谁负责"的原则，每个群都设置了监督员、宣传员，守牢意识形态底线，确保意识形态领域平稳可控。严格各类文化活动管理。依据"谁主办、谁负责，谁审批、谁监管"的原则，对学校举办的各类主题活动、仪式教育、研讨会、沙龙、讲座、论坛、展示等实行党委统一管理、统一审批，主办部门填写审批单，党委审批后报教育局宣传处报批和备案。提高抵御和防范宗教渗透的能力。运用思想教育、制度管理、法纪约束、生活关心、亲情感化等措施，做好重点人群和少数民族学生的教育管理。

学校结合主题教育，统筹"立改废"工作，把"当下改"和"长久立"结合起来，建立健全长效机制。党委出台了《中共长春市第八中学委员会关于国家安全意识形态工作的有关规定》，学校出台了《长春市第八中学关于进一步规范教育教学行为的规定》《关于制定长春市第八中学英才计划前置培养方案的决定》《关于成立"长春市第八中学学科沙龙"的决定》三个文件。规范了学校教育教学活动和管理，提升了师生国家安全和意识和政治敏锐度，推动了严管严治。

2. 注重管理效能，打造红色校园

学校在工作中做到"三个强化"：在布置学校整体工作时强化党建工作，在落实教育教学工作时强化党组织的政治保障作用，在急难险重工作时强化党员的先锋模范作用。每周行政例会，最后一项都是书记对一周的理论学习、队伍建设、思想工作等做出总结，摸清党员干部和教工思想脉搏，确保党组织政治核心作用的发挥。党委担当起党建工作主体责任和监督责任，书记是第一责任人。支部书记由作风扎实、群众威信高、有一定工作经验的中层干部担任，党建、业务"一肩挑"，促使业务工作和支部建设互融互通。兼职党务工作者计算工作量，在评优选先职称晋级等方面党务荣誉和业务荣誉同等待遇。使党建工作渗透教育教学工作的每个环节，融入每一个细节，向优秀党员学习、积极靠近党组织已成为全校教师的行动自觉，学校真正成为红色校园。

强化干部队伍建设。干部任免坚持党管干部任人唯贤、德才兼备、群众公认、注重实绩；公开、平等、竞争、择优民主集中制和依法办事原则。选拔任用干部会议投票推荐和个别谈话推荐，对确定的考察对象，按照干部管理权限进行严格考察，由党委集体讨论作出任免决定，实行干部任职前公示制度。党委严明纪律，干部选拔任用工作没有任人唯亲、封官许愿、营私舞弊等现象发生。真正做到把政治素质高、业务能力强的年轻同志选拔到中层干部队伍中，为学校发展提供人才力量，激发组织活力。

干部队伍干字当头，勇于担当，在急难险重工作中冲锋在前，练就担当作为的硬脊梁、铁肩膀、真本事。目前中层干部中有6人同时担任班主任工作。开学第一周的校本培训周，定期召开中层干部年度述职大会，教育引导党员干部筑牢拒腐防变思想道德防线，努力营造风清气正的良好环境。实施干部梯队培养"薪火培养计划"和轮岗挂职机制。近几年，分别有3名中层干部被提拔为校级领导，2名副校级领导被提拔为正校级领导，3名年轻干部陆续到教育局挂职锻炼。

加强党员教育培训，是落实全面从严治党要求，是夯实党执政基础的重大部署，我们深入开展"不忘初心、牢记使命"主题教育、党史学习教育及学习贯彻习近平新时代中国特色社会主义思想主题教育。"三会一课"固定时间、地点和内容；主题党日有深度、有力度、有温度，曾到靖宇县、辉南县、通化市及长春市民办党建促进中心等地开展体验式主题党日活动；每年高质量地组织专题民主生活会，组织生活会，民主评议党员；为党员过政治生日；抓好领导班子、理论中心组、全体党员和全体教职工这四支队伍的学习，我们多次邀请长春市委党校王健、吴彦杰、吴迪等专家教授做专题报告，收到了非常好的学习效果。通过党课培训等形式进一步增强全校党员的政治意识、大局意识、核心意识、看齐意识，坚定正确的政治方向；进一步树立清风正气，严守政治纪律、政治规矩；勇于担当作为，在学校的各项工作、学习和社会生活中起先锋模范作用。

3.注重"党建+"特色，凝聚红色力量

一是"党建+"课堂教学。学校坚持"党建在课堂"，在"推进高位指导，打造权威专题指导名师"课改活动和"先扶后放"课堂教学改革中，党员教师先行先改，成为学校课改的先行军，为学校高质量发展提供了坚强的政治和组织保障。

长春市第八中学已被吉林省教育科学院确立为我省第一家科研校长工作室，学校校长张洪波作为首家科研校长工作室主持人，带领一批省级重点高中用科研的方式，解决新问题，寻求新发展，开拓新局面。俗语说"组织"出效益，学校继续从调整组成教育事件背后要素的角度入手，调整教育组织结构，破"三新"背景下学校教育发展的局，提升办学质量。继续落实学校"123321"备课模式，继续做细学校"4+1+1"作业管理模式，继续用活学校"先扶后放"课堂教学范式，继续规范学校"三个五"的教学常规。接下来学校也将充分利用吉林教育电视台、吉林资讯广播电台、学校掌控的全国有一定影响力的新媒体、《溯源调结构》教育改革发展研究会主席单位、全国智慧教育联盟、全国新样态联盟，讲述八中的教育故事，为我市基础教育的改革和发展做出应有的贡献。继续坚持科研兴校发展之路，按照学校章程把各项管理工作落得更实，做得更细；用教育科研的方式把学校发展改革中的初步成果进一步完善、提高、转化，用溯源调结构的哲学高思维，继续探寻学校教育高质量发展新的增长点，站在为国育才、为党育人的高度，切实把"双减"要求体现在学校各项工作中。

长春市第八中学把师德建设放在队伍建设首位，把杜绝教师有偿补课办班作为重点，继续坚持"疏、研、培、购、升"五维一体的结构，建队伍、提质量，让我们的教师愿意留在校园，让更多的社会优质资源为我校所用；继续在四十岁以下青年教师试验中使用"全景式阶梯激励式教师评价体系"，建构全新的教师良性成长机制。常态化管理与专项治理相结合，理清工作重点、重拳出击，把师德建设和社会主义核心价值观教育结合起来。从教师的政治立场入手，从教师的教育信仰入手，从教师的人生态度入手，从教师的职业思维入手，从教师的言行习惯入手，真正体现"学高为师，身正为范"。寒暑假及重大节日前，学校都会组织召开全校教职工大会并进行师德师风建设的专题培训，把师德建设和教师业务能力提升结合起来。在师能提升方面，我们做了大量的工作：立足教师业务培训，强化教师职业生涯规划的落实；立足教育教学科研，提升教师科研能力和育人水平；立足课堂教学，在实践中增长才干；立足学生活动，化师德为春雨，滋润学生全面成长。把师德师风建设和党建工作结合起来。每逢寒暑假及重大节日，我校会组织全校党员教师召开师德师风的专题会议，明确党员教师办班补课的惩罚措施，以促进党员教师严于律己、遵纪守法，充分发挥党员教师在学校师德师风建设中的带动作用。签订党员承诺书。开展家访活动，落实贫困学生帮扶工作，真正了解学生的实际困难，切实为学生解决实际问题。寒暑假期间，学校按照年级和班级的任课情况，将班主任、党员教师、普通任课教师编成帮扶小组，利用寒假时间，通过网络方式有针对性地与学生、家长进行交流，答疑解惑。让学生和家长在学校暖心的活动中受到激励、得到关爱。开设党员教师线上义务辅导站，鼓励教师义务为学生进行个别辅导。最初我们开设的是党员义务辅导站，分别安排党员教师利用节假日定时为学生答疑解难，后来，在党员同志的带动下，很多普通教师都自愿加入了辅导工作，形成了讲奉献的良好风气。

二是"党建+"网络平台。"新时代E支部""学习强国"、党员QQ群和微信群等形成良好的"指尖互动"，党组织经常开展"读文章、晒成绩、谈体会，今天你学习强国了吗"为主题的大学习活动，党员会学习已成为一种生活方式。全体党员积极参加"新时代E支部"云平台的学习，各项活动及时上传，各支部管理员既是指导员又是督察员，党员的注册人数、学习人数、每月完成人数都达到100%。学校党员微信群每周五个支部固定负责一天的学习推送、学习研讨，把学习渗透到日常，营造浓厚的学习氛围。

三是"党建+"党群连心。党建带团建、党工共建，党工团三维联动。学校和吉林大学第二医院眼科中心、永吉派出所、永吉街道吉顺社区、中国移动吉林公司长春分公司客户响应中心结对共建，帮扶共助，合作共赢。

(三)"两个发展"的品牌融合

党建强引领发展强，学校的政治优势、组织优势转化为发展优势，学校实现了高质量快速发展，形成了"党委创品牌、支部有亮点、党员树旗帜"的良好局面。在高质量党建工作的引领促进下，学校教育教学得到全面提升，实现党建与业务的齐发展、双丰收。

党建工作成为中心工作的加油站和助推器，鲜明的党建底色，绘就了学校发展的满园春色。这两年我们荣获吉林省"文明校园"、长春市政府颁发的长春教育系统"先进集体"、中共长春市委教育工作委员会颁发的"先进党组织"等荣誉称号，先后被评为全国生态文明教育示范学校、吉林省生涯规划教育种子学校等；我校疫情防控、"毕业礼""入校礼""成人礼"等多项活动，被包括央视新闻联播在内的省内外多家媒体和"学习强国"平台予以报道；学校高考屡创"低进中出、中进高出、高进优出"的奇迹，如：近几年高考中，朱璐彤同学以648分的优异成绩被北京大学录取，劳滋博同学以理科626分的成绩被华中科技大学能源与动力工程专业本硕博录取，文科岳欣洋以586分的好成绩被南开大学录取，一本人数达162人；今年学校录取分数线达701.6分，超过一类校最低录取线18.6分，实现了历史性突破（2018年录取线低于一类校最低录取线7分）。党建案例被评为获省委教育工委"百年百校"党建工作十佳创新案例；学校被评为长春市教育系统关工委工作先进集体、吉林省关心下一代先进集体；顾慧欣获得"吉林省优秀党务工作者"称号，并被推选为中国共产党长春市第十四次代表大会代表。

张洪波校长创办《老张看教育》公众号，在吉林资讯广播电台开办《老张看教育》专题广播，这两个媒体覆盖全校师生，社会上也有几百万学生、家长受益。

四、特色和亮点

（一）加强顶层设计，注重内涵外延

学校成立党建品牌，创建领导小组。校长、书记任组长，反复论证党建品牌提升的定位和目标，结合学校多年"融合党建"的实践，进一步梳理、丰富、完善了"四三二"融合党建品牌内涵和外延，该品牌有内涵、有主题、有机制、有保障、有成效、可复制、可推广。开展思政创新、"三早"育苗、红色校园、"五彩三杠"四大工程；以"党建+"模式强化党建融入中心，筑牢建强战斗堡垒；认真学习宣传贯彻党的二十大精神，将党建工作的政治优势、组织优势转化为学校发展优势。

（二）坚持"三化"原则，注重落地生效

红色情怀、红色细胞、红色基因、红色堡垒、红色文化、红色校园、红色力量"七个红色"的重点内容，按照工作量化、责任细化、考核硬化的"三化"原则，细化任务，明确责任，形成具体的问题清单、任务清单、责任清单。建立"期中研判、期末调度、年终考核"工作机制，每学期围绕 2 个"红色"专题总结推广。

（三）坚持"党建+"课堂，注重"党建+"特色

"七个红色"强化"红色引擎"，把党的领导和党的建设贯穿教育教学全过程。党建引领强"根"筑"魂"，立德树人就落到实处。

一是在"推进高位指导，打造权威专题指导名师"课改活动和"先扶后放"课堂教学改革中，党员教师成为学校课改的先行军。长春市第八中学是吉林省首批示范学校，始终坚持以全面贯彻党的教育方针和落实立德树人根本任务为主题，以建设组织制度健全、工作成效显著、党建特色鲜明、引领带动辐射的党建示范学校为目标，在提升党建工作标准化、规范化、示范化的同时，充分发挥党员先锋模范作用，开展特色鲜明、紧贴教育教学的"党建+"系列活动，以党建工作引领学校教育教学高质量发展。

二是开展思政创新、"三早"育苗、红色校园、"五彩三杠"红色教育四大工程，整合红色资源，丰富品牌内涵。学校遵循五育并举、全面发展的原则，创造性地打造五彩校园，实施"五彩三杠"工程，重在激发学生内驱力，促进学生全面发展。要把党的创新理论融入教案。党的理论创新每前进一步，其武装人民群众头脑的任务就要跟进一步。习近平新时代中国特色社会主义思想是马克思主义中国化的最新成果，课程思政教师要结合专业课内容，将习近平新时代中国特色社会主义思想的历史渊源、内在逻辑、科学内涵和独特价值等有机融入教案，实现党的理论创新成果学科化、学理化，

帮助学生深刻理解和准确把握贯穿习近平新时代中国特色社会主义思想的辩证法和方法论体系，增强对党的创新理论的认知认同。

把党和国家的新要求融入教案。培养担当民族复兴大任的时代新人是党和国家对高校人才培养的新要求。课程思政教师要心怀"国之大者"，将"立大志、明大德、成大才、担大任"的培养目标融入教案，引导学生把个人成长融入民族振兴、国家富强、人民幸福的宏大叙事中，努力成为堪当民族复兴大任的时代新人。

把国内国际的新形势融入教案。中华民族伟大复兴战略全局和世界百年未有之大变局是中国共产党对国内国际形势作出的重要判断，课程思政教师要把"两个大局"带来的"危"与"机"、"变"与"不变"融入教案，帮助学生在了解世情国情党情民情中增强使命感、责任感，切实增强服务大局、应对变局的本领和能力。

把学科行业的新发展融入教案。学科行业的发展变化与学生的人生规划、职业定位息息相关，课程思政教师要将行业发展的新动态、学科发展的新突破、专业建设的新进展等有机融入教案，引导学生为行业发展担使命、为社会发展做贡献。

（四）汇聚发展力量，注重结对共建

学校和吉林大学第二医院眼科中心、永吉派出所、永吉街道吉顺社区、中国移动吉林公司长春分公司客户响应中心四家单位结对共建，坚持以解决问题为导向，充分运用走访、交流、联谊等活动形式，帮扶共助，合作共赢，相互解决各单位亟待解决的问题。通过共筑组织基础、共促队伍建设、共解群众急难、共办实事好事、共谋双方发展等方面，找准党建工作共同点，开展活动切入点，不断开拓党建工作的广度和深度。通过理论共学、资源共享、活动共办、党员共建、发展共谋、品牌共树等方式，互相借鉴对方党建工作的好方法好经验，发挥各自优势和特点，实现党建与业务工作良性融合发展，着力创出具有代表性的结对共建先进经验，达到"党建引领、凝聚共识、推动发展、实现双赢"的目标。

（五）运用党建思维，注重问题攻坚

学校不断探索用党建思维来破解难题，各党支部和全体党员担当有为，筑牢铜墙铁壁。一是新冠肺炎疫情时期，学校成立了"党员防疫先锋队"，担任了全校师生核酸检测任务。二是按照市委要求，学校党员干部包保绿园区春城街道景阳社区输油小区，承担防疫和管理任务，张洪波校长、顾慧欣书记带领19名党员干部下沉社区，进一步深化社区防疫、党建和基层治理。三是急难险重工作党员冲在前，比较辛苦的班主任和备课组长岗位，党员比例达70%以上。

四是深入开展"我为群众办实事"实践活动。领导班子成员带头落实"四个走遍"，聚焦职工"急难愁盼"问题，搜集群众诉求、研究确定重点项目，分类推进解决；18件实事更多更好地解决了群众急难愁盼。针对高二、高三教师年龄大，腿脚不好，爬六楼困难的诉求，学校想办法安装外挂电梯，一个月后即投入使用。我们实施了"3+3"共助成长行动，党员、普通教师、行政领导三支队伍分别对贫困生、学困生、问题生这三类学生进行精准帮扶。五是整肃行风行纪，净化教育教学环境。我们把纪律立起来、严起来、执行到位，用纪律严肃正风，加强纪律条例的学习和宣传。校长和书记带头履行主体责任，坚持党内谈话制度，认真开展"提醒谈话""诫勉谈话"。加大谈话工作力度，确保谈话的制度化、规范化、常态化。12345信息促平台进了学校管理的规范性和科学性，学校办学民主的氛围更浓了。依法办学、尊重民意，及时破解了难题。

（六）强化党建宣传，注重品牌影响

学校利用组织活动、座谈会、公众号、美篇、宣传栏等宣传方式，对党建创新成果进行宣传，通过强化正面宣传引导，传递八中党建好声音，扎实推进党建宣传工作再上新台阶。通过QQ群和微信群发送党建信息，设立上下联动的工作展示窗口。收集党员干部撰写、发表的调研文章，加强党建工作的理论探讨，发布图片、视频、文字，反映各支部开展的各项工作、活动情况，展现党员在平凡岗位中的风采，树立先进、宣传先进，挖掘工作中的闪光点，加强各支部及党员之间的联系与交流，以利举措互用、经验互学、信息共享。塑造党建品牌形象，扩大党建品牌影响力，增强广大师生对党建品牌文化的认同感，发挥党员教师先锋模范作用，落实立德树人根本任务。

（执笔人：顾慧欣　邵雪冰　王　微）

第三章
扶学思想及扶放教学范式

国家从 2001 年起正式启动新一轮基础教育课程改革，至今已有 20 多年的历程。在这段时间里，虽然大部分教师通过理论培训和实践探索接受了新的课改理念，但在实际操作层面，仍然存在一些明显的问题。一是"满堂灌"现象。一堂课 40 分钟，几乎都是教师在唱戏、学生只是听众和记录员，即便课堂中间有一些提问，也没有给学生一定的时间去思考，看学生答不上来，教师急于越俎代庖，自问自答。二是课堂交流局限化。教师只和少数几个思维敏捷的学生对话交流，绝大多数学生只能做旁听者，多数学生思维明显游离于课堂之外，甚至有的干脆闭目养神。三是媒体运用不恰切。教师无板书，PPT 容量过大，重要的教学内容匆匆走过场，学生来不及思考和消化，有的学生忙于抄下笔记，却并不理解其中的要义。四是教师只关注自己，忽略学生。教师沉浸在自我设计中，眼中没有学生，只关注自己教得怎样，不太注意学生是否参与课堂。五是剥夺了学生在课堂上动脑、动口、动手的权利。不少教师常常以课时紧、赶进度为借口，只求在课堂上完成自己既定的授课内容，所谓把知识点全部教过了，殊不知，教过了不等于教会了，更不等于教实了、掌握了、会用了，说到底，这是一种自我满足的心理，也是一种漠视学生主体作用、不以学生发展为本的错误思想。以上现象，反映出有些教师只是从表面上接受了课改理念，但骨子里还没有认同，没有真正领悟课改理念的精髓，更缺乏将理论转化为课堂实践的能力。

新课标、新教材、新高考等具体的举措，奠定了基础教育以培养人的核心素养为目标的育人方向，然而再高明的讲授者，都讲不出学生的核心素养，再优秀的导师，也"导"不出学生的关键能力。社会在发展，人类在进步，创新是这个社会发展的根本动力，创新人才的培养是教育必须解决的命题。个体成长的逻辑清晰地告诉我们，"怎么培养人"决定"培养出什么样的人"，课堂是素质教育的主渠道，因此，改革课堂，让学生真正回归到学习的主体地位是教育发展的必然。

一、扶学思想的产生

这些年我国基础教育一项重大改革成果就是教育改进了以"教案"为标志的传统讲课形式，取而代之的是以"导学案"为标志的导学方式。从字面意思来看，"导"是带领，是启发，"导学"那就是带领学生学、启发学生学。从授课形式上看，"导学"还不能准确体现出教师作为学习资源的提供者、学习任务的设计者、学习活动的推进者、学生学习的倾听者等角色职能。从理念上看,"导学"下的课堂教学,学生的主体地位体现得并不充分,"带着学生"说明学生还是被动参与,是被老师牵着鼻子走、牵着思路走,亦步亦趋,高耗低效。反观我们大多数教师的现实课堂,仍是被知识传授所主宰、注重知识传授的课堂,老师教得费力,学生学得吃力。这样的课堂扼杀学生的个性和创造力,缺少生气与活力,这样的课堂让学生成为知识的奴隶,没有幸福和快乐。古希腊哲学家苏格拉底说:教育是把孩子内心引出来,帮助他成为自己想成为的样子。深刻理解苏格拉底对教育的诠释,我们就该清楚,一个优秀的教师不只是刺激学生的头脑,还要能触及学生的心灵,教育就是把人的内在天赋本性引发出来,把人的潜能引发出来,既不是灌输知识,也不应该是前边开路、引导。因此,教育不仅要打破独白式的教师主控状态,也应打破头雁式的教师牵引状态,采用科学地体现师生关系的"扶学"。

"扶"字本身的含义是用手支持而使人、物不倒,另一个含义是用手使倒下的人或物立起来。"扶"有帮助之义。"扶"的物理方位可以是前面、侧面和后面。如果我们把"扶"与"学"联系在一起,就是"扶学",即教师帮助学生,不是代替,也不是带领。"扶学"对课堂教学的样态描绘主要有三种。一是教师引导、启发,这种课堂样态可谓之"前扶";二是教师是课堂的参与者,和学生同时面对问题，共同研讨，互相帮扶，这种课堂样态可谓之"侧扶"；三是教师将事先预设好的学习资源和问题情境抛给学生，让学生自主探究，合作学习，教师倾听、关注、适时参与，这种课堂样态可谓之"后扶"。很显然，过去我们强调的"导学"只是"扶学"理念下的"前扶"而已。显然，用"扶学"来描绘课堂更为恰切。另外，用"导"字描述课堂教学还是有距离感，而"扶"字，有接触，有温度，用来描绘课堂增加了很多人文精神。导学与扶学相比，内涵上，导学是引领、带领，扶学是唤醒、帮助。从着眼点上看，导学关注问题的起点，扶学关注问题的全程；从指导性上看，导学的"导"后是"发"，即松散关系，扶学的"扶"后则是"放"，是必然逻辑。

"扶学"思想是基于一定的理论基础而提出的。

结构决定功能的哲学原理。要实现课堂教育功能本质的变化，必须调整课堂结构，这个结构包括教师的观念结构、教学结构、学校的测量与评价结构等。40分钟的一节课，教师以何种方式教、学生以何种方式学、时间如何分配，决定了学生能真正理解多少知识、掌握多少能力、获得多少收获。

产婆术求知法。产婆术亦译为"接生术""助产术"，别称"理智助产术""精神助产术"，是指苏格拉底寻求普遍获得知识的方法，主要是通过双方交谈，以及在问答过程中不断揭示对方谈话中自相矛盾之处的方式，让个别的感性认识上升到普遍的理性认识、定义及知识。苏格拉底一贯自称无知，但却能帮助别人产生知识，正像他母亲费娜瑞特是一个产婆，自己年老不能生育，却能给人接生一样。在苏格拉底的教育思想中，学习者才是真正的学习主体，老师要甘为一个"无知者"，也就是学习的"帮扶者"。因此，在课堂中，要想让学生真正成为学习的主体，教师的工作就必然走向"扶学"。

哲学的内外因作用原理。唯物辩证法告诉我们，事物的发展是内外因共同作用的结果。内因是事物的内部矛盾，是事物发展的根据，它是第一位的，它决定着事物发展的基本趋向。外因是事物的外部矛盾，是事物发展的外部条件，它是第二位的，它对事物的发展起着加速或延缓的重要作用，外因必须通过内因而起作用。"师傅领进门，修行在个人"就是内外因作用原理的最好例证。"师傅领进门"中一个"领"字，说明了老师要把相关的知识和技能先交给徒弟，这就是"扶学"，是帮扶在前的"前扶"，它是学生发展不可缺少的外部条件，起到了引导或者说是抛砖引玉的重要作用，而真正能学到多少东西，修行到何种程度，就看要学生的内部条件，即领悟能力、努力程度等了。

建构主义理论。建构主义学习理论的核心是以学生为中心，强调学生对知识的主动探索、主动发现和对所学知识意义的主动建构。教师是学生意义建构的帮助者、促进者，学习过程是建构和理解的过程，教学的目的是培养学生的探究能力和创造性思维。提倡在教师指导下的以学习者为中心的学习。也就是说，既要强调学习者的主体作用，又不能忽视教师的主导作用。教师是意义建构的帮助者、促进者，而不是知识的提供者和灌输者。教师要为学生提供复杂的真实问题，激励学生寻找解决问题的多种答案。同时，教师还必须为学习者创设一种良好的学习环境，使之可以在这种环境中通过实验、探究、合作的方式来学习。同时，教师还必须注意培养学生批判性的认知加工策略，以及自己建构知识和理解知识的心理模式。

二、扶学课堂操作范式的构建

教学范式是指教师的教学方法和教学风格，教学范式研究就是对教学具体方法的研究，从中提炼出同类教学方法共性的东西，形成"教学范式"，属于教学实践方法的范畴。

（一）构建课堂教学操作范式的意义

构建教学范式有一定的实践价值。很多中小学在改革过程中采用统一的课堂教学范式并取得良好效果的实践证明，课堂教学范式在特定时期、特定教学条件下，对改善教师的课堂教学具有重要的价值和意义。

首先，课堂教学范式体现的教学活动的一定规律具有普适性。课堂教学活动具有一定的规律性，体现这些规律的课堂教学范式是具有普适性的。虽然每个教师和每个学生之间都存在个别差异，使得每个课堂教学都有其独特之处，但是所有的课堂教学都是学生在教师指导下进行学习的活动，学生的学习最终都要落实到学生自主领会、建构知识并形成经验上，因此，即使课堂教学千姿百态，却都与教学目的、教学规律相统一，具有普遍意义和价值。

其次，课堂教学范式对教师有引导和示范作用。在新的课堂教学改革面前，大部分教师都是新手，没有统一的基本认识，没有可以遵循的技术规范，不能产生广阔自由的创新和发展，只能在盲目、混乱和无序下焦虑。正因如此，引导教师进行新的课堂教学改革，有必要给教师提供一种相对成熟的理论认识和实践模式，从而使教师能够根据这种范式调整自己的认识，安排自己的教学活动，这是教师在能够运用新教学理念，灵活的、创造性地实施课堂教学活动之前的必由之路。

第三，课堂教学范式是保证改革初期学校整体教学质量的重要手段。在学校进行课堂教学改革的初级阶段，运用一种范式对教师的课堂教学活动进行规范，是学校保证整体教学质量的重要手段。人都是有惰性的，即使面对一种已经过多方论证的科学有效的课堂教学新理念和新模式，教师也往往因为旧模式的得心应手而不愿放弃，从而对新改革持消极态度。在这种情况下，学校从管理渠道入手，通过采用统一范式指导所有教师的课堂教学，并制定和实施相应的评价措施，可以先让部分教师顺从学校课堂教学改革的要求。虽然这种做法初期让教师处于被动接受的境地，但一旦他们在实践中体会到新方法的好处和优点，就会积极主动地投入新改革中去。同时，范式作为学校教师团体统一认识和实践的举措具有全局性，容易在全校形成一致的氛围和风气。在此环境中，即使有少数极不情愿的教师，也多在从众心理的作用下被迫改变，于是学校的课堂教学改革可以较为顺畅地进行下去。因为学校推行的课堂教学范式是符合课堂教学规律的，虽然在某种程度上可能限制少数优秀教师进行创造性的个性化教学活动，但可以促使大部分教师进行合理有效的教学，所以能够保证学校整体较高的教学质量。

由上不难看出，先进的教学范式能提供给教师一个可参考的操作程序，进而转变师生的课堂思维方式与行为，让教师的教学行为变得更加规范。当这种先进的教学范式变成师生的自觉行为时，师生的教与学过程就可随心所欲，教学活动就可超越范式，进而使教师根据不同的知识、不同的学生、不同的课型进行有效整合，达到"无模"即"出模"的境界，此时，教师才真正拥有了个性化教学的能力，个性化教学才能得以实施。因此，在教育教学改革过程中，初始的"入模"是我们首要的任务。

（二）"扶学课堂"的操作范式

凡是有情感带入的，让学生内心觉醒的教师、同学一起参与的学习状态及借助工具，称之为"扶"；学生独自思考或自主解决问题的状态是"放"。在大家熟悉的课堂上，设计情境、引出问题是"扶"，这是整堂课教学的第一次"扶"，引入新问题后让学生自主学、自主探究，是课堂中的第一次"放"；学生自己学习后要展示，展示过程中师生互动、生生互动是第二次"扶"，之后学生应用学到的知识和能力解决具体问题，是教学中的第二次"放"。一节课需要"扶—放—扶—放"多次循环，最终实现认知的螺旋式上升。不管哪种课型，都有一个共同点，那就是一节课的起点一般是"扶"，即教师设计情境引入新课，终点一般是"放"，即学习后学生独立的去解决问题，所以我们把这种教学范式称为"先扶后放"。"先扶后放"符合人类的认知规律，无论学习哪类知识或技能，教者都要先做一定知识上或技能上的铺垫，然后才能放手让学习者学习。"先扶后放"也是人生的成长规律，不妨打开视野，很多时候上下两节课之间就是一对扶放关系，上一节课是"扶"，下一节就是上节课的"放"，不妨再放大视野，基础教育阶段称之为"扶"，上大学就是"小放"，将来走向社会就是"大放"。由此可见，"先扶后放"不仅是课堂教学的认知规律，更是人生的成长逻辑。

"先扶后放"课堂操作范式溯源。人类智慧最初的来源无一不是大自然，就教育问题而言，我们可以在大自然中寻找答案。老虎、狮子、豹应该是目前猎食动物中进化最成功的生灵，它们是怎么学习本事的呢？拿老虎的幼崽来说，当小老虎长到一定年龄时，虎妈妈就会带它们出行，让小家伙们在草丛中观摩自己狩猎，观摩后的小老虎就在游戏中自由地模仿、演练，优秀的虎妈妈还会抓活的小的猎物让孩子进行实战练习。试想如果没有虎妈妈持续的"扶"，小老虎怎能练就百兽之王的本领？如果我们不屑与动物相比，那就再看看人类自己，我们学打球、学弹琴、学画画、学唱歌，成名成家的过程哪个不是"先扶后放"？一句谚语说得好：师傅领进门，修行在个人。"领"诠释了"扶"的过程，而"修"讲的就是在"放"的过程中的自我打磨。自然界中的动物学本事如此，我们人类学技能也如此，课堂学习作为学生成长的重要途径，从哲学视角看，也必然要遵循此道。然而，学生的每次学习都不是认知的起点，我们没必要刻意强调谁的先后，因此，我们就把课堂的教学称之为"扶学课堂"，真实的课堂"放"得好，才会发生真正的"扶"，"扶"得好，才会出现实效的"放"。

（三）课堂的三个层级

教育理论的产生，不能理想化的单从理论推理论，只有经受实践的反复检验，才是可以指导实践的真理。课堂教学的改革不是简单地用"导学"取代"讲授"，也不是用"扶学"推翻"导学"，讲授、导学、扶学应该是课堂中必须同时存在的三个层级。现在的课程有很多简单的内容或一些特殊的内容，单用讲授的方式，往往性价比更高，省时、省力，效果也不差。有一定高度的一些问题，也未必能设计出情景并带入情感，老师在教学中引领、带领也是应该做的，但在关键问题和重点问题上，要舍得投入，应该突出学生主体地位，唤醒学生思维，让学生自主解决问题，这也是一节课应该达到高度。课堂教学应当回归本来，即讲授、导学、扶学并存，扶学标志着课堂教学的高度。在大多数课堂中，讲授会占用大多课时，这不是不改革，是理性和科学的必然选择，因为学生面对的大部分都是间接经验，绝大多数问题没必要也没有精力和能力去自己建构。但有很多关键的问题，讲授是无法达到预期效果的，所以讲授、导学、扶学三级并存，才是课堂教学理性的回归。

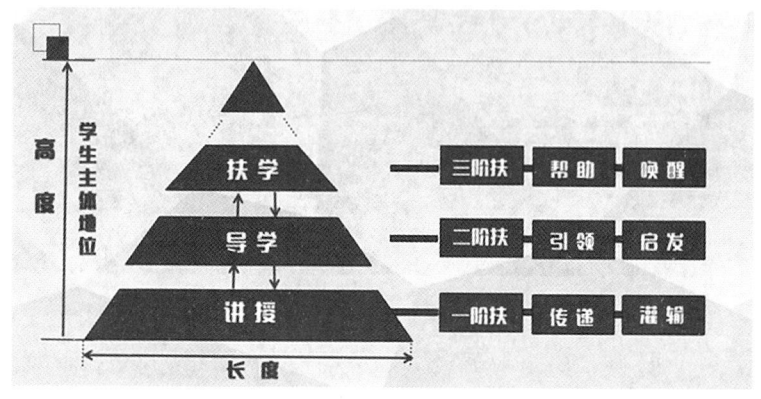

课堂教学层级图

三、"扶学课堂"操作体系

"扶学"是课堂教学追求的高度，讲授、导学也应客观存在。一节课处处都"扶"是不科学的，也是没必要的，扶学要用在课堂的关键点、重点、难点上。结合"扶学思想"和教学实践，学校确立"扶学课堂"的"五厚四扶三式两有一案一单一图"教学操作范式。

该范式的核心和常用方式是在于要铺垫情感、设计情境，在核心问题、难点问题处让学生辩论，辩论过程就是最好的"扶"，因为在主动学习、培养高阶思维的教育理论体系中，辩论是讨论和给别人讲的综合体。范式中大任务是对涉及问题角度的要求；五厚既是对课堂整体思路设计的要求，也是课堂要达到的目标；四扶是对教师帮扶时机的要求；三式是对教师设计难度问题的要求；两有是对帮扶过程的要求；一案一单一图是对载体的要求。

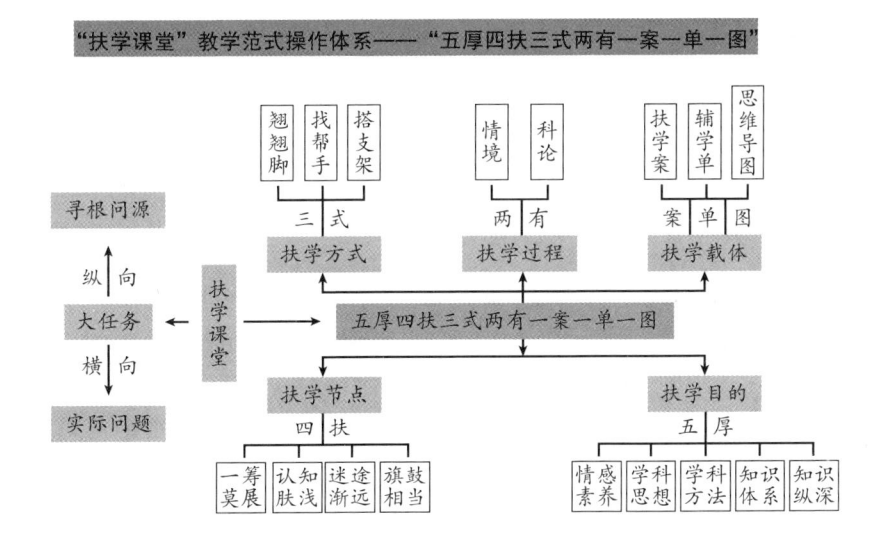

"扶学课堂"教学范式操作体系——"五厚四扶三式两有一案一单一图"

（一）构建"大任务"教学以培养学生的高阶思维

大任务是单元教学内容的进一步拆分和转化，是单元内部所要实现的具体任务和目标，大任务就是一个学习项目，是围绕一个核心任务进行的。教师要基于真实的情境，通过巧妙的设计，使得课堂始终有一个大任务贯穿，帮助学生实现对知识的积累、深层次的理解和实践应用，真正弄清楚知识的来龙去脉，即追根溯源，鼓励学生把知识放到真实情境中加以运用，培养和锻炼学生的高阶思维，从而达到"形散而神不散"的效果。大任务教学符合新课程标准的要求，促进学生核心素养的全面发展，在教学实践中行之有效。大任务可以设计为课堂实验、个人课题研究、小组合作讨论，自主学习等形式。

构建大任务教学会使教师角色发生明显的转变。课堂学习任务的设计主要由教师设计完成，教师要站在整合的角度设计贯穿始终的大任务，引导学生探究达成任务群的单元目标、核心素养。教师不再只是传道授业解惑者，教师不再只是课堂的主导者，而是变为学生活动的设计者、引导者、学习资源的提供者、学习过程中的组织者和合作者以及学习效果的评价者。

（二）以"五厚"铸牢学习根基

"五厚"指明了扶学的目标，即培育学科核心素养，筑牢学习根基，为学生的可持续学习奠定基础。

一是厚植情感素养。情感素养作为教师情感劳动的关键因素，在教育教学过程中起着举足轻重的作用。它不仅是教师有效改变学生认知、态度和情感的重要工具，更是实现高质量教育的必要条件。情感素养涵盖了情绪识别能力、情感理解能力、情感表达能力和情感感染力四个核心要素。情绪识别能力使教师能够敏锐地捕捉学生的情绪变化，及时调整教学策略；情感理解能力则帮助教师深入学生的内心世界，理解他们的情感需求；情感表达能力使教师能够用恰当的方式传达自己的情感，与学生建立深厚的情感联系；而情感感染力则是教师通过自身的情感魅力，激发学生的学习兴趣和积极性。在扶学过程中，厚植学习情感是至关重要的。这不仅仅是对学生三观和品质的熏陶，更重要的是培养学生对知识本身的情趣和感受知识本身的德行。当学生对知识充满热情和好奇心时，他们会更加主动地投入学习，探索未知的领域，从而达到学科育人的目的。因此，教师在备课过程中，应将情感素养目标放在首位。备课时要充分考虑如何激发学生的情感，使教学内容更加贴近学生的生活实际和情感体验；教学时要注意体现情感目标，让学生在掌握知识的同时，也能感受到学习的乐趣和意义；授课过程中要抓住情感目标，通过富有感染力的语言和生动的教学方式，引发学生的情感共鸣，提升授课效率。

二是厚植学科思想。学科思想作为学科发展的精髓与核心，是对学科性质、特征以及基本规律的深刻概括与升华。它超越了简单的知识点，触及了知识的本质，是知识背后的知识，是学科内容的精华所在。以立体几何为例，当我们面对纷繁复杂的空间问题时，往往可以将其化归为平面几何问题，从而简化求解过程。这正是化归学科思想在立体几何中的体现。在这种思想的指导下，我们将立体几何问题转化为熟悉的平面几何问题，为解决问题开辟了新的路径。同样，在化学学科中，守恒思想和量变质变思想为我们揭示了物质变化的内在规律；在地理学科中，人地关系思想和空间思想则帮助我们理解人类与自然环境之间的相互关系以及地理空间的复杂性。学科思想并不局限于某一章节或书本内容，而是贯穿于整个学科体系，是学科的灵魂所在，尽管学生在多年后可能会遗忘具体的学科知识，但学科思想、学科观念却会深深烙印在他们的脑海中，并在他们的终身发展中发挥重要作用。因此，教师在备课和授课时，应始终带着学科思想进行。不仅要传授知识，更要注重培养学生的学科思维，让他们学会用学科的视角去分析问题、解决问题。这样，学生才能真正掌握学科的精髓，将所学知识内化为自己的能力，为未来的发展奠定坚实的基础。

三是厚植知识体系。在浩渺无垠的宇宙中，无论是璀璨的星系还是微小的原子，它们都以各自的方式构成了独特而复杂的系统。同样，教学中的每一个知识点、每一种方法，也如同宇宙中的星系与原子，虽然零碎、分散，却都蕴含着深厚的内涵。教师的任务就是将这些看似孤立的知识点或方法，巧妙地连成线、穿成串、织成网，从而构建出一个完整而系统的知识体系。这样的知识体系就像一张精密的网，将各个知识点紧密相连，使得学生在面对问题时能够更全面、更快速、更深入地进行分析与解决。同时，这样的学习方式也更有助于学生对知识的深度思考和理解记忆，将知识真正转化为自身的能力。为了实现这一目标，教师在备课时需要下足功夫，不仅要清晰地了解本节课的各个知识点在大单元中的位置、作用以及与其他知识的联系，更要有一节课自成体系的思想。只有这样，才能避免将碎片化的知识传递给学生，才能让他们在学习中感受到知识的连贯性和系统性。通过构建这样的知识体系，我们不仅能够提高学生的学习效率，更能培养他们的思维能力和创新精神，让学生在探索知识的过程中，不断发现新的联系与规律，从而激发出更多的学习热情与创造力。

四是厚植知识纵深。鹦鹉学舌般的机械记忆和小和尚念经式的"有口无心"的学习方式，历来备受批判。而那种深入骨髓、知其然更知其所以然的深度学习，则如同智慧的明灯，为人们所推崇与嘉许。深度学习作为一种不可或缺的能力，它赋予我们洞察问题的慧眼，提升我们解决问题的锐气，增强我们判断是非的定力。在课堂教学中，我们需要不断地自我反思与追问，深入挖掘每一个问题的深层次内涵，既要在横向上触及边界，又要在纵向上追溯到底。这样的学习方式才能实现知识的广度与深度的完美统一，使知识的关联度得以充分展现，并与原有的知识体系无缝对接。我们不仅要明确结论，更要深入探究其中的道理，理清知识的来龙去脉，让知识在内心生根发芽，真正达到内化的境地。此外，课堂的教学更需要拓展与延伸，既要有理论的提升，也要有实践的应用，不能为了追求进度而忽略知识的深度与广度。我们要避免做出那种半生不熟、夹生饭式的教学，而是要让每一堂课都充满智慧的火花，让学生在深度学习中不断成长，在知识的海洋中畅游无阻。

五是厚植学科方法。学科方法作为学科思想的生动展现，源于对学科内在规律和特性的深刻洞察。它是对解决某一类具体问题所总结出的思维路径和学习策略，是智慧的结晶。每一门学科都蕴藏着丰富多样的方法技巧，一旦掌握了这些方法，便能够触类旁通，解决一系列相似问题。这不仅意味着知识的积累，更代表着能力的形成与提升。以地理学科中的图示法为例，它帮助学生通过直观的图示来理解和分析地理现象，深化对地理知识的理解。而在数学领域，化归法则是将复杂问题转化为简单问题的有效手段，有助于锻炼学生的逻辑思维和问题解决能力。再如生物学科中的对照实验法，它让学生学会通过科学实验来验证假设，培养严谨的科学态度。因此，厚植学科方法，便是为学生赋予了一把探索知识的钥匙，一个自主研习的有力工具。我们不仅仅是传授知识，更是教授他们如何"渔"，即培养他们独立思考、自主学习的能力，让他们在未来的学习生涯中能够游刃有余，不断前行。

课堂教学中，"五厚"是让教师实现深度备课，是学生实现深度学习的基础。

（三）以"四扶"打开学习结点

高质量的课堂，在设计上要做到"五厚"，更要在课堂教学中实施恰切的"扶"，即老师不要把知识硬塞给学生，而要在学生最需要的时候给予帮扶。"四扶"具体指明了教师、同伴在什么时间扶，以及学生扶前与扶后的状态。我们认为"扶"的最佳时机是学生自主学习时出现了百思不得其解或思维出现偏差的时候。第一个"扶"点，从认知肤浅到高屋建瓴。学生自主学习、合作学习或演练讨论时始终拔不出高度，找不到关键，这时老师亮出高人一等的观点，学生定会深有感触。第二个"扶"点，从一筹莫展到拨云见日。容易得到的东西往往印象不深，让学生在求知的课堂上多次碰壁，知道什么是错误，认识到自己的不足，然后老师再点拨，学生心灵定会被震撼。第三个"扶"点，从迷途渐远到柳暗花明。学生的错误，很多时候过早提醒，他们并不认同，教师要有静待花开的耐心，要让学生自己经历爬大山过大河的思维历程，让学生自己走到错误的尽头，甚至掉进思维的陷阱，尽管离真理可能已经很近，这时教师给予一点微小的点拨，就会让学生顿悟。第四个"扶"点，从旗鼓相当到指点江山。理越辩越清，当学生就某个知识谁也说服不了谁，彼此都自信满满，你争我论旗鼓相当时，老师恰当的指点，让错误者顿悟，让正确方自傲，这强烈的信息刺激，会让学生铭刻在心。

（四）以"三式"要求问题形态

老师讲清问题都不是难事，但什么时候讲，怎么讲，这就是水平。

恰切的"扶"既是教师的能力，也是一门高超的教学艺术。扶学的方式主要有以下三种。

第一式就是"跷跷脚"。它主要立足于学生自主解决问题上，要求教师要在学生的最近发展区内设计学习任务，提出思考问题。任务不能过于简单，也不能过难，否则任务就是无效任务，问题就是无效问题。教师设计的学习任务或问题，一定要让学生跳跳脚就能够得着，只有跳跳脚能够得着的问题，学生才能乐于探究，学生的思维也才能被唤醒，学生的探索欲望也才能被激发。

第二式就是"找帮手"。对于学生跳跳脚仍解决不了的问题，老师也不是直接给出结果，而是为其找帮手，发挥"兵教兵"的作用，通过其他同学的补充提示、生生讨论或彼此启发等使问题得以解决，在此过程中学生交流与合作能力得到了锻炼，这就是主体课堂大力倡导的生生互动。

第三式就是"搭支架"。对于"找帮手"也解决不了的问题，教师要善于根据学生思维的障碍点，搭建思维的支架，支架要低起点，小跨度，让学生踩着这些支架，就能够自己爬上去，最终使问题得以解决，在此过程中学生容易体验到探索与成功的乐趣。

（五）以"两有"实现学习高度

"两有"是有情境、有辩论。第一个有可分为"情"和"境"，

"情"是辩论的前提，在学校的课堂教学改革中，我们特别强调备课要把情感、态度、价值观的培养放在第一位，只有学生的情感被唤醒起来，才是有效、高质的学习，这份情感不应只有外在的氛围，更要有对知识本身的热爱。"境"是要创设情境，具备了这两点，课堂中的辩论才会有效发生。第二个有就是"有辩论"，辩论有助于培养思辨能力，拓展思维宽度，加大思维长度和深度，提高思维缜密度。评价有助于学生即时了解自己的学习结果，增强了学生的学习动力，强化了对学习的激励作用。

课堂辩论式教学，是一种将辩论艺术融入课堂的教学模式。辩论作为一种语言活动，旨在通过针锋相对的争论使观点相反或对立的双方或多方能够证明自身观点的正确性，并指出对方观点的谬误，最终力求说服对方。而课堂辩论式教学，便是将这一活动巧妙地应用于教学。在此模式下，教师会预先设定或在课堂中即兴生成一个具有辩论价值的论题。学生们围绕这一论题展开思考，自主形成独特的观点和立场。随后，全班学生根据不同的观点和立场，自动划分为正反双方，各自寻找支撑自己观点的资料和依据。在此基础上，双方展开激烈的辩论，力求通过论证说服对方或得出更为合理的结论。

课堂辩论式教学的意义深远。正如一位哲人所说："你给我一个苹果，我也给你一个苹果，那么我们手头还是只有一个苹果；但是，假若你给我一种思想，我也给你一种思想，那么，我们就拥有了两种不同的思想。"课堂辩论正是一场思想的盛宴，是师生间或生生间智慧的碰撞与交融。这种教学方式不仅有助于培养学生的思维能力、表达能力和问题解决能力，还能让他们在辩论中深化对知识的理解，提升思维品质，学会表达自我，共同合作解决问题，从而促进学生全面发展。

要实施课堂辩论式教学，首先需合理选择辩题。辩题的选择是组织辩论式教学的前提，教师可根据教学需要预设辩题，也可根据课堂情况自然生成辩题。其次，要确定合适的辩论方式。辩论方式多种多样，可根据具体辩题和内容选择小组辩论、自由辩论、师生辩论或男女生辩论等形式。最后，对辩论进行总结评论也是不可或缺的一环。教师应对辩论进行总结，明确双方观点的正确与否或指出双方观点的优劣，提出评判标准，帮助学生深入理解辩题，提升辩论水平，加深对知识的理解。通过课堂辩论式教学，我们可以让学生在愉悦的氛围中掌握知识，提升能力，为他们的终身学习和发展奠定坚实的基础。

（六）以"一案一单一图"提供学习工具

以教案为标志的传统"讲授"课，教师是课堂的主体，学生被动接受知识。以导学案为标志的"导学"，教师是主导，学生是主体，有人称之为"双主体"，"双主体"在现实样态中就是没有"主体"。而"扶学"的样态，坚持的是以学生为主体，教师退到辅助地位，教师按着"扶学"思想设计授课方案，即"扶学案"。与"扶学案"对应的是"辅学单"，呈现课堂中学生使用的学习资源、素材及相关学习用具等，同时提倡用思维导图的方式设计板书。

1. "一案"

"一案"指扶学案。新课程强调教师在教学过程中充当学习资源的提供者、学习任务的设计者、学习活动的推进者、学生学习的互助者和倾听者等角色。扶学案的设计要体现教师角色的转变，主要内容包括以下四方面。

一是要有课标要求的表述。因为课标是教学的出发点和归宿，教学设计在细研教材和学情分析的基础上，首先要明确课标的要求。

二是要有核心素养教学目标的设计。教学目标是课堂教学的方向标，也是一节课是否有效的标准之一。教学目标设计的依据主要有四方面：一是认真研读课程标准，明确课标要求；二是认真研读教材，深入分析理解教材的内容及呈现方式；三是了解学生特点，知道学生学习本节内容的知识与能力基础及困难；四是清楚可运用的课程资源有哪些。可从三个维度进行目标的表述：知识与技能目标、过程与方法目标、情感态度与价值观目标。知识和技能目标，是对学生学习结果的描述，即学生通过学习所要达到的结果，又叫结果性目标。这个目标一般有三个层次的要求：学懂、学会、能应用。过程与方法目标，是学生在教师的指导下，如何获取知识和技能的程序和具体做法，是过程中的目标，又叫程序性目标。这个目标强调三个过程：做中学、学中做、反思。情感态度和价值观目标，是学生对过程或结果的体验后的倾向和感受，是对学习过程和结果的主观经验，又叫体验性目标。它有认同、体会、内化三个层次。三个维度不是彼此割裂，而是相互融合的。

另外，教学目标要有教学重点和难点分析。教学重点是依据课标要求和教材内容而定的，对于不同基础的学生，教学重点是相同的。教学难点是依据教材内容和学情而定的，不同知识基础和能力基础的学生教学难点可以是不同的。

三是要有教学方法设计。教学方法要多样化，要体现交流、合作、探究、表达、动手动脑的参与性，要充分发挥学生的主体地位。

四是要有课程内容和扶放设计。课程内容和扶放设计是扶学案的主体部分。课程内容即本节主要的教学内容和教学任务，扶放设计，主要写明完成相应的教学内容和教学任务所对应的师生活动，在活动表述中可体现出"先扶后放"教学范式，即在什么地方扶，什么时间扶，用什么方式扶等等。

长春市第八中学扶学案模板

课题		课时	
课标要求			
核心素养发展目标			
教学重点			
教学难点			
教学方法			

课程内容	扶放设计

思维导图式板书设计	
课后反思	

2."一单"

"一单"是指辅学单,是学生学习的有效载体,只简明扼要地呈现课堂教学时学生能够用到的学习资源、学习任务和学习工具,不标注事先预设的学生活动,增加了课堂教学的神秘感,进而增加了学生探索的欲望,这也是与传统导学案最大的不同之处(也是辅学单的创新之处)。

3. "一图"

"一图"是指思维导图式板书设计。思维导图式板书设计，是基于思维导图理念下的一种创新式板书设计，充分利用了思维导图图文并茂的形式，能抓住关键主题词，按照知识内部的结构以层级方式呈现教学内容。思维导图式板书设计充分发挥了思维导图在教育教学中的作用，既有利于学生对知识的理解，又能发展学生的思维。

首先，系统性是思维导图式板书设计的一个显著特点。它能将纵向和横向有关联的知识点有机地整合起来，以图文并茂的形式呈现知识之间的逻辑顺序和内在联系，使得学生能够更加清晰地看到知识的整体框架和内在联系。在课堂上，教师可以引导学生一起构建思维导图式板书，帮助学生将零散的知识点串联起来，形成完整的知识体系。这样，学生不仅能够更好地理解当前的知识点，还能够对整个学科的知识结构有一个全面的认识。

其次，简洁性是思维导图式板书设计的另一个显著特点。板书设计提倡少而精、简洁明了。思维导图式板书通过关键词、图片、颜色和线条等元素，将复杂的知识结构以简洁明了的方式呈现出来。这样的板书设计不仅能够吸引学生的注意力，还能够帮助学生快速抓住重点，提高学习效率。

此外，灵活性是思维导图式板书设计的一个独特优势。板书要注重课前的精心设计，更应注重课堂中的生成。思维导图式板书可以随时根据师生合作学习的情况进行创新和修正。这种动态的板书设计能够激发学生的学习兴趣和积极性，使他们主动地参与到课堂学习中来，这充分体现了以生为本的教学观念。

最后，形象性是思维导图式板书设计的一个重要特点。思维导图以简洁明了的图形形式表现复杂的知识结构，对学习内容起到提纲挈领、画龙点睛的作用，不但可以帮助学生直观地理解抽象的概念和原理，还可以帮助学生将知识形象地记录在图中，有助于学生抓住知识脉络，增强记忆效果，使他们在课后能够更好地回顾和巩固所学知识。

思维导图式板书设计具有系统性、简洁性、灵活性和形象性等优点，能够有效地提高教学效果和学生的学习效率。因此，在实际教学中，教师可以根据学科特点和教学需求，灵活运用这种板书设计方式，以达到更好的教学效果。

"扶学"形象地描述了好课堂应有的样态，"先扶后放"的教学范式，即"大任务"和"五厚四扶三式两有一案一单一图"的范式，既是"扶学"课堂落地的总抓手，也为核心素养在课堂教学中落地明确了方向，具化了路径。"五厚"抓住了学科核心素养，让教师实现深度备课，让学生实现深度学习，超越知识，同时也观照了学习规律和学科本质。"四扶""三式"让教师踏准课堂的节拍，抓住了课堂提升能力，建构素养的关键节点。"两有"让学生思维有深度、有长度，思想有高度，学习有效度。"一案一单一图"提供"扶学"工具，让教师教有依据，学生学有资源。"扶学"虽然是课堂教学的新境界，但也少不了教师的讲、学生的记，"扶学"思想及其教学范式只是课堂教学的核心指导思想，应对复合型人才培养目标，人类研究的每项教育成果都不能缺位。扶学普适价值是统一认知规律。"先扶后放"现实价值是着眼于"扶"，落地于"核心素养"；理论价值是唤醒帮助帮扶，诠释"教育真谛"。

长春八中送教助研——"扶学"课堂走进新疆阿勒泰地区第二高级中学

四、课堂教学行动之细节

（一）细节一之高中预习是伪命题

每每谈及学习方法与课程改革，专家们常提及预习的观点。然而，预习这种学习方式主要适用于知识量较少或低年级阶段，实际上，在高中阶段，常态学习中坚持预习的学生并不多见，只有在老师准备公开课或某些老师强烈要求的情况下，预习才可能发生。

从教育的本质来看，我个人也不主张预习。因为提前预习就像看一部已知剧情的电视剧，会使课堂失去许多探索与学习的乐趣。

就学习现状而言，高中知识在老师的讲解下能够让学生理解透彻已属不易，若要学生事先预习并提出问题，就需要花费大量时间，且多个科目累加起来更是耗时。因此，高中预习在很大程度上是一个不切实际的话题。

从学习效果的角度考虑，大脑有记忆曲线，复习与不复习相比，一个月后的记忆效果差异显著。所以，与其将时间用于预习，不如将时间用于复习巩固，实际上，同学们也正是这样做的。教育指导应基于现实，而非停留在吟诗作赋的慢时代，不应杜撰不实的学习方法。

当然，学生在课前也并非无所作为。我特别赞同学生围绕课堂内容老师共同准备课程资源和学习工具的做法。这与传统的与先预习教材的要求有着本质的区别。

（二）细节二之课堂中个性化学习

自然界中，同种生灵都有共性化的成长需求，尽管个性化需求也存在，但相对而言，只是少数，否则这种生灵就不再属于同一类群。同样地，学生的成长也遵循着这样的规律。不论处于哪个学段，学生们都需要面对相似的教材和学习任务，共性化的需求远大于个性化的需求。

课堂，作为学校教育的主渠道，自然承载着完成这些主要任务的责任。因此，优质课堂应当致力于最大化地满足学生的共性需求。当然，在实际课堂上，偶尔会有个别学生提出个别问题。但通常，当老师意识到这个问题具有普遍性，即很多学生都可能面临时，便会利用课堂时间进行处理。相反，如果问题仅是个别现象，且一两句话难以解释清楚，老师通常会选择与学生课后单独解决，以免占用公共时间。

深入思考这个问题，我们更加明白，如果课堂过于关注某个学生的个性化需求，那么这就等于在挤占大家的公共时间，实际上是对大多数学生的不公平。

同样，学校的办学理念也应如此。当前，有些学校热衷于打造学校特色，追求标新立异，却不去研究具有普遍性、有推广价值的主流内容。这种做法是典型的舍本逐末，忽视了教育的本质。然而令人遗憾的是，许多教育工作者对此却乐此不疲。我们应当重新审视这些标新立异的教育理念，回归教育的本质，真正关注学生的共性需求，为他们的全面发展创造更好的条件。

（三）细节三之教育应多给学生犯错的机会

我们的教育文化，长久以来都深受"步步为赢"和"成功至上"的观念影响。从教材编写到教师授课再到评估体系，每一个环节都似乎以追求完美无缺为目标。在这种环境下，老师们在设计课堂教学时，往往因为担心学生出错而频繁给予提示；在教学过程中，一旦察觉有问题的苗头，便立即补充内容或给予方向性的引导；而当结果不尽如人意时，更是急于指正学生的错误。这些看似出于好意的做法，实则剥夺了学生宝贵的成长机会。

其实，我们的教育更应该聚焦于学生的发展与变化。真正的教育，不是避免学生犯错，而是在可控的范围内为他们创造试错的机会。通过试错，学生可以更深刻地认识问题，从而在失败中汲取教训，发展自我。提前试错，能有效地避免将来犯错。

有一首小诗，恰如其分地描绘了教育的这一理念："让他做事，在做事的过程中明白责任；让他受苦，在受苦的过程中懂得珍惜；让他失败，在失败中获得对失败的免疫；让他流泪，在流泪中体验泪水铸就的坚强；甚至可以让他受点伤，让他学会在舔舐伤口、匍匐前行的过程中体悟生活的伟大和悲壮……"

这首诗提醒我们，教育不应该是一帆风顺的旅程，而应该充满挑战与机遇。让学生在实践中体验生活的酸甜苦辣，在失败与挫折中学会坚韧与成长，这才是教育的真谛。因此，我们应该重新审视我们的教育方式，给予学生更多的自主权和探索空间，让他们在试错与反思中不断成长。

（四）细节四之优质课简单判断法——观察学生

从哲学上讲，做对事往往更能省事，对课堂的观察一定不能太复杂，条框越多越无效，简单的评价才有实效。有人说：真正受学生欢迎的好老师，有时不太像老师。常规评课套路有时耽误英才，为此，我觉得对课堂教学的评价只需抓住这两点就可以了，一是观察学生的精神状态、二是观察学生习得的效果，即知识应用、能力生成，这两点是评价课堂教学质量的关键所在。

同时，我们也需要关注学生在课堂上的活动是否踩在了点上。虽然学生是课堂的主体，但并不意味着老师可以完全放手让学生满堂讲。即使不是满堂讲，那种频繁让学生给学生讲题，美其名曰"小先生"的做法，虽然有其价值，但是否代价过高？当一个学生吭哧瘪肚地讲时，全班几十人可能只是被动地听，甚至跟着吃瓜，效果并不理想。好的课堂应当确保学生在思想和行动上都能深度参与学习过程，但这并不意味着随意地安排活动。学生活动应当紧扣教学目标，并在学生热情高涨、面对有价值问题时进行。我们不能仅仅为了有活动而安排活动，更不能错误地认为只要有学生活动就是好课堂。

（五）细节五之课堂的低级活动

优秀的课堂都是设计出来的，但在课堂上常常会出现这样几个低级活动。

一是课堂上师生对话频繁。很多时候对话只是表面热闹。老师提出问题的上半句，学生迅速接出下半句，这些对话往往缺乏深度和营养，不能有效地激发学生的思考，虽然看似互动性强，但实际上并没有达到真正的思维碰撞和交流。

二是教师准备不充分。准备不足导致教师在学生活动开始后又不断补充说明，这使得课堂节奏变得杂乱无章，不仅影响了教学效果，也让学生感到困惑和不安。

三是课堂问题设计过于琐碎。每个问题的台阶都设置得太低，缺乏足够的思维长度和厚度。这导致学生虽然频繁地参与活动，但他们的思维并没有得到实质性的锻炼和提升。

（六）细节六之学生回答问题该说点啥

在课堂上，我们常常看到教师会要求学生分享解题过程或进行板书展示，这是一种进步，但仍未达到理想的效果。好的提问设计应当能够引导学生深入思考，让他们首先阐述自己的解题思路。这样的提问不仅能够检验学生对知识的理解程度，还能促进他们之间的交流与讨论。在理清思路之后，解题的具体过程和答案便会水到渠成，这时，学生对问题的理解和掌握也会更加深入和牢固。

（七）细节七之课堂精彩大都是设计出来的

经常有老师说：这节课内容太多，时间不够。其实每一节课从内涵挖掘、内容拓展到应用训练，内容没止境，教师应学会取舍。

有的老师说：我的学生不行，都不爱发言。其实不爱发言并不是学生不行，它反映出一些深层次的问题，如问题本身是否有厚度和深度，回答问题是否让学生有成就感，提问的角度是否有吸引力，提问的方式有没有激发出回答的欲望，课堂是否有氛围……教师要学会设计提问。

也有的老师说：学生太活跃耽误时间了，学生解题太慢耽误时间了，学生卡住耽误时间了……其实，什么样的问题应该对应给什么样的学生，这样才能达到不同的目的收到不同的效果，教师要学会选择需要的学生，因为课堂的精彩都是设计出来的。

（八）细节八之理科也应掌握阅读梳理法

在课堂教学中，我们总期望通过实验、启发、引导让学生讨论，碰撞思维，最后掌握知识，生成能力，但像物理学科"放射性元素的衰变""分子运动论"等内容，就是一个科学结论，既不需要讨论，也无法做实验，因此，很多老师上课时选择的最普遍的方法就是科普式介绍。科普式介绍虽然可行，但是如果使用阅读梳理法，课堂的样态和效果就会完全不一样。阅读梳理法就是让学生带着几个问题去阅读这部分内容，然后找一名同学回答问题，其他同学纠正、补充，对梳理有异议的地方同学们还可以根据自己梳理的结果展开辩论。这样一个普通的讲授课就变成了学生广泛参与的研讨课，学生通过思维碰撞，大大提升了课堂教学效益，同时不断提升了阅读归纳能力，为未来发展奠定了基础。

（九）细节九之课堂提问四种形态

课堂提问不能简单地理解为教师问学生答，课堂提问的形态其实也是有多种变形的。第一种形态：提出问题，学生直接回答，目标应是发现问题，要选择有可能出现预设问题的学生，如果就想让学生说标准答案，这个提问设计没啥意义；第二种形态：提出问题后很快指定某目标学生让其回答，这时选择的学生应不具备完美回答的能力，此学生回答完问题，教师可给问题搭支架，然后再让全体学生思考、研讨；第三种形态：提出问题，学生研讨，然后交流、汇报。虽然用这种方式的很多，但不太可取，没有个人思考就研讨，是违背认知规律的；第四种形态：提出问题，学生自我思考，自主解决，对于自主解决不了的问题，再开始研讨，然后交流、汇报、辩论。四种形态各有可取之处，在教学中具体用哪种方式，要依据问题本身、课堂氛围、时间规划等实际情况而定，真实的课堂中，在这四种形态基础上还能衍生出更多相似的形态，所以说教学有法教无定法，课堂教学的每一点都需要教师用智慧来完成。

（执笔人：王　晶　丁艳辉　李叶青　王　波）

第四章
备课、辅导、考试及作业高效范式

课堂是学校教学活动的主渠道、主阵地，围绕课堂而开展的教育教学活动，即备课、上课、批改、辅导、评价。这是学校教育的根本与核心，它关系着学校能否高质量发展。长春市第八中学在"全人教育"理念的指导下，溯源调结构，对教育的常规工作，即备课、上课、批改、辅导、评价环节，分别做了结构调整，并建立简单便于操作的高效工作范式，使学校的改革和发展迈出坚实而关键的一步，为学校高质量发展取得瞩目成效发挥务实有效的保障作用。

一、备课形式的调整及"12321"操作范式

目前，各校集体备课工作的组织安排都差不多。在人员组织上，即把一学期或一段时间的备课任务分配给组内成员，每次备课一人主备，其他组员教师辅备；在备课过程中，备课组组员就学科问题进行研讨交流，最后确定授课方案，形成主案；在具体实施阶段，组员结合各班具体学情，在原有主案的基础上，再进行个性化的操作实施；在备课整体要求上，需要备课标、备教材、备教具与资源、备学生、备教法、备程序和问题、备例题和练习、备思想和创新、备板书与作业等等。集体备课的时间长度基本为一周两节课，也有的学校是四课时。但对于数学、语文、外语主要科目，再加上课后服务的教学任务，每周课时可达十多节。以上这些安排看似都很完美且有道理，但从一线教师的实际操作角度来看，却是"无解"的安排，这么短的时间根本完不成本学科内的繁重备课任务，还会反噬备课质量。基于以上情况，学校集体备课改革势在必行。本着集体备课工作落到实处的工作原则，力求实事求是，坚持量力而行，争取在有限的集体备课时间下，实现备课效益的最大化。

基于以上实际情况，我校创新式地提出并开展"12321"集体备课。

（一）"12321"范式的内涵

"1"表示"己备"，即自己独立备课，这是集体备课总过程的关键起点；"2"表示"询备"，即教师就备课中的问题，请教组内的其他组员教师；"3"表示"集备"，即集中备课，"己备"是备课质量的保障，"询备"是破解成员个人疑难问题常态，"集备"是整个备课过程的关键。"12321"范式中第一个"1"是教师自己独立备课，第一个"2"是有问题随时请教或和周边老师研究，"3"是集中备课，第二个"2"是集备之后的询备，也就是教师之间的研讨还是随时进行，第二个"1"是最后一步，即老师走上讲台前最后的准备。

此模式最大的突破，即把多年来大家认为备课精华中的询备剔除出集备环节。这不仅使集备腾出时间解决更重要问题，也避免了一人的问题浪费全体组员时间的情况发生。这种模式也是基于各校办公实际情况而确定的。目前，一个学科备课组在同一办公室工作，询备随时随地都可进行，很多学科问题无须等到备课时再研究就可解决，这就是学校教育的一个实事求是。

▶ 课程改革新模式
(1) "备"的模式
① 备的方式——12321模式

1—己备-自己与资源　2—询备-个别咨询　3—集备-计划与重、难点突破

（二）"12321"具体要求：五备三调两出

1. 五备

集中备课过程是解决关键共性问题的过程。学校提出五备，即备周计划、备课标、备学生、备重点难点、备资源。也就是要求主备人在有限的时间只解决这五个方面的问题，其他的问题都放在平时解决。

2. 三调

第一个调整，即把学科核心素养发展目标之情感目标放在首位，

要求教师备课时把情感目标写在第一条，把情感目标作为最重要的任务。没有情感的教育是没有灵魂的教育，没有情感的课堂是没有生气的课堂，没有情感的学习是没有效率的学习。有情感有温度的课堂可促进学生的内涵发展；同时，学生饱满的情感也是课堂质量的保障。此外，知识是有德行的，优质的教育必须要让学生掌握学科知识，更要坚持立德树人的根本任务，力求提升学生的德行品质，促进学生全面而有个性的发展。比如，语文学科可以以文化视角进行认知教育、情感教育、人格教育；历史学科可从"全面、客观、辩证发展"的视角，帮助学生学会审视现实生活，解决现实问题；数学、物理、化学、生物等科学学科，可帮助学生领悟科学的本质，培养乐于探究、热爱科学的精神，树立社会责任感，会用科学的思维解决问题，推动社会进步。

第二个调整，即调整单元或专题内容的复习扶学案。本着实事求是、科学安排的原则，学校明确规定复习课无须写常规扶学案，复习扶学案的结构包括思维导图（框架图）+知识点解析（联系实际问题，融入个性化元素）即可。

第三个调整，即试卷讲评、扶学案的调整。大家只要写清课堂教学过程中的设计处理思路即可，比如哪些题放在一起讲，重点讲什么，拓展什么内容以及处理顺序安排等。

3. 两出

两出即主备人要出扶学案和辅学单。

扶学案

课题	第五章 第4节 光合作用的过程	课时	第2课时
课表要求	说明植物细胞的叶绿体从太阳光中捕获能量，这些能量在二氧化碳和水转变为氧气的过程中，转换并储存为分子中的化学能。		
核心素养发展目标	生命观念：建立光反应和暗反应之间的联系，建构光合作用的过程图，并说明此过程中物质变化和能量转化，建立生命的物质与能量观。 科学思维：建构光反应和暗反应的概念模型，发展模型与建模的科学思维。 社会责任：通过对光合作用的学习，认识到植物对于人类乃至整个地球的重要性，树立爱护环境、保护生态的意识。		
教学重点	（1）理解光合作用的概念； （2）说出光合作用过程中的物质和能量变化。		
教学难点	光合作用过程中物质和能量变化。		
教学方法	问题驱动法、合作探究法、讲授法。		

课程内容	扶放设计
一、提问引入。 1.绿叶色素提取与分离实验中最终分离得到的色素带中有几种色素？从上到下分别是什么色素？ 四种。胡萝卜素、叶黄素、叶绿素a、叶绿素b。 2.绿叶中的色素具有怎样的作用？ 吸收光能。 3.色素吸收光能是为了完成哪一生理过程？ 光合作用。	提出层层递进的问题，引导学生思考，引出光合作用。
二、光合作用的概念 结合光合作用的总反应式，总结光合作用的概念。 $$CO_2 + H_2O \xrightarrow[\text{叶绿体}]{\text{光能}} (CH_2O) + O_2$$ 光合作用是指绿色植物通过叶绿体，利用光能，将二氧化碳和水转化成储存着能量的有机物，并且释放出氧气的过程。	结合反应式，完成辅学单活动1，生生互动，精准答案。
三、光合作用的过程——光反应阶段 播放光反应阶段视频，阅读教材103页，学生回答以下问题： 1.光反应的场所？类囊体薄膜。 2.光反应的条件？光、色素、酶。 3.光反应中的物质变化？	观看视频并结合教材，完成辅学单活动2。

辅学单：光合作用的过程

活动1：结合反应式，总结光合作用的概念

$$CO_2 + H_2O \xrightarrow[\text{叶绿体}]{\text{光能}} (CH_2O) + O_2$$

活动2：探究光反应阶段中

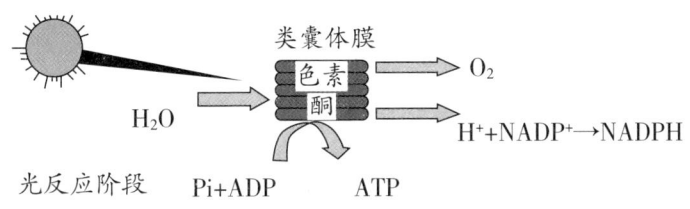

光反应阶段：$H_2O \rightarrow$ 类囊体膜（色素、酶）$\rightarrow O_2$；$H^+ + NADP^+ \rightarrow NADPH$；$Pi + ADP \rightarrow ATP$

（1）场所：

（2）条件：

（3）物质变化：

（4）能量变化：

活动3：探究暗反应阶段

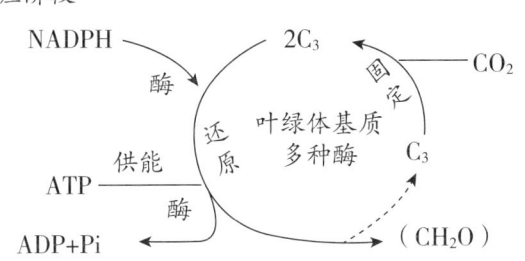

NADPH、ATP 供能，酶，还原；叶绿体基质，多种酶；CO_2 固定 $\rightarrow 2C_3$；$C_3 \rightarrow (CH_2O)$；$ATP \rightarrow ADP + Pi$

（1）场所：

（2）条件：

（3）物质变化：

（4）能量变化：

二、落实"一退四进"个性化辅导模式和高三名师专题辅导模式

复习指导工作纷繁复杂，多种多样，它是学校高质量发展的重要组成部分。基于学校各部门之间具有共同服务于教育教学的共性特点，在实际工作中，我校形成了一些行之有效的特色做法。

（一）建设专题指导名师队伍

随着科技的发展、社会的进步，人与人之间的相互联系和依赖将会更加密切，世界已经成为一个命运共同体。现今，教育也在强调大融合，这不只是学生综合能力提升的需求，还因为科技的创新点往往都落在学科的交叉点上，谁拥有了广博的视野，谁就更能看清这个世界。然而，每个人的能力和精力都是有限的，一个人即便穷其力量也无法把所有的事情一力承担。未来社会的发展必须依靠团队，这是人类进步必然的选择。

同理，学校作为一个特殊的集体，尤其需要团队合作。比如集体备课、师徒结对、各类讲座、研讨指导等活动都在发挥团队协作的作用。然而，团队更多的是解决基本问题，真正的创新还得依靠特殊的拔尖人才，正如唯物主义一直强调的：劳动人民创造历史，但一定也要强调英雄可以改变历史进程的重要性。

编筐窝篓贵在收口，对于学校而言，毕业年级必然是学校工作的重要中之重。目前各校的管理方式基本上都是要求科任老师从接手新一年级的学生开始，从起始年级一节节新课，到毕业年级单元复习、专题复习、综合练，一直都要进行承包式的教学。然而，再

优秀的教师都会有短板，再普通的教师也可能有特殊的建树。对于那些在高三复习中有特殊建树的老师来说，平均每三年才会有一次用武之地，这是现行学校任课体制下对优质教师资源的极大浪费，这样的优质老师是学校提高毕业班复习质量亟待开发的宝藏级人物。

打破年级界限，在学校范围内邀请名师，自带优势专题，融入高三专题指导，这就是开发这份宝藏的具体举措。

此项举措将打破教师的山头思想，改变以往"我的班级别人不能介入"的观念，让班级任课教师认识到，每位教师都有优势，自己一定也有不足，自己讲所有的内容，如做专题复习、综合训练，就类似近亲繁殖，非常需要融入新鲜的血液；同样也让授课教师认识到，教师的权威靠的就是自己的拳头产品，教学相长和学生的渴望就是打磨权威的动力，自己应该发挥特长，努力成为某个方向的权威和专家。学校长期坚持这一举措，优秀的教师就会在常规教学的基础上多年专研某一领域，并成为此领域的大师，当把某个专题领域的大师组织起来，这个学科就会拥有全覆盖式的高水平课程。

名师融入，不仅能让毕业班的复习质量得到提升，也会使学校其他工作达到一个新的境界和高度。学校邀请名师，理论上没问题，但还要注意操作细节，让操作为质量服务，而不能成为质量的障碍。在舆情上，学校要营造自由、民主的学术氛围，人人有专题，人人是名师，把学校看作一盘棋，在教育中互相需要、互相帮助；在课时上，名师的专题课时不宜过多，一两个课时即可，这样的课时，既不冲击正常授课，也倒逼名师质量提升；在时间上，最好安排在毕业班专题复习后期，最大程度降低名师对原班教师教学的冲击；在任务上，名师做长期准备，打造出自己特有的、让同行服气的专题；在组织上，学校每年定期邀请名师，可根据专题为教师学术命名，认同其成就，激励更多教师积极融入，精益求精。

山不在高，有仙则名；水不在深，有龙则灵。名校关键不在于学校环境、办学条件，而是源于大师的存在。从来没有从天而降的大师，有的只是不断努力的平凡人。按进化论的思想，按部就班工作的人不容易进步，剑只有放在石头上不断打磨，才会成为削铁如泥的利刃。邀请名师进行毕业班主题讲座，是提升毕业班教师素养的有效举措，更是一块打磨名师的优质磨刀石。

（二）课余学习时间的"一退四进"

教育是一个复杂而充满科技含量的事业，追求质量是教育不变的选择，但不同的质量观会让教育走上不同道路。有一批反乌托邦精神控制的学校，用悲催人生去感染学生，用"只要学不死就往死里学"的誓言激励学生，学生心无杂念，一心向学，也取得了一个又一个超越历史的高考新成绩当然也有像北京二十二中孙维刚这样的老师，先教孩子怎么做人，进而创造了55%升入清华、北大的成功案例。今天不去谈质量观的对错，仅仅从提高学生的学业成绩上思考，两个办法都达到了，这说明提高教育质量是有多种途径的。当然，学生的学习不只是在学校的事，课余时间同样是学习的重要组成部分。这些年来，学生的课余时间一直被忙不完的作业、无休止的补课所控制，还有被"先学后教"学习前置的预习要求所占用，但效果不佳。因此探索出一条帮助学生更为科学合理地安排学习时间的学习路径，也是教育不可回避的一项重要课题。

1. 一退："预习"这一教学环节应该退出教育舞台

不论是过去，还是实施新课程改革的现在，每逢学生请教学习方法的时候，老师和专家们率先想到的可能就是要做好课前预习，因为如果学生课前进行了预习，上课就会有备无患，重点突点，还能因此提高学生的自学能力。实际情况是否如此呢？信息时代能够通过大数据了解事物的真相，我们学校虽然没有足够的校级大数据，但从一个班级的数据统计中也可以小见大。十年前我对学校的实验班学生的预习情况做过调查，前提是在常规教学状态下（老师上公开课除外），包括班级中偶尔进行自主预习的人数，每天都坚持预习部分科目的人数，每天坚持预习全部科目的人数在班级人数中所占的比例。这是在一个学有余力的优势群体中进行的调查，结果是偶尔自主预习的学生占全班人数的4.9%，每天坚持预习部分科目的学生占全班人数的0%，每天坚持预习每个科目的学生占全班人数的0%。笔者在执笔该篇文章时，又对一所优质学校100名同学做了调查：除非老师有明确要求，常规状态下，只有一名同学是偶尔自主预习，而坚持每天、每科都预习的学生根本没有。从两次的调查结果中可以初步得出结论，如果不是老师明确地布置任务，"预习"是基本不会发生的。所有一线老师，尤其是初高中老师，都可重复此调查，相信结论不会有大的差异。事物只要存在，就有其合理性，如果一个教育方式无法被教育对象自然接受，那一定存在着不合理性。为什么"预习"在真正的教育中很难发生？仔细分析，很多不合理性就显而易见，只是有的时候我们不愿意刺破改革中这个美丽的"肥皂泡"而掩耳盗铃罢了。试想一下，学生在课堂45分钟都很难全部解决的生涩内容要怎么去预习呢？预习过程中不仅要自己读懂，而且还要回答一些问题，提出一些问题，这要耗去学生多少课余时间？学生每天至少面对六七个学科的学习，这不只是牺牲学生课余时间的问题，这根本是一项不具备可操作性的改革。"预习"之后学习效果好是个伪命题。如果从课堂效果来看，什么状态下才会呈现出一节好课，有教学经验的老师都知道，好的课堂一定能让学生面对一个又一个崭新的问题，让学生充满好奇心和求知欲，在互动、探索的过程中享受成功。如果学生在课前已经预习，就像我们在看一场已经知道结果的篮球赛，学生还会有看的欲望吗？很多优秀的教师，即使是上大型的公开课，最得意之处，都是出其不意，在新奇中创造课堂生成的瞬间。由此可见，不管是尊重事实还是追求效果，这一提倡了数年的、虚假繁荣的改革精品之作，在现代的教育环境下，都是时候该退出教育的舞台了。那么课余时间学生应该怎么学习呢？

2. 一进：课程资源准备进入学生课余时间

预习退出学生的业余时间，但不是否定课前师生的课程准备。国家只为新课程提供了课程标准，教材在某些学科的作用只是用来建构学生核心素养的桥梁。因此，未来的课程学习，如果能让孩子带着课程资源走进课堂，将会产生完全不同的学习效果，即学生不去触及教材，但可以围绕新课内容，让学生做适当的课程资源的准备，准备的可以是自己"固有的储备"，也可以是通过查找得到的，如果一节课一个同学准备一分钟的材料，全班的同学可能就会有 45 分钟的新内容共享。由学生参与"备课"呈现出来的，一定是学生感兴趣的、基于个性化认识的内容，这种创意下的课堂一定是鲜活的，而学生备课的过程也一定是能力提升的过程。

3. 二进：每个学科作业前的五分钟反思进入课余时间中

有人说，优秀人才是"反"出来的，就是这个道理，学生课余时间不要急于去完成作业，每科作业前都拿出五分钟，看看教材、看看笔记，把课堂的内容重新过一遍"电影"，重点内容，再强化一下理解，没太明白的，再琢磨一下。学习最高的境界，不是听会，也不是动手解题，而是"悟"。每天的反思就是很好的"悟"的过程。低年级学生内容少，每天花一点时间给父母讲讲学到的内容，就是很好的办法。

4. 三进：每个学科二十分钟周回顾进入课余时间中

心理学有一项重要的研究成果，就是人的记忆曲线。德国心理学家艾宾浩斯研究发现，遗忘在学习之后立即开始，而且遗忘的进程并不是均匀的——最初遗忘速度很快，以后逐渐缓慢，这条曲线告诉人们在学习中的遗忘是有规律的。学生在学习中自己也会感受到，学得的知识在一天后如果不抓紧复习，就只剩下原来的25%，随着时间的推移，遗忘的速度开始减慢，遗忘的数量也会减少。有人做过一个实验，两组学生学习一段课文，甲组在学习后不复习，一天后记忆率36%，一周后只剩13%。乙组按艾宾浩斯记忆规律复习，一天后保持记忆率98%，一周后保持86%。乙组的记忆率明显高于甲组。这个实验告诉我们，凡是理解了的知识，就能记得迅速、全面而牢固，死记硬背的结果是费力不讨好。强化记忆最有效的办法是按照记忆周期在第1，2，4，7，15天几个重要节点进行复习，然而现在学生学习的内容很多，无法在每个节点重复，但抓住一天和一周是必须的和可操作的。

5. 四进：单元梳理或月梳理进入学生课余时间

单元梳理可以把零碎的知识点建构成知识体系，形成有逻辑的纲要，更便于记忆。更重要的是，学生梳理的过程就是对知识内涵理解的提升过程，也是学生由碎片化思维上升到逻辑思维的过程，是提升学生关键能力重要的过程。目前的教育现状下，我们还摆脱不了对知识的记忆和对分数的追逐，那么，综合人脑科学，兼顾"质"和"量"以及教育的实践，科学安排学生的课余学习时间，也是很有现实价值的尝试，明确提出的学生课余时间"一退四进"，也应是破解一些教育乱象的一项有意义的尝试。

三、课程分数结构改革

新的课程和高考改革，一个重要举措就是评价体系改革，建立"两依据、一参考"的高考评价体系，避免一考定终身，促进学生全面且有个性的发展。在坚守"以人为本"的新课程理念下，强化过程育人，充分发挥评价机制在学生成长过程中的推动和导向作用。

因此，我校提出了评价体系的三个转变。一是切实推动教学工作由关注结果向关注过程转变，激发学生学习的自主性，提高学校教学质量。二是由甄别性评价向激励性评价的转变，充分发挥学生成长过程主观作用内化力的驱动。三是由关注学生的分数向学生全面素质发展的转变，切实在学科教学过程中落实立德树人的根本任务。

（一）期中期末考试分数结构调整

这么多年来，为去教育功利化，真正落实素质教育，办高质量教育，国家一直在倡导教育应由关注结果向关注过程转变。为此，我校从重要的考试入手，实验推出一套考试分数结构调整方案。在试验推进过程中，学生平时学习状态发生了明显变化，达到预期效果，具体的操作如下。

1. 分数结构调整的内容

期中、期末学科总分数为高考相应分数值，分为学科卷面分数和学习过程分数。学习过程由课堂状态、作业质量、参与学科拓展活动情况等表现来确定，分值为5分，其他为卷面分数。

2. 过程分数评分办法

每个班级基本相同，在班级按比例分配：满分为5分，每个班级5分人数15%，4分人数35%，3分人数35%，2分人数15%。学校给出了具体的教师平时观察的五个方面，每个方面1分。这五个方面为：

A. 遵守纪律，珍惜时间，专心听讲，积极思考，主动合作。

B. 积极参与，主动发言，能够解决课堂的问题。

C. 主动学习，及时解决学习中出现的问题，经常和教师、同学探讨研究问题。

D. 作业认真，书面及口头、背诵作业保质保量，按时上交，书写清楚，字迹工整，作业整洁。

E. 自主拓展，能够重视教师的批改，及时订正错误，并主动扩展课外知识及相关训练。

对于评分过程只要求教师适当记载，提倡宏观性评价与微观性评价相结合，但对获得5分的同学要有认同的理由，并于学科考试前在班级公示，没获得5分的学生可以提出复议，复议由班主任及班委会商议通过后，上报年级主任协商科任教师审定处理。

对确定为2分的同学，也要有充足的理由，为了保护学生的积极性，其他分数不公布，直接计入学科总分，2分的人数可以适当弹性，但不能低于5%。

3. 成绩使用

试卷分数和过程分数同等使用，如计入学生档案等，但过程分数不计入教师评价和学生分班。

(二) 推进办法

采取实验推进，提前告知家长及学生，统一思想、明确要求，选择高一年级本学期期末外语、数学科目，选课中的物理、历史科目。

对于备课、辅导、考试，我们将继续不断的进行研究和实践，我们可以拓宽教学的视野，创新教学方法，更好地满足学生和教育的需求。在各项工作中，不断探索适合学生的学习方式，激发学生的学习热情，引导他们树立正确的学习态度。这样做不仅可以提高学生的综合素质，还可以为学校的整体发展贡献更多的力量。我们相信，通过持续的研究和实践，长春市第八中学的备课、上课、辅导、考试工作将会取得更大的进步，为学生的成长和学校的发展贡献更多的力量。

四、"5+1+1"作业管理模式

为了推进教育的高质量发展，切实减轻学生的课业负担，国家出台了双减政策，减轻学生的作业负担是目前教育的重中之重。减负不是一个简单减量的问题，减负必须同时考虑到"提质"，而提质不应该只是提高作业的质量，更要提高教师批改、指导的质量，实现双提质。为此，我校研究制定了"5+1+1"的作业管理模式。

> 课程改革新模式
> （2）"批"的模式——"5+1+1"作业管理模式
> "5"是五个明确
> 第一明确每次作业的数量：用时间来定义
> 第二明确周作业布置的次数：课时数的三分之二左右
> 第三明确最晚完成作业的时间:高一11：00；高二11：30；高三12：00
> 第四明确作业批改的方式：多种批改方式并用
> 第五明确作业的难度：平时难度系数0.8，早练难度系数0.7
> 第一个"1"：一面镜子即一张记录单
> 第二个"1"：两周一次抽查

（一）"5"即作业布置与批改的五个明确

1. 明确每次作业的数量

作业的数量用一般水平的学生完成作业的时间来衡量。为了控制作业总量和满足学生差异化学习需求，我校对每科每次作业的数量调控标准如下：一般语数外不超过40分钟，其他科目不超过30分钟（高三可适当增加10—20分钟）。

2. 明确周作业布置的次数

某个学科作业的数量过多会加重学生的作业负担，挤占睡眠时间，数量太少又达不到检测反馈的作用。学校规定，非高考科目不留课后作业，所有的学习内容要当堂消化；高考科目的作业，次数一般为周课时数的2/3左右，有课后服务的科目或当天有考练的科目一般不留作业。明确周作业布置的次数对学生的作业总量起到了明显的控制作用。

3. 明确最晚完成作业的时间

尽管学校已经从作业的次数和每次作业的时间两个角度限制

了作业的总量，但由于学生的学业基础和学习能力不同，完成作业所需的总时长还是会存在一定的差异。为了权衡完成作业和保证睡眠的关系，学校明确了最晚完成作业的时间，高一和高二最晚不超过十一点半，高三不超过十二点。如果一个学生正常写作业，到这个时间节点仍没完成，学生就可以不写了，第二天告知老师，便可免于被批评。明确最晚完成作业的时间，对于学生的睡眠时间和身体健康都有一定的保障作用，进一步落实了"五项管理"中的"睡眠管理"。

4. 明确作业批改的方式

如何才能做到通过批改作业很好地了解教学效果、了解学情，同时又能使教师从繁重的作业批改中解脱出来，从事更有意义的教学活动呢？我校的解决方案就是提倡多种方式批改。教师可根据具体的作业情况，以追求高效为原则，选用教师全批、教师部分批阅、教师面批、学生自批、学生互批、智学网手阅卡等多种形式，而非要求老师全批全阅，有效地减少了教师的批改数量，有效地提高了批改的质量及讲练的时效性。

5. 明确作业的难度

为了培养学生对学习的自信心，同时使作业真正起到对学习的反馈检测作用，作业难度的设计要依照普通高中学科《课程标准》和学生的学情进行设计，准确把握作业的难度，确保不超课程标准和教学进度，一般要求作业的难度系数在 0.8 左右。

（二）作业管理的"1+1"

扎实有效的作业管理是保证师生关于作业减量提质的有效措施，我校作业管理的原则是在不增加教师工作量的前提下可持续进行，采用了"1+1"的管理模式，即一个作业批改记录单和一次作业抽查。

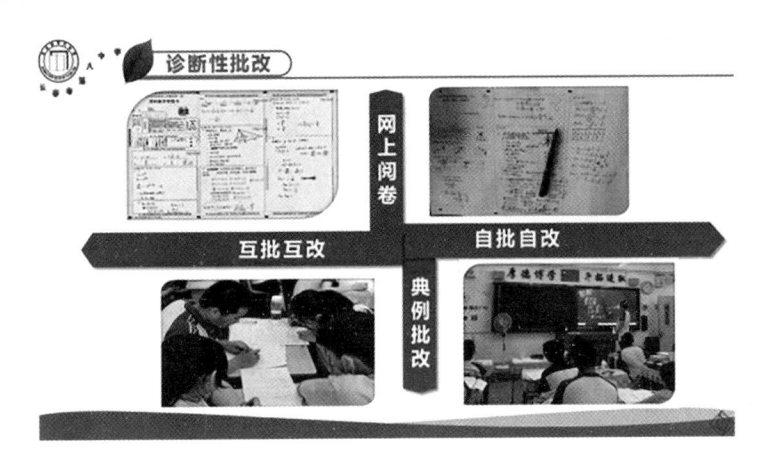

1.一个作业批改记录单

作业批改记录单具体包含五项内容，即科目、时间、作业量、批改方式和记录人（科代表）。每班每天一张，只要留作业，科代表就在上面记录。我们把这个记录单称为一面镜子，因为这个记录单就放在讲台上，某一科作业留得过多或过少，作业批改多少，通过这个作业记录单横向比较便会一目了然。这样各学科之间就能很好地起到相互监督、相互制约的作用，既保证了学科作业数量的合理，也保证了老师批改的科学有效，使各科之间能够很好地协同作战。

2.一次作业抽查

作业管理是学校教务处的主要职责之一，教务处和年级管理团队，每半个月，要对作业及批改记录单抽查一次，认真检查作业的次数、作业量及教师批改情况，发现问题，及时与个别教研组或个别教师进行沟通反馈，并督促调整改进，平时主管年级教学主任、主管校长要随时抽查指导。

（执笔人：王丽梅　吴俊峰　贾　婕）

第五章
五维一体教师队伍建设

有人给校长出过一道选择题,在学校办学理念、好的生源、办学硬件条件、教师队伍几个选项中,哪一个最重要。不同人会有不同的选择,但更多的人还是选择了教师队伍。教师队伍建设确实是学校发展的重中之重。因为只有拥有了优质的师资才称得起真正的优质学校,社会才会拥有美好的教育。社会在发展,时代在变化,教育在回归本真。人类需要"精师",时代更是在呼唤"良师"。

如果从最基本的职责去评价一名老师,精通学科知识就是合格的老师,就是精师。但从更高层次来看,最受学生欢迎的优秀老师,大都能够谈古论今且知识广博,即所说的良师。他们上知天文,下晓地理,能吟诗作赋妙语连珠,也能插科打诨诙谐幽默,还能家事国事天下事旁征博引、出口成章。这样的老师,不是大学专业能够培养出来的,也不是按部就班讲教材讲出来的,更不是业务培训培育出来的。因此,想做优秀教师,就要拿出一定的时间"不务正业",关注与学科教学无关的杂学。我们知道学生的培养,不能采取"工厂式"的加工方式，同理，良师的培养也不会是一朝一夕可以完成的，因此，系统地思考教师培养的问题，是教师队伍建设的必然选择。"疏、研、培、购、升"五维一体教师队伍建设工程，就是源自全面思考，立足学校工作实际，经学校实践检验的系统工程，旨在提高教师的专业素质和教育教学能力。通过这个工程，可以全面提升教师的素质和能力，为教育教学质量的提升提供有力保障。同时，也有助于激发教师的工作热情和创造力，推动教育事业的持续发展。

一、疏，提升教师幸福指数

疏，这一环节主要关注教师的心理健康管理和工作压力管理。通过组织心理健康讲座、提供压力释放的活动和渠道，帮助教师更好地应对工作压力，保持健康的心态，从而更好地投入教育教学中。

当前，教师的心理健康已经成为无法回避的问题，主要表现有轻度和中度心理障碍、心理疾病。许多教师自卑心态严重，嫉妒情绪、焦虑水平偏高。教师心理问题增多，主要由压力增大所致。近年来，教育改革不断挑战教师的心理承受能力。一方面，教育教学方式、方法不断推陈出新，对教师原有的思维方式、教育观念和方法带来巨大冲击。另一方面，竞争机制引入教师队伍，诸如教师聘任、末位淘汰、按绩取酬等新的用人方式和分配方式的推行，给一向平静的学校带来了活力，同时也在教师心里产生了不安全感，如果不能及时调适，积极疏导，就容易产生紧张、焦虑的情绪。

有这么一件事，几百年前有一个钟表匠曾断言，金字塔不是奴隶修建的，而是由一大批自由职业者修建的，因为一个身体和思想被禁锢的人，不会产生工作热情，更不会有创造力，那么就不可能建造出连刀片都无法插入的、做工精细的金字塔。而教师作为一个良心的职业，内心的热爱和自觉更为重要。想要达到这样的效果，人们就不能对教师进行道德绑架，不能对教师有过分的期许，不能强求教师无私奉献，要让教师成为正常的职业人，灵魂自由的人，这样教师才能身心愉悦，愿意上班，喜欢单位，才可能获得职业幸福，而随之研培才可能获得深度落实。反之，如果天天生活在监督之下，日日被要求在太阳下闪光，教师的内心充满恐慌和压抑，就无法成为优秀的老师！因此，要为教师创建宽松的工作环境，这个环境要突出一个"疏"字，这是教师队伍建设的一个关键。在一次调研中，有一道多项选择题，问教师"什么样的学校管理方式比较好"，排在第一位的是"宽严适度、尊重教师"，占89.9%，第二位的是"激发内潜，倡导个性"，占77.1%，排在最后的是"高压政策，分数王道"，占3.7%。我们试想，采取教师内心极其反感的管理方式，怎么会办出好的教育。

（一）学校积极作为，多维度疏导

以人为本，柔性管理，培养教师对学校的信赖感。以人为本的柔性化管理理念强调，校长不能拿"校长"当官做，以"官"威号召人，而应尊重教师劳动、尊重教师创造、尊重教师需要，着力营造尊师重教的环境，保持管理者和教师之间有一种感情融洽的良好人际关系，并形成积极的情感，增强凝聚力，减少离心力。在制度允许的范围内，竭尽全力为教师办实事、办好事。当教师的利益受到侵害或教师被误解时，敢于直言；当教师遇到暂时的困难时，尽力为其提供真诚的精神和物质帮助。这一切自然会使教师对学校产生信赖感。

（二）培养教师对学校的自豪感

教师对学校的自豪感是教师归属感形成的基础。教师对学校的自豪感源于教师对教育事业蒸蒸日上的发展和未来美好前景的憧憬而产生的情感体验。要让每一名教师从学校发展中看到自身发展的希望，看到努力奋斗的生命价值。要重视教师的发展需要，营造有利于教师发展的环境。做到"尊重人、理解人""依靠人、满足人、发展人"。发展是人的高层次追求，学校应辅助教师进行职业生涯设计，实行生涯管理，营造有利于教师发展的环境氛围，让教师在环境中不断寻求一个更加充实的自我，增强工作的责任心和自豪感。

叶澜教授指出：没有教师的生命质量的提升，就很难有高的教育质量；没有教师精神的解放，就很难有学生精神的解放；没有教师的主动发展，就很难有学生的主动发展；没有教师的教育创造，就很难有学生的教育创造。教师应主动在改革和创新中不断挑战自我，突破自我，发展自我，进而促进学校办学目标的实现。长春八中的办学目标为"四有"，即学生有情怀、教师有归属、办学有温度，学校有故事。教师专业发展规划是实现办学目标的基石，是长春八中教育事业发展的重要组成部分，对于提高教师素质和教学水平具有重要意义。

（三）培养教师对学校的归属感

拿破仑说过："人生最大的幸福莫过于自己的潜能得到最大的发挥。"要充分发挥一个人的潜能，需要有适宜的环境。学校要使教师的潜能得到发挥，就要解除不必要的束缚，尽可能地提供促进教师个体发展的平台，给教师足够的时间和空间，健身健心。例如我校成立了12个志愿服务队、6个俱乐部、1个教学民主监督委员会、1个环境育人工程，设立了6个礼品派送日、2个教师体育节，为教师创建了一个宽松的工作环境。志愿服务队、俱乐部、体育节，老师自主申报参加，不定期自主选择活动时间，以促进教师团队意识的形成，身体素质的提升。礼品派送日，增进教师之间的情感交流，让教师体验到来自集体的温暖与关爱，自然就会产生归属感。我校成立"教育教学改革发展民主监督委员会"，在学校层面对教育治理体系和治理能力现代化进行实践探索。教育教学改革发展民主监督委员会委员由教职员工民主选举产生，由校长授权，委员会对学校改革项目有决定权，即经三分之二以上的委员通过的学校教育教学改革方案方可在全校推广。委员会的规范运行，为学校深化教育教学改革提供监督和保障，让学校教育教学改革专项决策更为科学，让各项决策的实施更具充分的民意基础，让学校的建设发展更为稳健。教师积极参与到学校管理当中，各自发挥自己的潜能，为学校的发展出谋划策，不但能使教师体验到更多的幸福，更能提高学校管理的效率。

长春市第八中学文艺体育节教职工比赛项目

二、研，以问题为导向课题研究

有大师才有大学，有名师才有名校，教师是学校办学的根本。教师发展的途径是多维的，如专业培训、师徒结对子、岗位磨练等。我不否认培训的效果，但没听说哪个大师是培训出来的，哪个名校长是培训出来的。培训可出好老师、好校长，但要真正成名成家，必须走的路线是，在实际的工作中用科研的思想方法，学习、实践、研究、思考、梳理，破解实际问题并在过程中长见识、累经验、增能力。当然，只有源自灵魂深处的热爱，才会为研究提供不竭的动力，热爱是一切美好教育的源泉，是大师必备的优秀品质。

研，即教师的教育研究能力。通过组织教师参与课题研究、教学实验等活动，提高教师的科研素养和创新能力。同时，鼓励教师之间进行学术交流，分享教学经验，共同提高教学水平。做研究是当下较为流行的队伍建设之路，很多培训班都设立一些课题，让教师结合解决实际问题以促进业务的提升，这也就是人们常说的"研培一体"。但管理者和教师一定要提高认识，研，要以问题为导向，培养教师在成长中用研究的态度对待平时的工作，将教学设计、学习借鉴、反思融于日常工作中，通过真研究提高队伍素质和创造教育新局面。

随着教育改革的不断深入，教师的研究能力也逐渐成为评价教师综合素质的重要指标之一。教师的研究能力不仅关乎教学质量，还直接影响学生的学习效果和未来发展。因此，提升教师的研究能力已成为当前新课程改革背景下教育领域的重要任务，基于以上认识，我校制定了教师研究能力提升策略。

（一）明确研究目标，制定合理计划

教师研究能力的提升需要有一个明确的目标和合理的计划。首先，教师应根据自身的教学实践和专业背景，确定研究方向和目标。这有助于教师在研究过程中保持清晰的思路，避免盲目跟风或随意变换研究方向。其次，制定具体可行的研究计划。计划应包括研究的时间安排、研究方法的选择、研究数据的收集与分析等方面。通过制定计划，教师可以更好地掌握研究进程，确保研究工作的顺利进行。

（二）加强学习培训，提高研究素养

教师的研究能力与其研究素养密切相关。因此，加强学习培训是提高教师研究能力的关键。一方面，教师应积极参加各类教育研究培训课程，学习先进的教育理念和研究方法，这有助于教师拓宽视野，了解最新的教育研究成果，提高自身的研究水平。另一方面，教师应注重自我学习，通过阅读相关书籍、期刊和论文等，不断积累研究知识和经验。同时，教师还可以参加学术研讨会、讲座等活动，与同行交流研究成果和经验，共同提高研究素养。为提高我校教师的学习力，打开教师教育视野和格局，学校多次邀请国家、省市著名教育专家开展多种形式的交流研讨，通过线上、线下多渠道参会方式组织老师参加新课程研讨交流活动。同时，利用多媒体平台公众号、抖音号等推出《老张看教育》《成长在吉林》等主题专栏，宣传办学思想和主张，引领教师深度思考教育教学工作，拓宽教育向外沟通的渠道，使教育从象牙塔中走出来，接受来自各方面的思想碰撞，倾听各种不同的声音，与各行各业深度融合，更好地实现"办人民满意的教育"的愿景，潜移默化中帮助教师树立远大的教育理想，摆脱囿于三尺讲台上的局限。

长春市第八中学名校长工作室办学创新全景沙龙会议发言人

（三）积极参与实践研究，提升研究能力

实践是检验真理的唯一标准。教师提升研究能力的过程中，积极参与实践研究至关重要。首先，教师应将研究与实践相结合，将研究成果应用于教学实践中。这有助于教师将理论知识转化为实践经验，提高教学效果。其次，教师应关注教学中的实际问题，开展针对性的研究。这有助于教师发现教学中的不足和问题，提出改进措施，提高教学质量。最后，教师应注重研究成果的总结和推广。通过撰写论文、参加学术交流等方式，将研究成果分享给同行和社会，推动教育事业的进步和发展。

长春市第八中学情境化试题教学研讨课

（四）建立激励机制，激发研究热情

为了激发教师的研究热情，学校应建立相应的激励机制。首先，学校为教师提供研究经费和资源支持。这有助于减轻教师的经济负担，为其开展研究工作提供必要的保障。其次，学校设立研究奖励制度。对于取得优秀研究成果的教师给予一定的荣誉和奖励，以鼓励其继续深入研究。此外，学校还为教师提供学术交流平台。通过组织学术讲座、研讨会等活动，为教师提供展示研究成果的机会，促进学术交流和合作。

在研究策略的指导下，十四五期间，我校以问题为导向，确立省级科研专项课题《新时代背景下学校教育结构变革的实践研究》，以此带动19项市级子课题的研究。目前，本课题已经结题，所取得的成果被复制并广泛推广。在研究之风盛行的氛围下，老师们纷纷行动起来，参与各级各类课题的研究，尤其是教育教学实践中的"大困惑、小难题"。这些课题的研究破解了新课改过程中的许多问题，促进了我校新课改的顺利进行。

副校长闫玉波主持课题开题

三、培，任务驱动、知行合一

教师培训是提升教师素质的关键环节。可以通过定期举办各种培训课程，如教育技术培训、教学方法培训、学科知识培训等，帮助教师更新教育理念，提高教学技能。培训应该是学校教师队伍建设中最常用的办法，但培训同时也是受到一线教师诟病较多的办法，原因主要有：一是培训中让教师"吃大锅饭"，不管需不需要，大家一起接受培训；二是很多骨干教师培训任务太大，一年要参加几个层次、几次培训，培训不仅效果不大，甚至成了部分教师的负担。克服这两个弊端较为有效的培训方式应该是项目式培训或任务式培训，让培训知行合一，既能解决实际问题，又能增强培训者的任务驱动力。

基于以上认识，我校在做好常规项目培训的基础上独辟蹊径，开创了特色项目培训，即项目式读书。

古人说："书中自有黄金屋，书中自有千钟粟，书中自有颜如玉。"古人对读书的这种认识，固然有时代的局限性，但我们也能从中感受到古人对读书的重视程度。时代发展到今天，虽世殊时异，但读书仍然是我们进行自我培训、自我提升的重要方式。"玉不琢，不成器；人不学，不知道。"读书是自我提升的艺术，是充实人生的艺术，更是享受生活的艺术。读书可以让我们了解世界的广阔与多元，可以让我们穿越时空，体验不同文化、历史背景和生活方式。但是读书本身就是一种艺术，死读书，读死书，没有辨别的读书，就会适得其反，这就是为什么民间会有"百无一用是书生"的说法。

作为教育人的教师，更需不断读书，更新知识体系，陶冶情操，积淀内涵，实现专业的不断成长。

读专业书籍，就是专业学习的过程，但即便是学识渊博、行业资深的专家，单凭兴趣就能把书读进去，达到精深的程度，也是寥寥无几。而项目式读书最可贵的就是能增强读书的内驱力，让读书变成"因需要而读"，进而使读书变成"有效的学习"，促进读书与实际工作相结合。比如我们在"十四五"期间申请了19个研究项目，参与这19个项目研究的老师分别根据研究项目的需要，积极主动地借阅或购买书籍进行阅读，以促进研究项目科学深入的进行，让研究成果更具有科学性和推广性。在读书与实践中进行思辨，悟出深刻的道理，通过读书找到解决问题的办法，学以致用，如此，便达到了读书的高境界，也就是"学、思、用"的完美结合。

项目式读书是"老张"独创的新名词，可参考项目式学习来理解。我们现今的教学是按具体科目和具体章节来安排的，虽然看起来很全面，但实际上目的指向并不明确。从学生的角度看，学习目标基本定在分数的获取上，学生对知识在现实生活中能解决什么问题及如何解决问题很茫然，而项目式学习是对传统教育的颠覆式变革，先提出需要多个知识点才能解决的现实问题，然后围绕问题进行发散、探求，让学生在解决问题的过程中学习知识。

项目式读书类似项目式学习的思维方式，尤其适合教师这样的职业教师从自己工作的实际需求出发，围绕工作中面临的问题有针对性地选书、读书，解决问题的过程就是高效读书、专业成长的过程。项目式读书不仅局限于读著作、读专业书籍等实际的书。它可以是教师要开设的新课程，比如学生生涯发展指导、steam课程、体育跆拳道、羽毛球选修课程等；还可以是老师要研究的教学方法、某类课程的授课艺术、为教师或学生进行培训的专题讲座、学科中一类问题的处理方法等等。这样的项目与教师工作密切相关，因此，工作需求就是读书的动力。大家都知道，读书贵在思考，项目式读书是为了解决实际问题，因此读书过程一定伴随着大脑的思辨活动，而这种思辨同时又对实践产生指导效能，进而达到学以致用的功效。这样，教师在读有所获的同时增添了进一步学习的动力。

在进行项目式读书的过程中，班主任老师带着管理的问题读魏书生的《如何做班主任工作》，带着新课程改革的困惑读《如何做学生生涯发展指导》，每本书都能成为专业技能的一扇天窗。带着问题去读书和毫无目标的浏览，二者的效果是完全不同的。教师在工作中要面对一个又一个问题，这样，每天、每月都可以围绕要解决的问题去读书。

长春八中项目式读书启动仪式

在以项目式读书为主要特色进行培训的同时，也启动任务式培训以确保培训效果。任务式培训是一种以完成具体任务为目标，通过实践操作、反思总结等方式，提高教师专业技能的培训方式。在实施任务式培训时需要明确任务目标，任务式培训的目标应该明确、具体，与教师的实际工作任务紧密相连。在任务开始之前，需要对任务目标进行充分的讨论和明确，确保教师清楚自己的任务是什么，以及如何完成任务。

任务的设计应该具有一定的挑战性和实际意义，以激发教师的积极性和创造性。任务应该注重实践操作和反思总结，让教师在完成任务的过程中掌握相关知识和技能。在任务式培训中，需要为教师提供必要的资源支持，如教学材料、教学设备等，这些资源应该与任务紧密相关，能够帮助教师更好地完成任务。在任务过程中，需要加强对教师的指导和帮助，及时解决教师遇到的问题和困难。同时，需要鼓励教师之间进行交流和合作，共同完成任务。注重任务成果评估和反思。任务成果的评估和反思是任务式培训的重要环节。在任务结束后，需要对任务成果进行全面的评估和总结，分析任务的完成情况和教师的表现。同时，需要鼓励教师进行反思和总结，发现自己的不足，以提高自己的专业水平。

教师项目式培训和任务式培训都是提高教师素质和专业技能的有效手段。在实施这两种培训时，需要明确培训目标，科学设计培训内容和方式，合理组织培训团队，加强培训过程管理和成果评估等。这样才能做到知行合一，才能确保培训的质量和效果，推动教师的专业成长和发展。

四、购，购买服务、聘任专业人才

购，学校需要为教师购买教育教学软件、图书资料、实验器材等，以满足教师日常教学的需求；需要提供一些先进的教学设备，如智能教学平台、虚拟现实设备等，以提高教学效果。但更需要考虑的是，新的课程改革给学校教育加入了很多新的课程内容，随着科学技术的发展，未来将会有更多课程进入学校，因此，学校要有目光向外的眼界，面向社会购买社会服务和聘任专业人才。

当然，购买服务还需改革的配套支持。目前，学校购买设备大都不是问题，购买后勤服务也不是问题，但聘任专业教师，还涉及一些用人上的投入，目前仍困难重重。有人预言，未来一所学校或许有四分之一的教师属于聘任教师，这是学校对向社会机构或个人购买服务政策的响应。引入社会专业人士是未来教育的大势所趋，国家体制改革早晚会有政策与之配套，因此，办好的教育不能只有内部"开源"的努力，更要有社会人才为我所用的格局。

我校在这方面进行了探索与尝试，具体做法就是"购"，我们不以招聘的方式去招聘名师，而是通过聘任专业人才的方式满足学校的用人需求。比如我们充分利用家长这一特殊资源，为学生聘任生涯规划指导教师，通过调研的方式，了解家长的职业以及家长的能力和意愿，选择那些热心于学校发展，具有服务意识和责任感的家长担任学生的生涯指导教师，帮助学生在社会实践的过程中深度了解各行各业的职业特点，更好地进行职业规划和人生规划。我们还把各行各业的专家精英请进学校，与学生座谈，为学生演讲，做心理疏导等。我校的优秀毕业生也是我们专业人才的一个重要来源。我们聘请这些优秀的毕业生重返校园，讲述自己的大学，讲述自己的专业，讲述自己的成长历程，这些优秀毕业生有的在学习深造，有的事业有成，他们的加入更容易引起学生的兴趣，进而达到我们想要的教育教学效果。

五、升，提升成就感、提升待遇

升，提升教师的成就感和提升教师的待遇。提升教师成就感与待遇是一个涉及教育生态、教师激励和社会认知的复杂问题，是一个需要社会各方面联动才能达成的愿景。教师作为培养未来社会栋梁的关键角色，其成就感和待遇水平直接关系到教育质量和教师队伍的稳定性。然而，现实中许多教师面临着工作压力大、成就感低、待遇不尽如人意等问题。这不仅影响了教师的工作积极性和职业发展，也间接影响了学生的学习效果和社会的整体进步。因此，提升教师成就感和待遇显得尤为重要。我校在这方面做了力所能及的工作。

明确教师角色定位与职责：通过制定清晰的教师职责规范，使教师能够明确自己的角色定位和工作目标，从而在工作中获得更多的成就感和满足感。

建立科学的评价体系：采用多元化的评价方式，如学生评价、同行评价、领导评价等，全面、客观地评价教师的工作表现，使教师能够得到公正、公平的评价和认可。

提供专业发展机会：鼓励教师参加各类培训、研讨会等活动，提升教师的专业素养和教学能力，使教师在专业成长中获得更多的成就感和满足感。

营造良好的工作环境：通过改善学校硬件设施、优化管理制度、增强团队协作等方式，为教师创造一个舒适、和谐的工作环境，使教师能够在愉悦的氛围中工作，提高工作效率和满意度。

提升教师待遇：为教师提供完善的福利待遇，如医疗保险、住房补贴、子女教育等，减轻教师的经济压力，提高教师的生活质量。设立教学成果奖、优秀教师奖等奖项，对在工作中表现突出的教师进行表彰和奖励，激发教师的工作热情和创造力；通过舆论宣传树立教师的正面形象，比如我们通过师德师风宣讲活动，讲述身边教师的感人事迹，用镜头记录老师们教育教学日常中的点滴工作，通过学校公众号、成长在吉林视频号等进行宣传，帮助社会具体地了解这一职业，了解老师的辛苦付出，提高教师在社会中的地位和认可度，使教师感受到社会的尊重和支持。

提升教师成就感和待遇是一个系统工程，需要政府、学校、社会等多方面的共同努力。通过明确教师角色定位与职责、建立科学的评价体系、提供专业发展机会、营造良好的工作环境等途径提升教师成就感；通过提高工资水平、完善福利制度、设立奖励机制、提高社会地位等方式提升教师待遇。这些策略和途径的实施将有助于提高教师的工作积极性和职业满意度，进而促进教育事业的持续健康发展。

六、课余时间决定教师的发展高度

哈佛大学曾对100位60岁以上的老人进行过调查，让他们写出5件令自己最后悔的事情来，调查结果显示：75%的人后悔年轻时努力不够，导致一事无成；70%的人后悔在年轻的时候选错了职业；62%的人后悔对子女教育不当；57%的人后悔没有好好珍惜自己的伴侣；49%的人后悔没有善待自己的身体。也就是说，在被调查者当中，一生中最后悔的事，莫过于事业没有成功，其他的尚在其次。针对这项调查，哈佛大学进行了进一步的研究。研究的重点是，许多人怀揣梦想，年轻时也都曾努力奋斗过，但为什么最终一事无成呢？深入研究后哈佛大学得出了一个关于成功的论断：人的差别在于业余时间的利用，而一个人的命运决定于晚上8点到10点之间。仔细分析确有其道理，业余时间做事业说明你比别人更努力。

教师如果把工作当作谋生的手段，很难做得出色。每天面对工作都是不得已而为之，没有热情，自然也不会有更多的付出，一天工作之后，可能就是胜利大逃亡。这样的教师业余生活很难再和教师业务有联系，也不会有人指望其事业达到什么高度。

教师如果把工作当作任务来做，也能利用到业余时间，但缺少真正发自内心的意愿，缺乏自己的思想统领，虽有收效却难以突破个人发展的限制，这可能就是我们大多数教师的状态，优秀但不出色，可以成为名师但不会成为专家。

教师如果把教育当作自己的志趣和情怀，源自内心地热爱，那么不管经历如何，他终将有所成就。志趣，是我们每个人的志向和兴趣，是无须督促而自觉成长的本源。情怀属于每一个人，存在于每一个人的内心，是一个人的闪光来源，看似虚无缥缈实则饱满充实，这是一种感觉，更是一种坚持。当我们同时拥有了这二者，不做出一番事业都难。

有一本书叫作《反脆弱》，更直接地让我们看到，业余时间干什么决定了你的人生高度。这本书的作者写了一件特别有意思的事，他说，现在的教育大部分都是无效的，无效的原因是教育走进了"哈佛苏联模式"。为什么叫"哈佛苏联模式"？简单来说，就是哈佛大学的教授们以为是自己把学生教育成了精英，实际上这些人本来就是精英。哈佛大学教的东西叫作"教小鸟飞"。小鸟迟早是会飞的，可是哈佛大学把小鸟飞的过程解构成第一步、第二步、第三步，并要求学生按照这个程序来学习，结果小鸟真的在哈佛大学"学会"飞了。事实上，现在大环境下的教育方式都和教小鸟飞相似，而牛顿、爱因斯坦、乔布斯、比尔盖茨的成功，更多地取决于他们在自己掌控的时间里专注了什么，而不是他们在学校、在课堂上学了什么。

每个人都应该把握好自己的业余生活，不同的业余生活方式决定了人生的走向和高度，正像董卿说过的一句话："习惯不苦，习惯的养成过程的确很苦。前期是我们养习惯，后期是习惯养我们。"当一个人有了坚持，优秀自然就成了习惯。

（执笔人：夏　峰　孙　剑　耿中良　袁　伟）

第六章
教师阶梯型激励式评价及学科成绩数字化

基础教育课程改革是全面推进素质教育的核心，建立符合素质教育思想的评价制度是保证新课程改革顺利实施的关键。评价方法的改革是当前新课程改革的一个难点和热点。长期以来，教师评价是学校管理中不容回避且十分棘手的一项工作。传统的奖惩式评价在应试教育环境下对调动被评价者的积极性起到了一定的促进作用，但难以适应素质教育的需要和当今时代发展对教育的要求。因此我们需要探索建立起一套与新课程改革相适应的、符合当前教育发展趋势的教师评价模式。我校经过三年的探索与实践，建构了一套行之有效的教师评价体系，即"全景写实性阶梯式"教师评价体系和学科成绩数字化方案。全景写实性阶梯式教师评价，是以新课程对教师全面发展的要求为基石，旨在打造一套符合素质教育目标、多元化且能激励教师持续进步的评价机制。它从新课程对教师自身素养和专业水平发展的要求出发，提出促进教师提高，尤其是创新能力提高的评价体系。学科成绩数字化，把教师所教学生的学科成绩转化为教师考核分数，为所有教师能够在一起评价提供了相对科学的办法。

原创 张洪波 老张看教育
2020年03月23日 05:30 🎧听全文

长春市第八中学：张洪波校长

摘要：这套评价体系，效能在于教师无需与同事竞争，只需面向工作挑战自我，评价也无需等到年终权衡，时时定位准确。

一、全景写实性阶梯式教师评价体系

建立新的教师评价体系是新课程对教师发展的要求。随着教育改革的不断深化，教学理念的不断更新，教改制度的变革，特别是新课程的改革，对教师提出了更高的要求。教师只有在工作中不断学习和实践，努力提高自身的综合能力和整体素质，才能保障教学秩序的稳定和教学质量的提高，才能适应新课改的发展要求。新课程改革用课程标准取代了教学大纲，要求增强教师之间、师生之间、课堂和生活之间的互动，这必将引起教师集体行为的变化，并在一定程度上改变教育教学。美国物理学家普利尼兹"登门槛效应"是该评价体系的另一个理论支撑，普利尼兹"登门槛效应"又称"得寸进尺效应"，是指一个人一旦接受了他人一个微不足道的要求，为了避免认知上的不协调，或想给他人前后一致的印象，就有可能接受更大的要求。总的来说，就是先让对方每天提升一点，每天进步一点，长期坚持就会改变一个人，就像一步一步地登楼梯一样，这样能更容易更顺利地登上高处。这套评价体系，效能在于教师无须与同事竞争，只需面向工作挑战自我，评价也无须等到年终权衡，时时准确定位。心理学关于惰性的研究结果是评价体系建立的心理学基础。心理学研究发现惰性是人的本性，与生俱来，不需要任何理由，不需要任何条件，只是有的人能克服控制，惰性程度小一些，有的人放任膨胀，惰性大些。教师也不例外，也会有惰性，构建教师评价指标体系是教师管理的重要手段。教师评价指标体系就像学生的中考、高考一样，如果没有它，教师就可能不求进取、不思进取。

理论参考

普利尼兹
"登门槛效应"

做成事
⇧
怎么做
⇧
想做事

我想做 → 我该怎么做呢？ → 我得试着去做 → 我能做到 → 这就去做 → 我做到了

全景写实就是把教师所从事的教育职业作为一个风景，不加雕琢、原汁原味地加以呈现，让人们一览无余，所有工作都可以排列出来，即把教育事业对教师的要求用一件件具体的事摆在教师面前。

简言之，用"计个数"的方式记下教师做的事，并以此为评价的依据，激励教师按其特质成长。

阶梯式：逐级设定台阶的高度，五个项目为一个台阶，每上一个台阶加一个等级。简言之，每做五件事就登上了一个台阶，距离下一个台阶就差五件事，跳一跳，够得着，有目标，有希望，唤醒教师的内驱力，将教师自身价值最大化，贡献等级最大化。

教师评价：指根据教育方针、政策、法规和学校的目标、要求，运用教育理论、技术和方法，对教师的素质、工作过程及效果做出价值判断，并对教师素质的提高、教师工作的改进给予指导的过程。这个定义包括了教师评价的依据、教师评价的方法和教师评价的内容。

（一）所有评价项目分为必做项目和选做项目

必做项目是有资格获得表彰的基本条件，其本质是教师应做必做的基础工作，内容包括师德、满工作量、学生满意度、学科成绩等项目。必做项目能有效解决靠学生成绩、靠投票、靠领导决定推出先进人物的问题。选做项目包括发表论文、课题研究、参加党务活动、志愿者活动、各级各类协会、竞赛等项目，其本质是自由选择、自主发挥，教师可以按自己工作的性质、特点，自己的个性特长、资源优势、工作需要等自主选择。选做项目不仅可以保障评价的公平公正，激发教师的主观能动性，也是对教师劳动的最大尊重，因为不管你做什么，只要与教育教学有关，都会得到认同。每个教师或多或少都会有个人的优势领域，只要政策导向到位，教师就会各尽所能，教师的潜力就会得到发挥，评价的功能也就得以实现，我们看到的就会是成功的教育。

全景写实性阶梯式教师评价体系的评价项目和荣誉设置根据学校实际情况确立，具有开放性。为降低数据获取的难度，只查做事的数量，不加权重，就是不区分取得荣誉的等级，无论是校级荣誉，还是省市级、国家荣誉，每项荣誉都按一件事计算，只积一分。每个台阶不限制人数，达到哪一个积分，就进入哪个阶梯。同时为避免评价造成的教育内卷，教师只是自己和自己比，并随时可以知道自己到了哪个级别。具体操作：把完成必做项目的老师命名为年度立功教师，在此基础上设立特等功、一等功、二等功、三等功教师。三个或五个选做项目为一个台阶，逐级设置台阶的高度，即五个选做项目为三等功，八个二等功，十二个一等功，十五个特等功。这样老师随时都可以清楚地知道自己所处的位置。学校希望每个员工都能做得更好，每个个体都能发挥最大的潜能，等级在学校的管理平台上人人可见，如此年度就会出现三等功教师、二等功教师、一等功教师、特等功教师，如果连续三年有立功表现就是学校功勋教师。这种开放式评价激发了教师的工作积极性，让每位教师在获得成功和认可的过程中释放积极的情绪体验并且主动向更高的标准迈进。

（二）实施过程

把教师能做的、该做的事分到学校各个行政岗位部门，全年动态掌握，年终看年度立功项目的数量，达到数量就完成了考核任务。对教师而言，标准是固定的，时时刻刻都知道自己优秀到什么程度，到了哪个台阶，离下一个台阶还有多远。教师不需要通过年终述职、各种测评就知道自己的排名，在工作中也无须和其他同志激烈竞争，只要努力工作、挑战自己即可。这种评价机制把阶段性评价变成时时评价，把被动接受评价变为主动促进成长，激发教师成长动机，提高教师工作效率和热情，在尊重教师个性发展的前提下，带动教师全面全员发展。总之，评价的基础标准就是做事，在做事的基础上成事。这种实事求是、公开透明的评价样态在唤醒教师自我成长的内驱力的同时，也更利于学校打造团结、和谐、奋进的团队，进而促进教师队伍的整体发展和学校教育教学水平的稳步提升。

（三）评价的实效

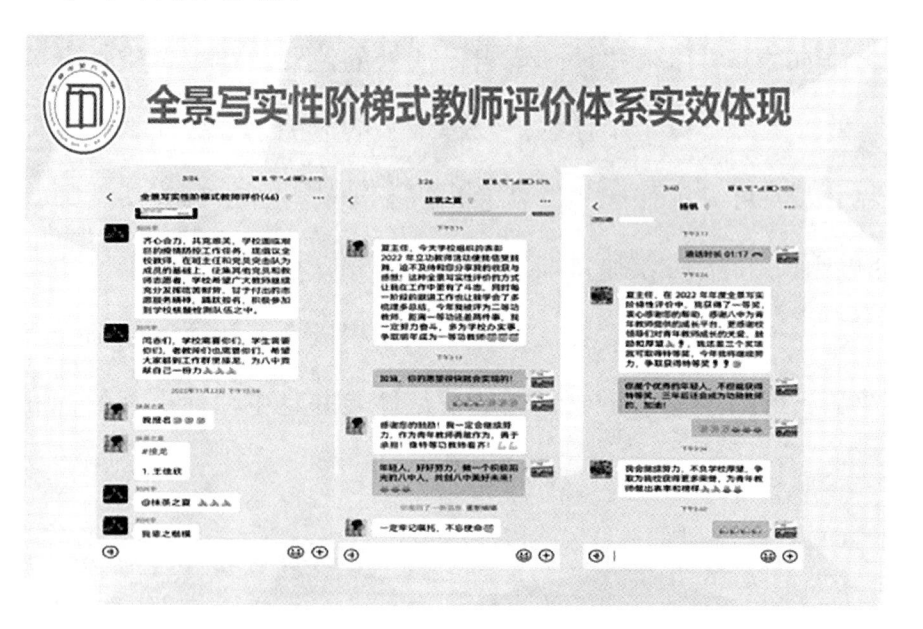

以评促建是教师队伍建设的重要途径。以往对教师的评价多以一个学期的教案质量、教学成绩、论文发表量等为主要参照，过程性评价很难被纳入，评价滞后问题凸显。此评价机制在原有评价内容的基础上，把教师的特长、教育故事、成长愿景等纳入评价指标体系，在一定程度上促使教师主动走进了"自我评价区域"，积极工作，快乐而幸福地成长。

此评价体系按照项目推进的方式在学校推行。按照评价标准，第一批参与实验的36岁以下的28位教师，有3位教师立特等功，5位教师立一等功，10位教师立二等功，7位教师立三等功。剩下3位教师按照立功表现可以记功，因病假事假时间限制暂不记功。这种评价体系使年轻教师迅速成长，在教师队伍建设方面起到了很好的促进作用。第二批中年教师、第三批55岁以上教师也在准确理解评价体系的前提下积极参与评价，使评价体系实现了全面与全员的有机结合。

评价体系建成实施以来，参加实验的教师、撰写论文的教师、参与社会服务的教师、勇挑重担的教师等明显增多，围绕新课程开发所进行的选做项目也在不断增多，比如一些教师积极主动申请带领学生进行社会实践活动，积极主动到社区做志愿者。老师们在实实在在做事的过程中，体验到了成长和成功的快乐。

（四）教学成绩评价数字转化

传统的教师评价方式往往依赖于主观印象和模糊标准，难以保证评价的客观性和公正性。我们要把老师的教学能力以分数的形式体现出来。为了公平公正，我们需要形成直接能纳入各种考核系统的具体分数。我校用理论建模，参照老师所教班级的分数提出有效的人数，进而转化成老师的分数进行评价。使不同学科、不同年级的老师使用同一标准，具有可对比性。

1. 评价考核分类

评价高考科目和非高考科目。高考科目在语数外的基础上，物理选项考核物理、化学、生物，历史选项考核历史、政治、地理。非高考科目包括会考科目、音、心、体、美、计算机、劳动教育。

2. 评价应用的数据

成绩样本：每学年最后一学期期末考试成绩（高三下学期使用市三模成绩）。非高考科目使用本学年承担周课时数。

学生样本：按每个班级35人取样。35名乘以同类班数即为取样人数。如：目前高二理小（实）为3个班级，则取理小（实）年级前105名；理普为6个班，则取理普年级前210名；文小一个班级，取班级前35名；对于排名并列的学生也算在内，正常取样前105名。对于走班教学等不具有可比性的班级，每科无论人数多少，均按基数3.5分计入。高一选科后，原则上把具有可比性的组合放到同一类进行考核。对于滚动进入上一类实验班的，学年期末成绩在原类型班级。进入取样范围内，原授课教师每人次加0.1/2，现有班级正常计入。

3. 赋分办法

在参考学生中，所教班级按学科成绩进入取样范围 N 人，赋分为 0.1*N（小班为 0.11*N）。

非高考科目：取样数据按周课时计算，每课时 0.5 分（学年教学总成绩 = 年平均周课时数 *0.5 分）。

教师学年教学总成绩为各班教学成绩之和，如果承担三个教学班教学任务的取其中两个成绩好的班级进行统计。

这项评价的复杂性在于，现在各学校班型复杂，尤其是学科走班给考核带来更大难度，出现很多新情况。针对新的情况，考核小组酌情合理地具体处理。

赋分样例

序号	教师姓名	所教班级1	进线人数	所教班级2	进线人数	所教班级3	进线人数	总分
1		1	32	4	35			7
2		2	40	5	40			8.4
3		3	33	15	35			7.5
4		6	30	8	31			6.1
5		7	38	11	41			7.9
6		9	29	12	31			6
7		10	40					4
8		13	35	14	35			7

序号	教师姓名	所教班级1	进线人数	所教班级2	进线人数	所教班级3	进线人数	总分
26		2	32	5	40			7.5
27		6	30	12	37			6.7
28		4	35	10	35			7
29		7	37	11	36	13	34	7.3
30		8	38	9	30			6.8
31		1	33	5	36			7.2
32		2	37	6	37			7.8
33		3	35	12	32			7.1

续表

9		1	34	2	37		7.8	34		4	35	10	32		6.7
10		3	34				3.7	35		9	38	8	39	7	33	7.8
11		4	35	10	40		7.5	36		11	37	13	38		7.5
12		5	39	6	34		7.3	37		1	38	5	36		7.8
13		7	34	11	41		7.5	38		2	35	10	42		8.1
14		8	33	9	29		6.2	39		6	35	9	33		6.8
15		12	31				3.1	40		7	31	12	30		6.1
16		13	35	14	35		7	41		8	37	4	35		7.2
17		15	35				3.9	42		4	35				3.5
18		1	37	4	35		7.6	43		14	35	15	35		7.4
19		2	34	7	32		7	44		4	35	14	35		7
20		3	34	15	35		7.6	45		15	35				3.9
21		5	38	11	36		7.4	46		4	35				3.5
22		6	32	10	40		7.2	47		14	35	15	35		7.4
23		8	33	13	37		7	48		11	35				3.5
24		9	32	14	35		6.7
25		12	35				3.5
26		1	36	3	37		8

4. 方案应用：

目前，教学成绩评价数字转化的方式，我校已经试行了两年。这种方式使不同年级、不同学科的老师之间可以横向对比，对承担普通班或满工作量的老师给予相应的肯定。两年来的试行并不断的微调，校内老师们已经接受这种评价方式。我校2023年和2024年党员先进评选——七一表彰中的教学先锋奖，就是按照这种量化评选选出来的。同时，也使用在青年教师全景写实阶梯式评价中，下一步我们将继续完善，将这种评价方式应用到评优评职的工作中。

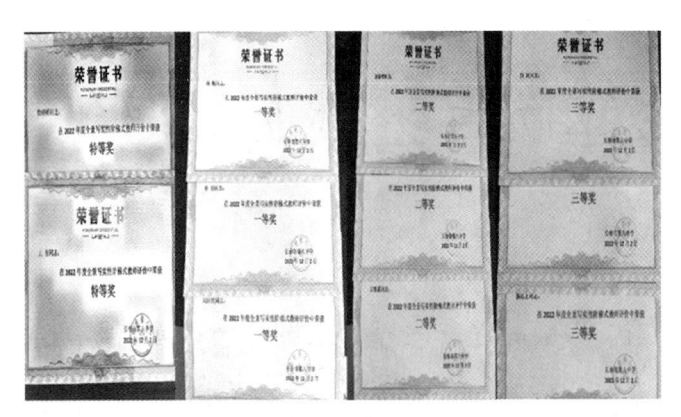

（执笔人：夏　峰　王丽梅　杨　凯）

第七章
学生"四元互动"激励式综合素质评价

　　20世纪90年代起，世界各国的教育改革运动此起彼伏。所有的教育改革最终都触及教育的关键问题——课程与学生评价。在对学生评价方面，传统的多元化学生评价多采用标准化测验，这种评价方式不但无法考查学生在动态的、真实的背景下如何应用知识，而且还无法激励学生正向发展。教育的最终目的是要让学生成为积极主动的探索者和训练有素的思考者。只有在非结构化的情景中，学生才需要表现出主动求索的动机，展示其判断力和创造力。因此，非结构化的任务对评价学生的学习结果是非常重要的。

　　真正的多元化学生评价是指不单纯采用标准化测验，而是采用多种途径。在非结构化的情景中评价学生学习结果的系列评价方法，其中主要是另类评量。另类评量是指用各种不同于传统的标准化测验手段，以获得学生学习表现的方法与技术。因为这些方法与技术常常被用来替代传统的标准化测验，所以被统称为另类评量。另类评量包括对多种方法与技术的运用，有多种名称，如"直接评量""操作评量""真实性评量""历程档案评量""动态评量"等。另类评量从多个方面考察学生的多种能力。这也就是后来教育部下发文件中提出对学生进行的综合性素质评价。

实际上,学生综合素质评价于20世纪末就在我国开始启动,并不是新生事物。1999年6月,中共中央、国务院发布的《关于深化教育改革全面推进素质教育的决定》提出,要建立符合素质教育要求的、对学校教师和学生进行全面评价的评价机制。2001年5月,国务院颁布的《关于基础教育发展和改革的决定》中继续强调"改革考试评价和招生选拔制度""探索科学的方法发现和发展学生的潜能,帮助学生树立自信,促进学生积极主动的发展"。为贯彻这两个文件精神,教育部决定大力推进基础教育课程改革,调整和改革基础教育的课程体系、结构和内容,构建符合素质教育要求的新的基础教育课程体系。2001年6月8日,教育部下发了《关于印发基础教育课程改革纲要(试行)》的通知,提出了"建立促进学生全面发展的评价体系,不仅要关注学生的学业成绩,而且要发现和发展学生多方面的潜能,了解学生发展的需求,帮助学生认识自我、建立自信"的要求。2002年2月27日,教育部又发布了《关于积极推进中小学评价和考试制度改革的通知》,提出要建立促进学生发展的评价体系。2004年,教育部又印发了《国家基础教育课程改革试验区2004年初中考试与普通高中招生制度改革的指导意见》的通知,文件中第一次提到"综合素质评价"的想法,开展综合素质评价的目的是鼓励学生参与社会实践，发挥其个性特长，促进其全面发展，推进素质教育。在这个文件下达之后，各试验区陆续建立起了综合素质评价体系，并开始了教育实验。一般的评价体系都是分为六个维度（不同的地区或学校略有差异），分别是"道德品质""公民素养""学习能力""交流合作与实践创新""运动与健康""审美和表现能力"，六个维度又分别被分为若干个项目。评价等级设为：A（优秀）、B（良好）、C（一般）和D（较差）四个级别；或者是采取百分制的方法：100—80分（优秀）、79—60分（良好）、59—30分（一般）、29—0分（较差）。采用科任教师评价、学生自评、同伴互评、家长评价等形式，有实验校在此基础上建立起了学生发展档案，设置了学生成长记录册。但目前来看，还没有达到综合评价学生素质的预期目标。首先，中考和高考改革还没到位，综合素质评价还没有真正地影响到学生的录取，因此很多教师开展的综合素质评价基本上是走过场。普通高中录取时初中校上报的评价结果99%都是A等，基本没有区分出高低优劣，没什么参考价值，更没有发挥出评价的激励作用。不同的地区、不同的学校差异很大，无法统一标准，同样的等级并不能说明学生的综合素质相同。如果我们按现在的评价体系加大综合素质的权重，在中考、高考中发挥作用，而教育行政部门还没有出台很好的监督保障举措，则必然产生暗箱操作等腐败现象，这也从另一个角度说明了综合素质评价中分等级的做法很不可取。目前实施综合素质评价体系的另一个大的问题是：虽然各个评价系统都设计出了六个方面的评价指标，但过于繁杂，牵扯了教师、学生的大量精力，评价方案也就很少为教师所接受。而且设计者往往站在评价者的角度来考虑问题，而不是站在学生成长的角度来设计评价环节、方法和策略，学生都很抵触，并不认可。特别是部分学校过于强调综合素质评价的核实和考证过程。把评价涂抹上了较多的功利色彩，导致大量的事实记录造假，评价结果和学生的综合素质情况不符。评价者不认可，被评价者也抵触。这样的评价体系不可能是科学的、可操作的。

从高校的视角看，高校不想要两种评价结果：一不要按照专家设计的学生发展五个方面都记录完美的综合素质评价，也就是"思想品德""学业水平""身心健康""艺术素养""社会实践"面面俱到、细化呈现的评价，因为学生很难做到完美，这样的评价也缺乏可信度，更是因为高校想通过评价，看学生有什么个性特长，是否适合学生所报专业，记录过于完美就可能看不到了个性。二不想要经过教师处理过的、描述性的语言评价，比如"该生思想积极要求进步，热爱集体，团结同学，有创新能力"等方面的语言，高校要的是学生成长过程中的典型案例，以事实为依据，考查学生，基本是与现在三好学生的推荐要求的评价相类似的体例。由此可说高校要的就是能说明学生个性特长的实例，不需要什么都记录。从国家的视角看，国家想做什么样的综合素质评价呢？在教基二

〔2014〕11号文件重要意义中强调的是"综合素质评价是通过观察、记录、分析发现和培养学生良好个性的重要手段"。很多人一直都认为综合素质评价主要是为高考服务，但这可能是原则性的错误，理性关注教育改革的人应清楚，加入"一参考"最根本的目的就是发挥高考的影响力，促进学生全面而有个性的发展，当然，高校选拔人才也不应只看分数。从国家文件的表述上就可以发现，综合素质评价看似是鼓励学生全面发展，但核心的要义是发现和培养学生的个性特长，是全面发展基础上的个性突显，是希望通过评价激励学生找到自己的兴趣所在和潜能所在，从而获得个性成长。教基二〔2014〕11号文件在评价程序上也明确要求，档案材料要突出重点，避免面面俱到、千人一面。有些活动项目学生没有参加或事迹不突出，可以空缺。因此，综合素质评价记录、分析的主体应放在学生个性特长上，围绕个性化发展进行有针对性的记录即可。在操作层面，如果要求学生对"思想品德""学业水平""身心健康""艺术素养""社会实践"五个方面都做记录，再强化事实依据，学生在繁杂的材料与紧迫的时间面前就可能会选择各种捷径，其中不乏虚假，那么，我们所看到的评价记录看似内容丰富，实则已经降低甚至失去了参考价值。因此，评价操作时可以把五项具体内容作为评价方向，记录时根据个人情况侧重选择。其实，评价真正围绕孩子个性特长来进行时，无须管理者特别强调要留下实据，学生对于能够证明自己真才实学、个性特长的东西，自然会主动而为之。另

外评价按照国家的要求，谁使用谁评价，虚假的写实一定会有漏洞，评价人都无须要研究内容，评价造假对学生评价结果就已经出来了，连诚信都做不到，还何谈人才。综上所述，现在的综合素质评价只不过是要把教育过程反映个性特长和成长的实例做一个记录而已。

为做好综合素质评价工作，教育部于2014年下发了《教育部关于加强和改进普通高中学生综合素质评价的意见》（教基二〔2014〕11号文件），明确指出综合素质评价是对学生全面发展状况的观察、记录、分析，是发现和培育学生良好个性的重要手段，是深入推进素质教育的一项重要制度。全面实施综合素质评价，有利于促进学生认识自我、规划人生；有利于促进学校把握学生的成长规律，切实转变人才培养模式；有利于促进评价方式改革，转变以考试成绩为唯一标准评价学生的做法，为高校招生录取提供重要参考。2015年9月，国务院推出了《深化考试招生制度改革的实施意见》，把开展综合素质评价提到了新的高度。该意见提出建立基于统一高考（课程）和高中学业水平考试成绩、参考综合素质评价的多元录取机制，并以此作为开学标准，简称"两依据一参考"。显然，国家把综合素质评价纳入考试招生制度改革范畴，以高考导引其在基础教育阶段的落实，目的是推进基层学校综合素质评价的全面实施。实施综合素质评价的主旨是发现和培养学生的个性特长，引导学生不仅要关注学业，也要关注其他方面的进步，核心是培养和发展学生的个性特长。上述文件的精神都很清楚，科学的评价，不是面面俱到。基于对人才的发现和培养，现在很多高校已经出台政策，强调高考录取时要加强对综合素质评价报告的使用。这就需要学生提供综合素质发展写实报告，录取校通过实例判断学生的个性特长和潜质是否适合本校的培养目标。由此可见，最没有价值的综合素质报告就是六个方面面面俱到的报告。

大道至简，知行合一。综合素质评价对学生的成长至关重要，但操作必须简单化。评价是相互认知的过程，因此科学的评价必须是能为评价者和被评价者所认同的。这就要求研发先进的评价体系也不要完全脱离已经取得的成果，不要期待一个完全没有过去影子的评价体系。其实，只要更新评价理念、重组评价程序、调整操作角度、重新确定考核重点，就有可能建立起一个全新的体系。

"四元互动"激励式综合素质评价体系，就是在原有的学生评价、同伴评价、家长评价、教师评价的基础上，调整角度、更新理念、改进方法后建构起来的可操作性较强的评价体系。"四元互动"激励式综合素质评价体系把评价重点指向学生的发展，抓住了学生的兴趣点，关注学生的优秀品质，而没有增加学生、教师的考核负担。

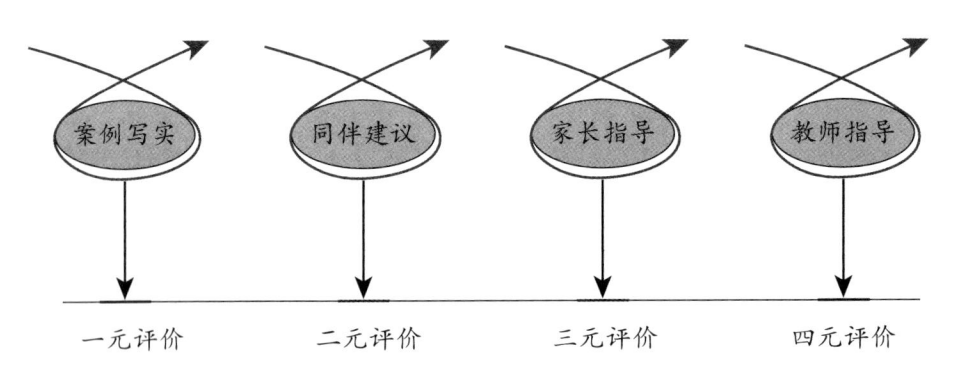

案例写实	同伴建议	家长指导	教师指导
一元评价	二元评价	三元评价	四元评价

1. 一元评价：案例写实

教基二〔2014〕11号文件要求对学生的成长进行写实记录，教师要指导学生客观记录其成长过程中能集中反映其综合素质的具体活动，收集相关事实材料，并及时填写活动记录单。综合考虑该文件的要求和教育实际状况，我校把学生参与活动的案例写实作为"一元评价"内容。一元评价之前，每个孩子都要准备一个活页日记本，统一放在班级提前摆放好的书柜里。日记本外面的内容有成长主题，班级和姓名；本里面的内容有：（1）成长足迹：两个方面，个人基本情况和生涯规划；（2）活动记录说明；（3）活动记录单；（4）一元、二元、三元、四元评价记录单（为了方便评价，可将四元评价设计在一张A4纸上）；（5）荣誉证书、照片、课时卡等。

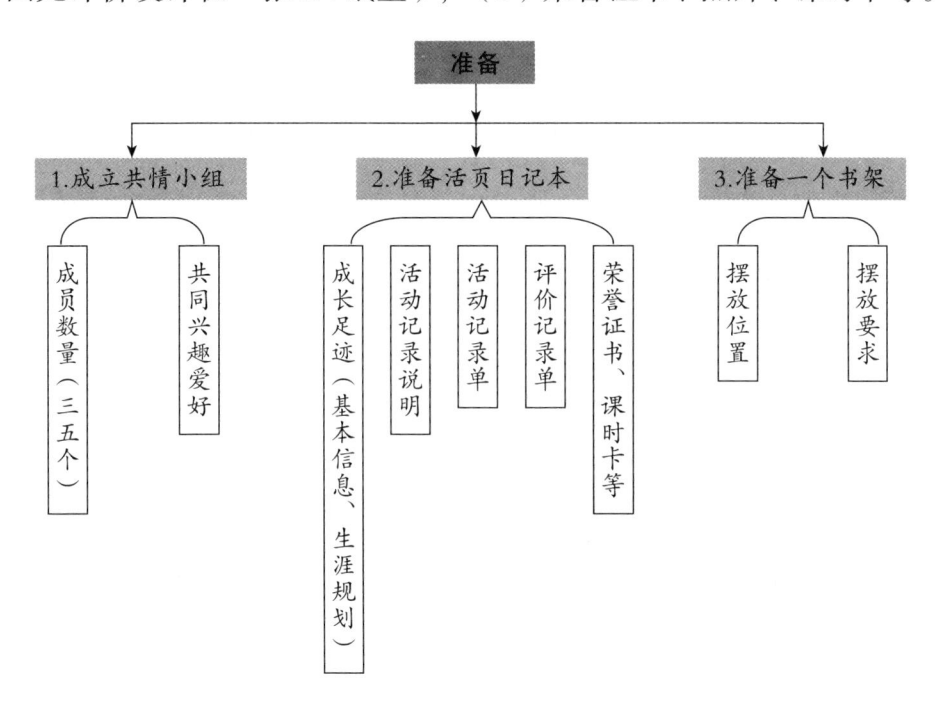

```
                        准备
         ┌───────────────┼───────────────┐
   1.成立共情小组    2.准备活页日记本    3.准备一个书架
    ┌────┴────┐   ┌───┬───┬───┬───┐   ┌────┴────┐
   成员   共同   成长  活动  活动  评价  荣誉   摆放   摆放
   数量   兴趣   足迹  记录  记录  记录  证书、  位置   要求
   （三   爱好  （基本 说明   单    单   课时卡
   五个）       信息、                   等
               生涯
               规划）
```

学生在记录单上记录的都是对生活和成长有意义的事，可长可短，可深可浅，只要是他觉得有价值的就记录下来，这记录的事情是否真实，学校不去考察；是否提供佐证照片，完全按照学生自愿，学校也不做硬性要求。但学校要求学生每月至少记录1次参加过的活动，写上时间、地点和事件的经过。

　　一元评价在理念上淡化了考核依据意识，强调了学生的自主意识，把评价建立在学生自身的能力、兴趣、追求和发展的基础之上，摒弃了视学生为被监督对象的做法，抹去了为升学而为的功利化色彩。学生按照自己意愿留下的事实依据，恰是学生个性发展的体现，也是高校录取时最想看到的考察点。淡化考核意识，不要求事事留依据，让学生率性而为，留有的依据恰恰更为可信。教育是最朴实的事业，需要这样的基于学生真性情的综合素质评价体系，同时也可以最大程度地培养学生的诚信意识。记录表中的活动项目还可以对学生的发展提供正向引导。

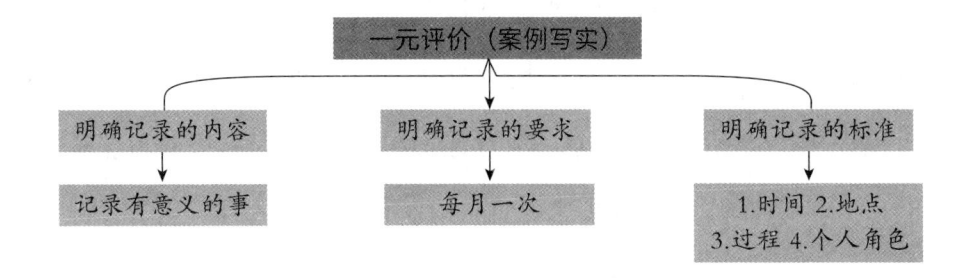

```
                    ┌─────────────────────┐
                    │ 一元评价（案例写实） │
                    └──────────┬──────────┘
         ┌─────────────────────┼─────────────────────┐
         ▼                     ▼                     ▼
   明确记录的内容         明确记录的要求         明确记录的标准
         │                     │                     │
         ▼                     ▼                     ▼
   记录有意义的事           每月一次             1.时间 2.地点
                                                3.过程 4.个人角色
```

2. 二元评价：同伴建议

很多学校以班级为单位进行同学互评，但这样做受制于环境太多，师生碍于面子不会实话实说，难以获得真实、有效的评价。而且不是所有的学生都彼此真正了解或能为同学真正负起责任，评价难免因缺乏针对性而失之公允，因此所谓的同学互评在可信度上会大打折扣。所以评价的前期有一项准备工作就是：在班集体建成一段时间之后，由学生自主选择相处和谐、彼此信任的、无话不说的几个同伴组成共情成长小组，可以3—5人为一组，也可以更多。这样的小组可作为学习小组存在，促使成员在学习生活中互帮互学；还可以作为监督小组、活动小组存在，活动中彼此做榜样，互相监督，指明缺点。因为彼此都了解和信任，这样的同伴建议就有了极大的真实性和可操作性。

同伴建议的时间确定在期末考试前的两周，各个班级利用体育、音乐、美术、心理和微机课停课的时间，根据年级的安排，为每一个共情小组提供一个私密空间。先由共情小组中的一人自述本学期自己参加的活动，收获和体会，然后共情小组的其他人员做出口头中肯的建议，因为他们兴趣爱好特长差不多，又是一个小组，所以很清楚自述的同学叙述的事情是否真实，这也就是一元评价时，不用让他提供参加活动的证据，因为有小组成员之间可以相互监督，这也是一种隐性监管。在所有成员对其进行建议之后，由其中一名同学汇总并填写二元评价记录单。

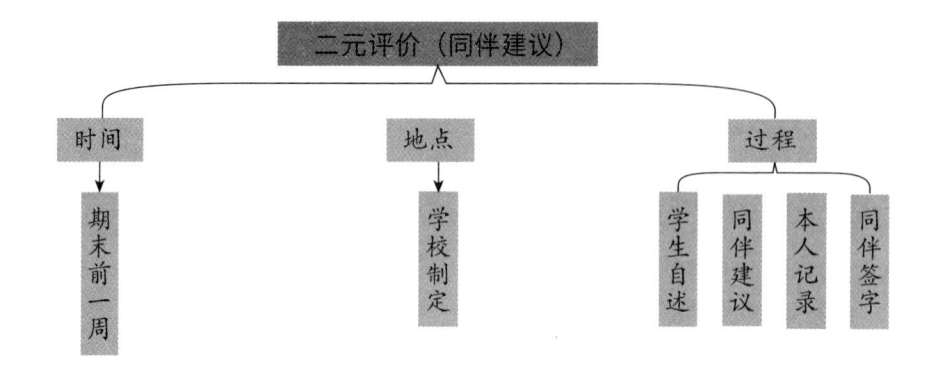

```
                    二元评价（同伴建议）
           ┌────────────┼────────────┐
          时间          地点          过程
           │            │       ┌────┬────┬────┬────┐
         期末前       学校制定  学生  同伴  本人  同伴
         一周                   自述  建议  记录  签字
```

3. 三元评价：家长指导

发挥重要人物的影响力是有效评价的关键。家长是学生身边最有影响力的人物之一，以往的评价都是家长会前后，家长和孩子谈成绩，成绩优秀全家欢喜，成绩落后举家惆怅。我们设计的这个三元评价，时间确定在家长会前，家长必须要做的事情是不揭短，不恶喊，不批判，不抱怨，要先听听孩子讲述他参加过的有意义的事情和活动，然后家长看看孩子的所有活动记录单、取得的所有成绩，看看同伴给予他的建议，再从家长的角度肯定孩子的成绩，指出不足，表达家长能够提供的支持等，最后再讨论成绩。学生得到了家长的认可和指导，很容易成为家长眼中"别人家的孩子"。

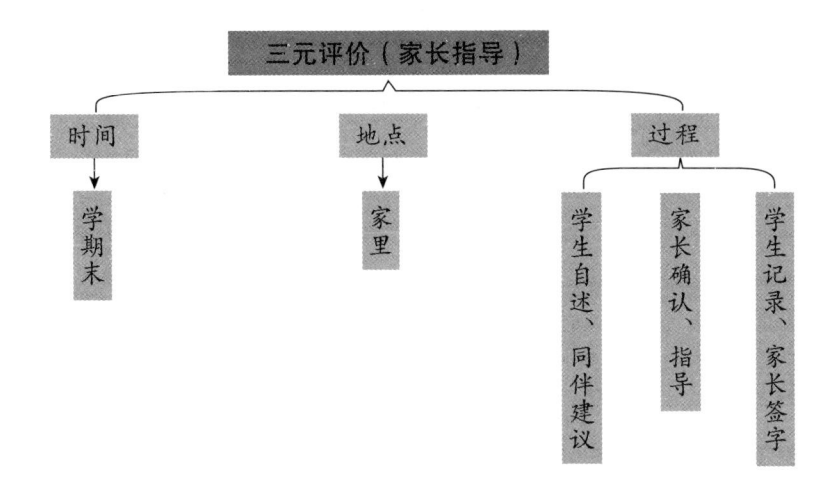

```
                    三元评价（家长指导）
         ┌─────────────┼─────────────┐
        时间          地点          过程
         ↓            ↓       ┌──────┼──────┐
        学期末        家里    学生    家长    学生
                            自述、  确认、  记录、
                            同伴    指导    家长
                            建议            签字
```

4. 四元评价：教师指导

以往的评价都是老师在期末时给学生写一段评语和鉴定，更有甚者，可能每个孩子的评语都一样，千篇一律，复制粘贴。我们这个四元评价的时间还是在每学期开学前，班主任和科任教师先仔细查阅学生上学期参加过的事情、过程及效果记录单，仔细看看同伴建议和家长的指导记录，再结合学生的日常表现，约学生谈话，以事实为依据，发现学生闪光点，提出改进和努力方向，完成对学生的客观、科学和有价值的指导，从而使评价成为学生成长的催化剂。这样就会避免只谈学习成绩或只看缺点与错误的片面评价，增强了评价的科学性，也会使学生获得有价值的指导，从而使当面评价成为学生成长的催化剂。如果班主任受时间和精力制约，一个人无法完全做好全班学生的当面评价工作，此工作也可以充分发挥科任教师的作用，以保证评价的及时性、可靠性。把每一位学生高中六个学期的评价加以汇总，就自然形成了高考招生所需要的综合素质评价结果。

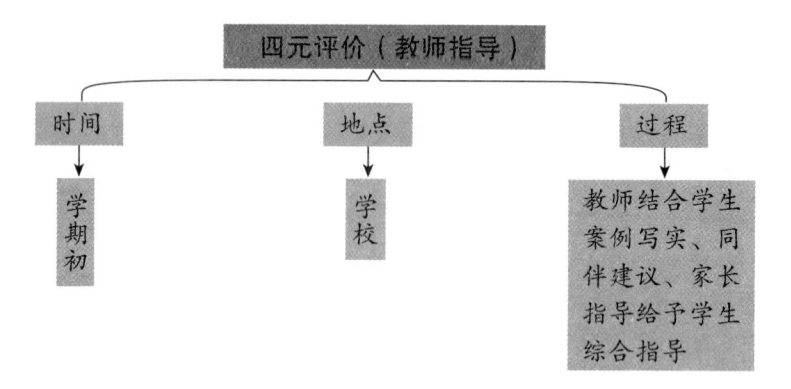

```
           四元评价（教师指导）
         ┌────────┼────────┐
        时间     地点     过程
         ↓       ↓         ↓
        学期初  学校    教师结合学生
                        案例写实、同
                        伴建议、家长
                        指导给予学生
                        综合指导
```

长春市第八中学综合素质评价记录单（学年度学期）

年级：　　　　　　　班级：　　　　　　　姓名：

一元评价 （案例写实：简述本学期做过的事情，时间、地点、过程和效果）	
二元评价 （同伴建议：肯定成绩，指出不足，指出努力方向）	地点：　　　　　　　参加人员： 同伴签字：　　　　年　　月　　日

续表

三元评价 （家长指导：根据案例自述，同伴建议，表达家长给予的鼓励和提供的支持等）	地点：	参加人员：
	家长签字： 年 月 日	
四元评价 （教师指导：根据学生写实自述、同伴建议和家长指导，指出改进之处）	地点：	参加人员：
	教师签字： 年 月 日	

学生在"四元互动"激励式综合素质评价体系这一教育目的的指导下，参与活动的热情空前高涨，内驱力得到了激发，个性特长得到了充分展现，学生们会学习优秀的别人，做最好的自己。通过同伴建议、家长和老师的指导，学生会清晰地为自己的未来定位，为自己的人生思考。

"四元互动"激励式综合素质评价体系在具体评价过程中，有学生的自砺，同伴的助力，家长的勉励，老师的激励，我们把评价重点指向学生发展，关注学生成长过程，关注学生个性特长，关注学生优秀品质，提高了评价的可信度和可操作性。这套评价体系，每个环节都会对学生发展起到很强的促进作用,评价的结论又恰好对接未来的高考招生改革,且可以对学生的终身发展产生影响。

(执笔人:赵　丽　闫玉波　董英杰)

第八章
"五彩三杠"及课时评价新工具

为贯彻落实中共中央、国务院《关于深化教育教学改革全面提高义务教育质量的意见》和中共中央办公厅、国务院办公厅《关于深化教育体制机制改革的意见》，扎实落实党的教育方针，让学校的"五育并举"落到实处，充分发挥评价机制的激励功能，稳步促进学生全面而有个性的发展，我校与时俱进，创新并设计了"五彩三杠"和"学时"两项学生综合素质评价新工具。

德育是五育之首，强调的是对人的道德素质的培养。通过教育引导，使学生能够具备正确的世界观、人生观和价值观，形成良好的道德品质和行为习惯。德育的目标是培养学生的道德自觉和道德实践能力，使其能够在社会生活中发挥积极作用。

智育主要是对学生进行知识和技能的培养。在知识方面，强调对基础学科和前沿科技知识的掌握；在技能方面，注重培养学生的实践能力和创新思维。智育的目标是使学生具备扎实的学科知识、广泛的技能素养和强大的创新能力。

体育主要关注学生身体素质的提升和健康习惯的养成。通过体育活动，锻炼学生的体魄，提高学生的身体机能，培养学生良好的运动习惯和团队协作精神。体育的目标是培养出身体健康、精神饱满、具有强健体魄的学生。

美育旨在培养学生的审美能力和创造力。通过艺术教育和文化活动，使学生能够欣赏美、创造美，提高文化素养和审美水平。美育的目标是培养出具有审美情趣和创造能力的全面发展的人才。

劳育强调学生通过参与劳动实践，培养劳动技能和劳动精神。通过劳动教育，使学生能够理解和尊重劳动，培养勤劳、节约、创新的精神。劳育的目标是培养出具备劳动能力和劳动精神的现代公民。

"五育并举"政策的提出，标志着我国教育观念的转变和教育模式的创新。它强调教育的全面性和整体性，旨在培养出既有道德品质又有知识技能、身心健康、审美高雅、勤劳创新的全面发展的人才。这一政策的实施，对于提升我国教育质量和人才培养水平具有重要意义。

实施方式上，为实现"五育并举"政策目标，需要在教育教学过程中进行全面规划和实施。首先，学校应制定详细的教育教学计划，确保五育内容在课程设置中得到充分体现。其次，教师应转变教学观念，注重培养学生的综合素质，而非单纯追求分数。此外，学校还应积极开展各种课外活动和实践活动，为学生提供更多的锻炼机会和实践平台。

教育目标上，"五育并举"政策的教育目标是培养出具备全面发展素质的人才。这些人才应具有良好的道德品质、扎实的知识基础、健康的身体、高雅的审美品位以及勤劳创新的精神。通过"五育并举"政策的实施，我们希望为学生构建一个更加完善、全面、多元化的教育环境，使其在德、智、体、美、劳等方面都能得到充分的发展。

一、"五彩三杠"内涵与体系架构

首先，学校落实"五育并举"，培养新时代人才，就要探索多元的育人途径，就必须为学生提供更广阔的平台，创新学校、社会、家庭"三位一体"的育人新模式。其次，基于"五育并举"的学生综合素质评价，也需要通过学校丰富多彩的活动作为评价媒介，探索新时代评价体系，助推学生身心健康发展，提升学生综合素养。源于普利尼兹的登门槛效应，在评定过程中本着让学生看到目标，看到希望，不断追求晋级、进步，体现评价的激励性作用的原则，我校回归教育本质，追根溯源，在2021年构建了"五彩三杠"评价体系，开发了为评价体系服务的"五彩三杠"及"课时卡"学时评价新工具模型。

二、"五彩三杠"具体内容

五彩：用五种不同的颜色代表学生德、智、体、美、劳五个方面的发展。红色—德育、蓝色—智育、绿色—体育、紫色—美育、土黄—劳育。

三杠：代表对学生进行德、智、体、美、劳五个方面评定考察后所确定的不同级别。"一杠"为班级级别，"二杠"为年级级别，"三杠"为学校级别。

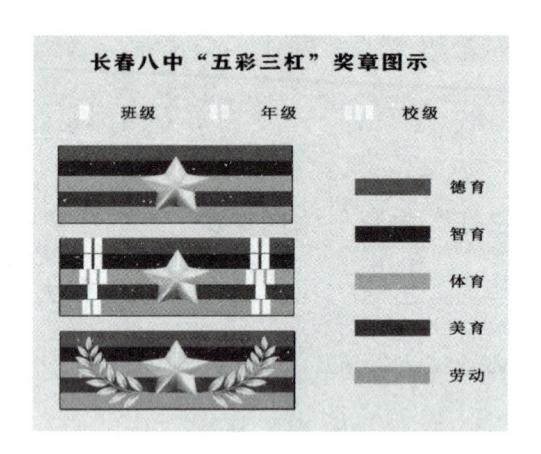

长春八中"五彩三杠"奖章图示

三、操作与使用

在实际操作上，首先确定标准，学校根据德、智、体、美、劳五个方面各自的特点，确定出学校、年级、班级三个级别的标准，三个级别在徽章中分别对应三杠、两杠、一杠来表现，在单项评比中可称之为"五星、三星、一星"，标准制定要考虑到人数和水平，比如德育，毕业时应有60%左右的学生达到学校标准，其他40%没什么特殊问题应该达到年级、班级水平，智育、体育、美育、劳育，主要控制水平，制定级别标准。在操作过程中让学生看到目标、看到希望，不断追求晋级、进步。在确认时间上，智育之星每学期评定一次，德育、体育、美育、劳动之星的评定，每年进行一次，对于有突出业绩并达到学校级别的学生，可以不受评定时间限制，向年级星级评定领导小组提出确认申请，学校可以随时组织确认。在宣传推进上，每个班级都有获奖学生图章设计的星光榜，"五彩三杠"评定的最高级别是荣获大麦穗徽章。在五项均获得三星的基础上，高一年级有三项获得五星，高二年级有四项获得五星，高三年级有五项获得五星即可佩戴大麦穗徽章。星级评定后同时颁发五彩单项级别奖状。在使用上，"五彩三杠"确认后的结果，作为学生评优推先重要依据，也要记录到学生综合素质评价体系中，作为高考参考重要依据，徽章每学期开学初变更一次。

四、实施方案

（一）方案一："校园道德之星"评定工作方案

1. 评定标准

（1）有强烈的社会责任感。能够将自己的爱党爱国爱人民情感、责任感转化为实际行动。主动参与"三早"育苗工程活动、党团活动等。

（2）诚实守信有担当。保持言行一致，不说谎话不作弊，做到知错就改。

（3）明礼守法讲美德。遵守社会公德、国法校纪、公共秩序，在公共场所不拥挤、不喧哗、礼让他人。

（4）有强烈的集体观念。与同学友好合作共处，善于帮助同学，关心同学，乐于为他人服务，自觉维护校园内环境，爱护公共财物。积极参加学校、班级组织的社团活动、公益劳动、志愿服务等活动。

（5）孝敬父母，尊敬师长，善待他人，善于和父母、老师交流沟通。

（6）热爱生活，珍爱生命，以积极向上的阳光心态努力学习。

2. 评定方法

（1）学生通过"长春市第八中学高一班道德之星推荐票"在班级内自主进行投票，投票人数不超过30人。

（2）投票人员范围：班级全体同学、班主任、班级任课教师，每人限投一票。

（3）每个项目设置三个层次。排名在班级21-30名的同学为班级道德之星（★）；排名在班级11-20名的同学为年级道德之星（★★★）；排名在班级1-10名的同学为学校道德之星（★★★★★）。

（4）道德之星每年评定一次，未达到学校道德之星的同学均可参加下一次评定。

（5）成立由班主任、任课教师、班长、团支书组成的班级星级评定工作小组，小组成员有一票否决权。

（6）成立由年级教务主任、德育主任、总值周、班主任组成的年级星级评定领导小组。对有突出事迹的同学，经年级星级评定领导小组确认，可直接评定为学校道德之星。对违反法律法规、校规校纪的同学将取消星级等级。

（7）评定时间：每年11—12月。

附："五彩三杠"道德之星投票票样

长春市第八中学高一班道德之星推荐票

序号	姓名	同意	不同意	标准
1				一、评定标准 1.有强烈的社会责任感。能够将自己的爱党爱国爱人民情感、责任感转化为实际行动。主动参与"三早"育苗工程活动、党团活动等。 2.诚实守信有担当。保持言行一致，不说谎话不作弊，做到知错就改。 3.明礼守法讲美德。遵守社会公德、国法校纪、公共秩序，在公共场所不拥挤、不喧哗，礼让他人。 4.有强烈的集体观念。与同学友好合作共处，善于帮助同学，关心同学，乐于为他人服务，自觉维护校园内环境，爱护公共财物。积极参加学校、班级组织的社团活动、公益劳动、志愿服务等活动。
2				
3				
4				
5				
6				
7				
8				
9				
10				
11				
12				

续表

13			
14			
15			
16			
17			
18			
19			
20			
21			
22			
23			
24			
25			
26			
27			
28			
29			
30			
31			
32			
33			
34			
35			
36			
37			
38			
39			
40			
41			
42			
43			
44			

5. 孝敬父母，尊敬师长，善待他人，善于和父母、老师交流沟通。

6. 热爱生活，珍爱生命，以积极向上的阳光心态努力学习。

二、评定方法

1. 学生自主进行投票，投票人数不超过30人。

2. 投票人员范围：班级全体同学、班主任、班级任课教师，每人限投一票。

3. 每个项目设置三个层次。排名在班级21—30名的同学为班级道德之星（★）；排名在班级11—20名的同学为年级道德之星（★★★）；排名在班级1—10名的同学为学校道德之星（★★★★★）。

4. 道德之星每年评定一次，未达到学校道德之星的同学均可参加下一次评定。

5. 成立由班主任、任课教师、班长、团支书组成的班级星级评定工作小组，小组成员有一票否决权。

6. 成立由年级教务主任、德育主任、总值周、班主任组成的年级星级评定领导小组。对有突出事迹的同学，经年级星级评定领导小组确认，可直接评定为学校道德之星。对违反法律法规、校规校纪的同学将取消星级等级。

7. 评定时间：每年11—12月。

续表

45			
46			
47			
48			
49			
50			
51			
52			

三、奖励办法

1. 个人星级情况录入学生综合素质评价系统。

2. 对所有获得星级评定的同学颁发奖状和"五彩三杠"奖章。

注：1. 姓名随机产生，排名不分先后。

2. 最多选30人，多选作废。

（二）方案二："校园智慧之星"评定工作方案

1. 评定项目

（1）总分成绩。

（2）各种竞赛成绩。

2. 评定方法

（1）按期中考试40%、期末考试60%合分评定。

（2）每个项目设置班级智慧之星(★)、年级智慧之星(★★★)、学校智慧之星（★★★★★）三个层次。

（3）三个层次的星级确认由教务处组织评定。

（4）评定时间：每学期开学第一周。

3. 评定标准

（1）班级智慧之星：总分成绩班级前50%。

（2）年级智慧之星：总分文、理科均为年级前30%；年级竞赛三等奖以上。

（3）学校智慧之星：年级文、理科前 15%；市级以上竞赛、科普活动等各种活动获奖由教务处直接确认相应级别。

（三）方案三："校园健身之星"评定工作方案

1. 评定方式分类

（1）学校固定的体育项目，如国家中小学生体质测试、校运动会等。

（2）获得国家、省、市、校园比赛成绩的，由校园评定领导小组直接认定。校园比赛如平板支撑比赛、篮球赛、健体会、达人赛等。

2. 评定标准

（1）主要依据《国家学生体质健康标准》，结合我校学生实际制定。

项目		班级健身之星（★）	年级健身之星（★★★）	学校健身之星（★★★★★）
平板支撑（分钟）	男子	1.5	3	5
	女子	1	2	4
立定跳远（米）	男子	高一：2.15 高二：2.20 高三：2.25	高一：2.35 高二：2.40 高三：2.45	高一：2.50 高二：2.55 高三：2.60
	女子	高一：1.63 高二：1.64 高三：1.65	高一：1.78 高二：1.79 高三：1.80	高一：1.92 高二：1.93 高三：1.94
握力（公斤）	男子	40	50	60
	女子	25	35	45
仰卧起坐（1分钟）	男子	高一：37 高二：38 高三：39	高一：49 高二：50 高三：51	高一：51 高二：52 高三：53
	女子	高一：33 高二：34 高三：35	高一：43 高二：44 高三：45	高一：49 高二：50 高三：51
俯卧撑（个）	男子	25	35	45
跳绳（次/1分钟）	男子	147	152	157
	女子	152	159	166
引体向上（个）	男子	高一：9 高二：10 高三：11	高一：12 高二：13 高三：14	高一：14 高二：15 高三：16
50米跑（秒）	男子	高一：8.5 高二：8.4 高三：8.2	高一：7.5 高二：7.4 高三：7.2	高一：7.3 高二：7.2 高三：7.0
	女子	高一：9.6 高二：9.5 高三：9.4	高一：8.6 高二：8.5 高三：8.4	高一：8.0 高二：7.9 高三：7.8

续表

肺活量 （毫升）	男子	高一：3200 高二：3400 高三：3600	高一：3800 高二：4000 高三：4200	高一：4300 高二：4500 高三：4700
	女子	高一：2250 高二：2350 高三：2450	高一：2750 高二：2850 高三：2950	高一：3050 高二：3150 高三：3250
坐位体前屈 （厘米）	男子	高一：8.0 高二：9.1 高三：10.2	高一：15.0 高二：16.1 高三：17.2	高一：19.4 高二：20.5 高三：21.5
	女子	高一：10.9 高二：11.5 高三：12.0	高一：17.4 高二：18.0 高三：18.5	高一：20.8 高二：21.4 高三：21.9
1000 米跑	男子	高一：4′20″ 高二：4′15″ 高三：4′10″	高一：3′55″ 高二：3′50″ 高三：3′45″	高一：3′40″ 高二：3′35″ 高三：3′30″
800 米跑	女子	高一：4′15″ 高二：4′13″ 高三：4′11″	高一：3′50″ 高二：3′48″ 高三：3′46″	高一：3′36″ 高二：3′34″ 高三：3′32″

（2）校运动会项目报名并完赛获班级健身之星，参赛队员所获名次前 60% 可获得年级之星，单项取得前八名获学校健身之星。

（3）参加篮球赛的同学即可获得班级健身之星，排名前八强获年级之星，前四强获学校健身之星，此外没有进入前八强的班级每班给两个主力队员学校健身之星名额。

（4）获得国家、省、市比赛名次，提供证书及证明材料，可获学校健身之星。

3.评定时间

每年进行一次。

(四)方案四："校园艺术之星"评定工作方案

1.评定方式分类

（1）校内测评认定方式：通过艺术表演和艺术作品进行评定。

☆艺术表演类

1）声乐：民族、美声、音乐剧、流行、通俗等。

2）舞蹈：民族舞、古典舞、现代舞、爵士舞、国标舞、街舞等。

形式：独舞、双人舞、群舞等。

3）器乐：古筝、琵琶、二胡、竹笛、钢琴、小提琴、单簧管、长笛、萨克斯、吉他、架子鼓等。

形式：独奏、齐奏、合奏等。

4）播音主持：朗诵、影视配音、新闻播报等，形式不限。

5）曲艺：地方戏曲、相声、小品、快板书、评书等，形式不限。

☆艺术作品类

1）绘画：素描、水彩、水粉、国画、油画等。

2）雕塑：圆雕、浮雕。

3）工艺美术：剪纸、陶艺、手工艺术品等。

4）书法：硬笔、软笔。

5）篆刻：印章。

6）摄影：风光、人像、静物等。

7）艺术设计：海报设计、手抄报设计、原创动漫设计等。

（2）活动认定方式：如学校每年组织的新年音乐会、入校礼、毕业礼、周末文体广场等活动演出，各学科活动周的板报、海报设计等等，由校园评定小组直接认定。

2. 评定方法

（1）学生自主通过问卷星"长春市第八中学'校园艺术之星'评定系统"申报项目，申报项目数量不限。

（2）每个项目设置三个层次，总分在60—75分为班级艺术之星（★）；76—85分为年级艺术之星（★★★）；86—100分学校艺术之星（★★★★★）。

（3）班级艺术之星由班主任、专业任课教师进行评定；年级艺术之星由年级部、团委组织评定；学校艺术之星由德育处、音乐组、美术组组织评定。

（4）评定时间：每年10—11月份。

3. 评定标准

☆声乐评定标准（100分）

通过学生演唱的歌曲，测定学生的嗓音条件、音准、节奏、音乐表现等。

（1）嗓音条件：要求音色明亮、圆润，音质干净，声音有较大的可塑性，发声、呼吸器官无疾病。（20分）

（2）演唱方法：发声方法基本正确，无不良发声习惯，呼吸、声音畅通，吐字清晰。（20分）

（3）音乐表现：能较准确地演唱歌曲，能较好地表现歌曲情感，音准、节奏准确，旋律流畅。（20分）

（4）演唱时能正确把握作品的风格、韵味，准确表达作品的内涵，力求声情并茂、形神兼备，有较强的艺术表现力。（40分）

☆器乐评定标准（100分）

通过考生演奏的曲目，测定考生的演奏技术、音准、节奏、音乐表现等。

（1）演奏技术：根据作品要求能把握好乐器的音色、节奏、速度、技巧。（20分）

（2）演奏方法：方法基本正确，无不良习惯。（20分）

（3）音乐表现：能较准确地演奏曲目，能较好地表现曲目情感，

音准、节奏准确，旋律流畅。（20分）

（4）演奏时能正确把握作品的风格、韵味，准确地表达作品的内涵，力求声情并茂、形神兼备，有较强的艺术表现力。（40分）

☆舞蹈评定标准（100分）

（1）基本功扎实（横叉、竖叉、搬前腿、旁腿、后腿）。（30分）

（2）跳转翻组合技术技巧。（30分）

（3）舞蹈作品：民族民间舞、古典舞等，要求动作优美、准确，作品立意新颖，表达清晰，主题积极向上，具有时代感。有较强的感染力和表现力，服装新颖，巧妙运用道具，适合作品内容。（40分）

注：自备音乐、服装、道具。

☆曲艺类评定标准（100分）

（1）主题鲜明，剧情流畅，跌宕起伏，扣人心弦。有深度，能贴近校园文化，引起共鸣。（40分）

（2）演技细腻，能生动表现人物性格，表情丰富，动作到位，演出专注，对白动作熟练，表达流畅，配合默契。（30分）

（3）舞台能营造出剧情氛围，服装道具齐全合适，演员出场有序。（30分）

☆播音主持评定标准（100分）

（1）吐字发音：音质比较悦耳，没有发声错误，表达流畅。（40分）

（2）形象仪表：端庄大方，举止得体，仪表良好。（30分）

（3）普通话语音准确，基本没有方言，较少出现错音。（30分）

☆艺术作品类评定标准（100分）

（1）作品完整：不能为半成品或有瑕疵，要具有艺术欣赏价值和较强的视觉表现力。（40分）

（2）作品内容：积极向上，具有正能量，不能出现消极、反动或有其他争议的内容。（20分）

（3）独立真实创作：不能由他人代替完成。（20分）

（4）艺术设计类作品及摄影作品应为原创作品，不得抄袭他人作品。（20分）

附：长春市第八中学第一届"校园艺术之星"评定项目申报表

长春市八中学第一届"校园艺术之星"评定项目申报表（艺术表演类）

基础信息								
序号	年级	班级	姓名	申报类别	名称	成绩	备注	
1								
2								
3								
4								
5								

注：报名表以班级为单位，请于9月24日报音乐组温忠正老师处（综合楼六楼音乐教室）

长春市第八中学第一届"校园艺术之星"评定项目申报表(艺术作品类)

基础信息								
序号	年级	班级	姓名	申报类别	名称	成绩	备注
1							
2							
3							
4							
5							

注：报名表以班级为单位，请于9月24日报美术组林跃文老师处（综合楼三楼美术教室）

附："校园艺术之星"评定标准

一、艺术表演类

（一）声乐评定标准（100分）

通过学生演唱的歌曲，测定学生的嗓音条件、音准、节奏、音乐表现等。

1.嗓音条件：要求音色明亮、圆润，音质干净，声音有较大的可塑性，发声、呼吸器官无疾病。（20分）

2.演唱方法：发声方法基本正确，无不良发声习惯，呼吸、声音畅通，吐字清晰。（20分）

3.音乐表现：能较准确地演唱歌曲，能较好地表现歌曲情感，音准、节奏准确，旋律流畅。（20分）

4.演唱时能正确把握作品的风格、韵味，准确表达作品的内涵，力求声情并茂、形神兼备，有较强的艺术表现力。（40分）

（二）器乐评定标准（100分）

通过考生演奏的曲目，测定考生的演奏技术、音准、节奏、音乐表现等。

1.演奏技术：根据作品要求能把握好乐器的音色、节奏、速度、技巧。（20分）

2.演奏方法：方法基本正确，无不良习惯。（20分）

3.音乐表现：能较准确地演奏曲目，能较好地表现曲目情感，音准、节奏准确，旋律流畅。（20分）

4.演奏时能正确把握作品的风格、韵味，准确表达作品的内涵，力求声情并茂、形神兼备，有较强的艺术表现力。（40分）

（三）舞蹈评定标准（100分）

1.基本功扎实（横叉、竖叉、搬前腿、旁腿、后腿）。（30分）

2.跳转翻组合技术技巧。（30分）

3.舞蹈作品：民族民间舞、古典舞等，要求动作优美、准确，作品立意新颖，表达清晰，主题积极向上，具有时代感。有较强的感染力和表现力，服装新颖，巧妙运用道具，适合作品内容。（40分）

注：自备音乐、服装、道具。

（四）曲艺类评定标准（100分）

1.主题鲜明，剧情流畅，跌宕起伏，扣人心弦。有深度，能贴

近校园文化，引起共鸣。（40分）

2. 演技细腻，能生动表现人物性格，表情丰富，动作到位，演出专注，对白动作熟练，表达流畅，配合默契。（30分）

3. 舞台能营造出剧情氛围，服装道具齐全合适，演员出场有序。（30分）

（五）播音主持评定标准（100分）

1. 吐字发音：音质比较悦耳，没有发声错误，表达流畅。（40分）

2. 形象仪表：端庄大方，举止得体，仪表良好。（30分）

3. 普通话语音准确，基本没有方言，较少出现错音。（30分）

注：节目内容自选，作品风格、组合形式不限；表演时间不超过5分钟；伴奏音乐自行准备mp3格式，也可采用钢琴伴奏。

二、艺术作品类

（一）艺术作品评定标准（100分）

1. 作品完整：不能为半成品或有瑕疵，要具有艺术欣赏价值和较强的视觉表现力。（40分）

2. 作品内容：积极向上，具有正能量，不能出现消极、反动或有其他争议的内容。（20分）

3. 独立真实创作：不能由他人代替完成。（20分）

4. 艺术设计类作品及摄影作品应为原创作品，不得抄袭他人作品。（20分）

（五）方案五："校园劳动之星"评定工作方案

1. 评定方式

（1）校内测评标准评定。

1）班级劳动之星：学生自主向班主任申报，由班主任确认产生，数量不超过班级人数的60%。评定标准为认真负责完成班级卫生清扫或经常性做家务。

2）年级劳动之星：由班主任提名，在被评定为班级劳动之星的学生中产生，数量不超过班级人数的20%，由年级星级评定领导小组评定。评定标准为积极参加社会劳动体验、班级桌椅维护、校园志愿服务等。

（2）评审认定方式。

1）年级劳动之星：成立由年级教务主任、德育主任、总值周、班主任组成的年级星级评定领导小组。在班级之星的基础上，每学年获得4个劳动课时，可由年级星级评定领导小组，认定为年级劳动之星。

2）学校劳动之星：

① 掌握某种劳动技能的同学均可自主通过问卷星"长春市第八中学学校劳动之星评定系统"申报，申报项目数量不限，由星级评定领导小组评定。

② 有突出劳动技能、有劳动技能方面发明专利或受到有关部门表彰奖励的同学，经年级星级评定领导小组确认，可直接评定为

学校劳动之星。如农作物种植、花卉培植、电器维修、电脑修理与维护、木工制作、烹饪、编织、裁剪与缝制、美发、汽车驾驶、劳动技能方面的小发明或小制作等等。

③ 一学年获得8个劳动课时或者有某种特殊劳动贡献，则认定为学校劳动之星。对违反法律法规、违反校规校纪的同学将取消星级等级。

2. 评定时间

每年10-11月份，劳动之星每年评定一次，未达到学校劳动之星的同学均可参加下一次评定。

五、课时评价新工具

课程是学校实施办学理念和实现育人目标的载体，是落实立德树人根本任务的关键，是学校办学诸要素中的核心要素。校本课程作为国家课程与地方课程的重要补充，是基础教育课程改革进程中的重要产物与特色，受到越来越多的中小学的高度重视，将其作为学校办学育人内涵、质量提升的重要抓手。近年来，长春八中坚持为党育人、为国育才、立德树人的根本任务，开创性实施"五彩三杠"课程体系，在不断实施、总结、不断反思的过程中生成许多新的成果和经验，为更好地完善"尖毛草"课程体系，作为"五彩三杠"课程体系的延展和扩充，更好地服务于"四元互动"评价体系，张洪波校长牵头提出预案，学校反复实践完善，逐步构建起系统的课时评价体系，成为促进学校各项事业发展的核心动力，真正为学生的未来发展赋能。

（一）"课时评价"体系建构理念

长春八中始终坚持为学生终身发展奠基，坚持"以人为本"的办学理念，落实"立德树人"的根本任务，围绕学校确定的"培养强的人，更要培养美的人"办学理念，充分考虑学生年龄层次、学段兴趣、知识结构、认知特点、发展需要和生活实际，围绕长春教育高质量发展，坚持课程育人、活动育人，力求建构体系完善、评价方式健全的德育体系。

（二）"课时评价"课程体系建构的依据

"五育并举"是我国教育政策的重要组成部分，旨在促进学生德、智、体、美、劳全面发展。为了实施这一政策，我国政府制定了一系列相关文件。中共中央、国务院发布的《关于深化教育改革全面推进素质教育的决定》和教育部发布的《关于全面提高高等教育质量的若干意见》明确了"五育并举"政策的重要性和实施要求，为各地开展五育工作提供了指导思想和基本框架。《中国教育现代化 2035》的出台为各地推进五育工作提供了具体的发展方向和实施路径。《中小学德育工作指南》提出了加强德育工作的具体措施和方法，该文件的出台为中小学开展德育工作提供了指导和参考。《普通高中课程方案（2017 年版 2020 年修订）》明确提出高中学生毕业学分最低要求为 144 学分，其中必修课程 88 学分，选择性必修课程 42 学分，选修课程不少于 14 学分，其中学科拓展、提高类课程之外的课程不少于 8 学分。综合实践活动课是必修课，由研究性学习 6 学分和党团、军训、社会考察共 2 学分组成。劳动也是必修课程，志愿服务 2 学分和通用技术选择性必修、校本课程 4 学分。每周课时 35 个，每课时 45 分钟。这些相关政策无疑为我校建立健全课时评价体系提供了理论依据和方向指引。

《中国学生发展核心素养》以培养"全面发展的人"为核心，从文化基础、自主发展、社会参与三个方面提出了学生应具备的核心素养，对六大素养的基本内涵和表现进行了详细的解读，为新课程新教材背景下育人目标的确立和"五育并举"课程体系的建构指明了方向。

2020 年，教育部印发《普通高中课程方案》及普通高中各学科课程标准"修订版"（2017 年版 2020 年修订），从课程性质与基本理念、学科核心素养与课程目标、课程结构、课程内容、学业质量、实施建议等方面对学科教学提出了要求和建议。课程性质与基本理念、学科核心素养与课程目标、学业质量等内容明确了学科教学的培养目标。而课程结构、课程内容中必修、选择性必修、选修课程结构的规划和学分的分配为新课程新教材背景下"五育并举"课程体系的建构提供了更加具体的参考。

（三）"课时评价"体系的原则

发展性原则。评价以促进学生发展为目标，定性与定量评价相结合，注重即时性评价，关注学生成长，正确发挥评价的导向功能，为学生终身发展奠基。

全面性原则。全面贯彻党的教育方针，从德、智、体、美、劳等方面综合评价学生的发展，突出学生基本素质的培养与形成，体现"知识与技能、过程与方法、情感态度价值观"三个维度的整合，促进学生素质的全面和谐发展。

激励性原则。评价要最大程度调动学生的积极性，肯定成绩，表彰先进，树立榜样，使学生发扬优点，改正缺点，让评价成为激励学生不断发展的动力。

科学性原则。评价要遵循教育规律与学生身心发展规律，建立科学的评价体系，运用科学的评价方法，既反映学生学业成绩，又彰显学生的个性、特长和发展潜能。努力获取学生德、智、体、美、劳诸方面素质的全面信息，关注学生的个性差异及特长发展，扩大评价的涵盖面。

（四）"课时评价"课程体系建构

长春八中以"立德树人"为根本任务，以面向全体学生、促进全面发展的学校文化为依托，以"五彩三杠"的课程体系为支撑，以"培养强的人，更要培养美的人"为引领，以"打造高质量发展样板化学校"的办学理念为标准，以办"让社会满意、家长放心、学生喜爱"的人民满意的学校为追求，以高中"树立远大理想，做好生涯规划"学段理念为抓手，通过"调结构、建支架、重实践、抓落实"的方式，依托"全国名校长工作室"等教育研究平台，整体设计面向全体、全面发展的"五育并举"课程体系研发新框架，特别凸显关注学生核心素养的共同导向和学生差异的个性发展，从而实现学生全面而有个性的发展、关注学生未来的教育目标。"课时评价"体系包括必修课程、"尖毛草"课程、其他活动三大板块，涵盖军训课程、"五彩三杠"自主发展课程、"尖毛草"课程等各项学校活动及课程。

根据《普通高中课程方案（2017年版2020年修订）》，结合我校德育校本课程特点，针对学生参与的每门校本课程、每项德育活动，根据活动时长，横向扩展涵盖范围，纵向比对活动所需时长，制定统一课时标准。在制定每次活动方案过程中同时制定相应课时卡，参与活动的学生除获得对应活动奖项外，均可获得对应课时数的课时卡，并存入个人成长档案，每学期期末统计汇总，以年级为单位进行评选。每学期修满100课时获三等奖，每学期修满90课时获二等奖，每学期修满80课时获特等奖（军训课程单独进行表彰）。

具体课时标准如下：1. 必修课程：军训课程56课时，限高一发放。2."尖毛草"课程：在"五彩三杠"自主课程中，德育、智育、体育、美育、劳育任何一项获得五星可获得10课时，获得三星可获得8课时，获得一星可获得6课时，可累加进行计算。"第一个五"即社会实践、研究性学习、研学旅行、职业体验、劳动教育，每半天4课时，每天8课时，按次发放。"第二个五"：每日时事评说，每次0.5课时，在每学期的时事评说员评比活动中，被评为一等奖获12课时，被评为二等奖获6课时，被评为三等奖获4课时，可累计计算；每月观影活动，每月进行一次，每次获得2课时；参加观影后提交优秀观后感获3课时；每月名人大讲堂活动，实行抢票机制，参与抢票并收听的同学每次获2课时（承担工作任务同学另附1—5课时）；参加每月桌椅维修的同学即维修小队成员，每学期获10课时；图书漂流活动中参与学校组织者每次获4课时，参与班级组织者每次获3课时；每年达人赛入围者每项获2课时，项目达人每项获4课时。"三个礼"即入校礼、毕业礼、成人礼参加者每次获2课时（承担任务者另附1—5课时）。"四个会"：怡心会每次编排心理剧获10课时（承担任务者另附1—10课时）；健体会活动每次获4课时（承担任务者另附1—4课时）；红歌会活动每次获4课时（承担任务者另附1—4课时）；音乐会活动每次获4课时（承担任务者另附1—4课时）、艺体广场活动每次获2课时、新年音乐会每次获8课时（承担任务者另附1-8课时）。3.其他活动课程：主持参与德智体美劳各项活动，根据时间、任务量，由负责部门随时给予课时认定，按次发放。

附：长春市第八中学校本课程课时标准表

长春市第八中学校本课程课时标准

	德育课程		课时	发卡周期
必修课程	军训		56课时	限高一发放
"尖毛草"课程	自主课程	德育	五星10课时、三星8课时、一星6课时	每学期一次
		智育	五星10课时、三星8课时、一星6课时	
		体育	五星10课时、三星8课时、一星6课时	
		美育	五星10课时、三星8课时、一星6课时	
		劳育	五星10课时、三星8课时、一星6课时	
	第一个五	每日时事评说	每次0.5课时，学校"优秀评说员"班级"优秀评说员"一等12课时、二等10课时、三等8课时，班级"优秀评说员"一等8课时、二等6课时、三等4课时，课时可累计	每学期一次
		每月观影	参加观影2课时/月、参加观影并提交优秀观后感3课时/月	每月观影一次
		每月名人大讲堂	2课时/次（承担工作任务另附1—5课时）	按次发放
		每月桌椅维修	维修小组成员10课时/学期	每学期一次
		每学期图书漂流	学校组织者4课时/次、班级组织者3课时/次	每届一次
		每年达人赛	入围者2课时/项、项目达人4课时/项	每届一次
	第二个五	社会实践、研究性学习、研学旅行、职业体验、劳动教育	4课时/半天、8课时/天（过程性材料审核通过）	按次发放
	三个礼	入校礼	2课时/次（承担工作任务另附1—5课时）	按次发放
		毕业礼	2课时/次（承担工作任务另附1—5课时）	

续表

"尖毛草"课程	三个礼	成人礼	2课时/次（承担工作任务另附1—5课时）	按次发放
	四个会	怡心会	10课时/心理剧（承担工作任务另附1—10课时）	按次发放
		健体会	4课时/次（承担工作任务另附1—4课时）	
		红歌会	4课时/次（承担工作任务另附1—4课时）	
		音乐会	音乐会课时/次（承担工作任务另附1-4课时）艺体广场2课时/次，新年音乐会8课时（承担工作任务另附1—8课时）	
其他活动课程			主持参与德智体美劳各项活动，根据任务时间、任务量，由负责部门随时给予课时认定	按次发放

注：1. 修满15课时/学期获三等奖、20课时/学期获二等奖、25课时/学期获一等奖、35课时/学期获特等奖。
2. 高一军训单独表彰

附：课时评价新工具操作案例展示

案例1：劳动课程之农耕小队课时评价操作方案

长春市第八中学高二年级"农耕小队"招募表

为提升我校师生农耕体验感，我校农耕菜园在规划下，已经播种土豆、甜菜等农作物，近期即将播种茄子、豆角、西红柿、黄瓜、地瓜等蔬菜，为让更多对农耕培植感兴趣的同学有机会体验播种、育苗、施肥、除草、辨识、收割等农耕乐趣，现在向高二年级各班火热招募农耕志愿者！欢迎各位同学积极踊跃报名参加，每班报名人数无上限。每次参与农耕体验课程的同学将发放课时卡。

报名方式：下表填写班级姓名

截止时间：5月9日15：00

报送方式：班长送交教学楼三楼主任室

活动方式：指导教师利用自习课带领志愿者进行农耕活动

班级	姓名	班级	姓名

长春市第八中学校本课程课时卡

姓名		年级	年 班
活动时间	2023 年　　月　　日		
活动内容	完成长春市第八中学农耕劳动课程，表现优异，被认定为年级"劳动之星（★★★）"。		
课时	___1___ 课时	获奖情况	年级三星
奖励部门	长春市第八中学德育处（盖章）		
奖励办法	修满80课时获三等奖、修满90课时获二等奖、修满100课时获一等奖、修满110课时获特等奖。 每学期进行表彰，学年内课时数可累加统计。		

案例2：健身之星——我是平板王课时评价方案

长春市第八中学关于开展第二届"健身之星

——我是平板王"班级PK赛的通知

一、活动宗旨

为了深入开展阳光体育运动，促进学生养成良好的体育锻炼习惯，展示学生体育方面特长，培养学生坚强毅力和克服困难的勇气，营造健康向上的校园体育锻炼氛围，学校决定开展"健身之星——我是平板王"班级PK赛。

二、比赛项目

平板支撑。

三、参赛班级

高一年级、高二年级。

四、比赛时间

2023年10月12日间操时间（高一上午，高二下午）。

五、比赛地点

学校操场。

六、比赛规则

1. 每个班级随机抽取10名同学（男女同学各5人）代表班级参加全校班级PK。

2. 班级总成绩为10名同学平板支撑时长总和。

3. 按照班级平板支撑总时长排序产生"年级平板王班级"和"全

校平板王班级"。

4. 按照个人平板支撑时长排序产生"年级平板王"和"全校平板王"。

5. 要求动作规范，犯规者停止单人比赛。

七、奖励办法

1. 评选"年级平板王班级特等奖"1名，"全校平板王班级特等奖"1名。颁发荣誉证书及奖品。

2. 评选"全校平板王班级一等奖"6名，"全校平板王班级二等奖"10名。颁发荣誉证书。

3. 年级个人前三名获评"年级平板王"冠军、亚军、季军称号，全校个人前三名获评"长春市第八中学平板王"冠军、亚军、季军称号。颁发荣誉证书及奖品。

4. 获奖情况录入个人综合素质评价档案系统，颁发课时卡。

八、温馨提示

1. 参赛人员无心脏病、高血压等不适合运动疾病史。

2. 参赛人员名单下发时间为2023年10月11日下午2点。

3. 有关训练平板支撑的方法参照长春市第八中学公众号【全人八中·身心双健】"以强健体魄致敬青春　以阳光心态奔赴未来——致长春市第八中学生及家长的一封信"（2022-12-16）

长春市第八中学　德育处　体育组

2023年10月10日

长春市第八中学"健身之星——我是平板王"课时卡

姓名		年级	年 班
活动时间	2023 年 4 月 20 日		
活动内容	参加长春市第八中学平板支撑大赛，取得优异成绩，被认定为年级"体育之星（★★★）"		
课时	__3__ 课时	获奖情况	年级三星
奖励部门	长春市第八中学德育处（盖章）		
奖励办法	修满 80 课时获三等奖、修满 90 课时获二等奖、修满 100 课时获一等奖、修满 110 课时获特等奖。 每学期进行表彰，学年内课时数可累加统计。		

（执笔人：杨　帆　王　杨　李　强）

第九章
养根育魂 "尖毛草"课程体系

高中生正处于生理和心理上渐趋成熟，世界观、人生观、价值观正在形成的特殊时期，这就需要针对高中生的特点，确立正确的德育课程目标，统筹德育和思想政治教育，把社会主义核心价值观深度融入德育过程。学校的"四有"办学目标是：学生有情怀、教师有归属、学校有温度、办学有故事。德育作为学校的重点工作，不仅是培育学生全面发展的重要途径，也是展示学校特色育人成效的重要"窗口"。

长春市第八中学以"培养'强'的人，更要培养'美'的人"为育人目标，同时结合学校整体课程目标，构建了"尖毛草"特色德育课程体系。取名为尖毛草，是源于非洲的热带草原上生长着的一种植物——尖毛草。在最初生长的半年时间里，它是草原上最矮的植物，但半年过后，尖毛草就像被施了魔法一样，以每天0.5米的速度向上疯长，三五天的时间就会长到2米的高度，成为非洲草原上的"草地之王"。而这，全都依赖于那扎根于地下28米的坚韧根系,雨季未来之前默默扎根,悄悄成长,而雨季到来之时,将所蓄力量迸发出来,成就了它的辉煌。基于此,学校以草为媒,以草品喻人品,确立了"养根守正、厚积薄发"的德育课程理念,培养尖毛草般的八中学子。

"尖毛草"特色德育课程坚持立德树人根本任务,将社会主义核心价值观融入教育的全过程,引导学生形成积极主动的人生态度,树立正确的价值观。立足学校"全人教育、和谐发展"办学理念,以"和谐生长、润泽生命"为着力点深入实践"和润"德育特色。德育课程设置以挖掘并利用尖毛草所具备的优秀品质及其教育价值,切实提升其育人成效,使学生在"尖毛草"精神的浸润下,逐步养成胸怀宽阔、坚韧不拔的品格。世上本没有魔法,像尖毛草一样在明处亮相,却在暗处蓄光,这样的人生才更精彩。

学校将"尖毛草"德育渗透于思政课和其他学科的教学内容中,实现德育与其他学科的有效融合。通过学科之间的深度融合,学生在获取学科知识的同时,还能受到"尖毛草"的熏陶,实现人文素养的提升与身心的协调发展,从而逐步形成正确的世界观、人生观、价值观。

同时,"尖毛草"德育课程紧密联系学生的日常生活,充分整合学校、家庭和社区等教育资源,通过丰富多彩的社团活动、社会实践活动以及综合节庆活动等形式,引导学生参与实践体验,在实践中提升道德认知与实践能力，切实培育和践行社会主义核心价值观。

"尖毛草"德育课程是一种以学校德育为主体，以校外德育资源为依托，以认知为前提，以活动课为主线，以社会实践为辅助，将学科类德育、社团活动和社会实践有机整合的德育实施模式。"尖毛草"课程概况为"234"课程体系，即"两个五、三个礼、四个会"。

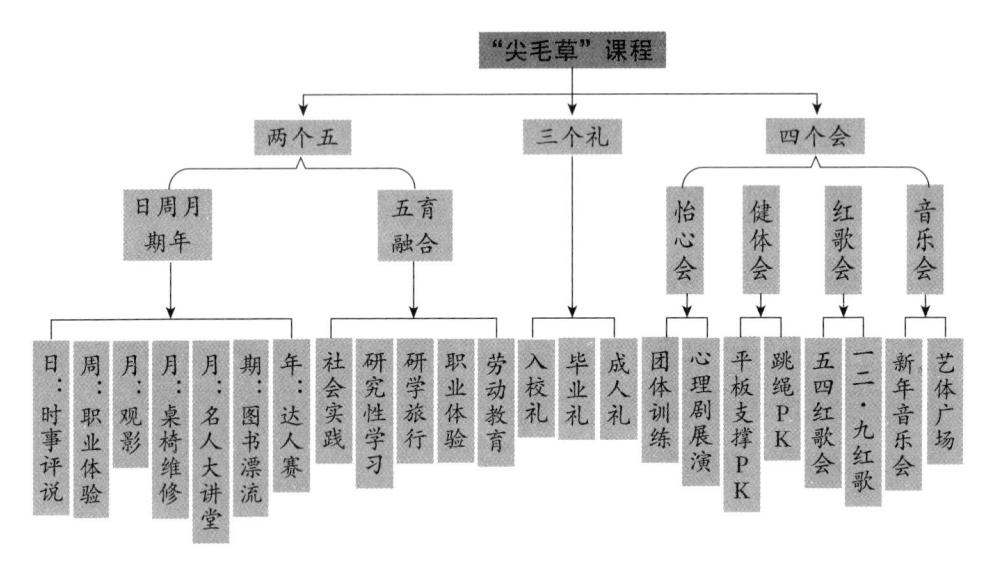

```
                        "尖毛草"课程
          ┌────────────────┼────────────────┐
        两个五            三个礼           四个会
    ┌─────┴─────┐           │         ┌────┬────┬────┬────┐
  日周月      五育         │        怡心会 健体会 红歌会 音乐会
  期年       融合          │          │    │    │    │
    │         │     ┌──────┼──────┐   │    │    │    │
    │         │   入校礼 毕业礼 成人礼
```

| 日：时事评说 | 周：职业体验 | 月：观影 | 月：桌椅维修 | 月：名人大讲堂 | 期：图书漂流 | 年：达人赛 | 社会实践 | 研究性学习 | 研学旅行 | 职业体验 | 劳动教育 | 入校礼 | 毕业礼 | 成人礼 | 团体训练 | 心理剧展演 | 平板支撑PK | 跳绳PK | 五四红歌会 | 一二·九红歌 | 新年音乐会 | 艺体广场 |

发展两个五，第一个五即日、周、月、期、年常规课程。每日时事评说、每周职业体验、每月观影、每月名人大讲堂、每月桌椅维修、每学期图书漂流、每年达人赛。第二个五育即五融合课程，坚持知行合一，使社会实践、研究性学习、研学旅行、职业体验、劳动教育有机融合发展。组织三个礼，即入校礼、毕业礼和成人礼。

开好四个会，即怡心会、健体会、红歌会和音乐会。

一、发展两个五

（一）第一个五：日、周、月、期、年特色育人课程

1. 日：每日时事评说课程

为了培养学生具有国际视野、家国情怀以及远大理想与抱负，学校组织开展时事评说活动。通过参与时事阅读和评析，学生的沟通能力和写作能力得到了显著的提升，为其成为合格的社会主义建设者和接班人奠定了坚定的基础。

（1）时间安排

每个年级都在课后服务的最后十分钟。

（2）评说内容

来源于新闻媒体国内外重点、焦点新闻或事件。

（3）课程实施

1）学生自主管理机构

总负责人：团支部书记

成员：每班推选出 5 组成员，每组 2 人，其中 1 名同学为小组长，1 名同学为小组成员。

要求：将管理机构成员名单粘贴在班级工作提示板上。

2）学生自主实施

固定成员：每个小组负责一天，小组内两名成员可以轮流负责，也可合作负责。

固定任务：在学校提示铃声响起之后，迅速打开电子屏幕，收听时事节目，翻动屏幕，并即兴对其中一条或几条发表个人观点，也可以提前准备热点问题发表自己的观点。

（4）学校检查督导

学校值班领导按时检查、通报。

（5）奖励措施

参加时事评说的同学，每参加一次计 2 学时；每学期每班评选出一个优秀讲评小组，3 名优秀讲评员；学校评选 15 名年级金牌讲评员；每学年举行"我是评论家"校园赛，评选校园十大时事评论家和 10 个"时事评说课程"优秀组织奖班级。将为以上各层级获奖人员及集体颁发奖状和奖品，个人获奖情况录入学生综合素质评价系统。

附：优秀时事评论员大赛实施方案

为加强学生思想政治教育，提升中学生对时事政治的认知，使其熟悉当今社会的时事政治，了解现代当局时事，校德育处、团委每学期开展"年级优秀时事评论员大赛"。

比赛流程

第一环节：时政抢答

设置一定数量的选择题供选手抢答。内容包括近几年各大国内外时事及核心人物。在主持人说开始后抢答，单选题答对得5分，答错得0分；一选手答错后，剩余选手可继续抢答，抢答3次不得分后该题作废。

第二环节：时政博览

设置一定数量的多选题，选手有1分钟时间思考，一分钟后将答案写在白纸上，同时公布答案。内容包括近几年各大国内外时事及核心人物。多选题答对得10分，漏选得5分，多选或选错不得分。一选手答错后，剩余选手可继续抢答，抢答3次不得分后该题作废。

第三环节：时政评述

选手到讲台上进行选题，并有1分钟的时间进行构思，按照参赛序号依次选择数字作答。发言时间为3分钟，演讲结束后，评委针对选手发言内容进行提问，提问结束后每位评委进行打分。（本环节最高得分100分）

2. 周：每周职业体验课程

（1）课程目标

让学生走出校门、走向社会、走向实际生活，拓宽视野、认识社会，了解职业，感悟体验自己的职业选择。让学生通过实践，对自我的未来有一个客观的定位，为其人生发展提供指引。

（2）时间

双休日、节假日。

（3）课程实施

学校充分利用学生家长这一社会资源，选拔有能力、有情怀、有意愿、有合适资源的家长，成立"百人学生职业体验百人指导师"团队（体验过程中，家长可根据学生需求进一步推荐或安排社会指导师）。

一般情况下，由自己班级家长承担自己班级学生的研学指导任务。学生根据自己的兴趣、爱好、职业规划方向自主参加相关活动。

以假期德育作业形式要求所有同学实践，并做好记录，书写心得体会。

> **案例**

我是"小小研究员"

——长春市第八中学生涯规划教育系列活动·高一三班职业体验

学校"百名家长职业导师团"成员何飞带领高一三班八名学生来到了长春理工大学计算机科学技术学院实验室，为同学们开启了以"我是小小研究员"为主题的职业体验之旅。

研学内容：介绍长春理工大学

长春理工大学计算机科学技术学院在科研、学科、人才培养等方面取得了瞩目的成绩，尤其科研方面更是硕果累累。学院建有特种电影技术及装备国家地方联合工程研究中心、国家级科研支撑平台以及吉林省医学影像智能计算机重点实验室等10个国家级和省部级科研支撑平台。学院依托现有10个科研支撑平台建立形成了14个科学研究室！

考察体验："数字媒体与虚拟现实技术"和"医学影像计算"

学院依托特种电影技术及装备国家地方联合工程研究中心成立了"数字媒体与虚拟现实技术"研究室。在这里，同学们体验了裸眼3D技术，也就是说，在不戴3D眼镜的情况下，只要站在特定的地点，就可以从屏幕上直观地感受到立体影像。同学们还体验了虚拟现实技术，通过佩戴被动有源立体眼镜，可以让自己置身于场景之中。在本次体验中，同学们是置身于一片樱花林中。体验后的同学迫不及待地分享自己见到的情景：一片片花瓣随风摇曳，如梦如幻。

随后，同学们戴上了VR头盔，体验了射箭、抓水母等小游戏，这些游戏场景都能在头盔中360°呈现，VR使这些小游戏更加生动有趣，也使同学们切身地体会到科技给生活带来的乐趣。

接着，同学们走进了"医学影像计算"研究室，在这里，同学们见到很多医疗器械，工作人员向同学们讲解研究室的各种医疗器械，其中，有的医疗器械可以清楚地显示手中的动脉，同学们对此十分感兴趣，纷纷体验器械的神奇效果。除此之外，还有器械可以通过3D建模辅助医生诊断治疗，工作人员告诉同学们，这些技术已经被运用于临床实践中，协助白衣天使治病救人。同学们不禁感叹，科技的进步为人类生活带来了便捷与幸福，科技的力量能够作用于生活的方方面面。

导师为同学们分享了自己在科研领域一步步奋斗的经历，帮助同学们了解了要成为一名科技工作者应具备哪些技能，以及高校科研人员的入职门槛和职业生涯中会遇到的挑战。导师还对同学们的问题进行了耐心的解答，同学们也在和导师的问答互动中体会到科技发展对人类生活的重要意义，同时深刻意识到，在实时更新的科技领域，主动学习、自主学习、持续学习的重要性。

职业体验之旅结束后，同学们回到家里，饱含热情地写下了各自的心得体会。

3. 月：每月观影课程

影视精品，是对学生进行思想教育、艺术审美教育最好的载体，是学生容易接受、非常喜欢的形式，也是学校德育工作重要的形式，它可以激发学生的生命动力，提高学生的审美情趣及艺术鉴赏能力，培养学生用理性的思考去挖掘影片的外延，激发学生对人生的思考，加深其对世界、社会的理解。

（1）时间安排

每月最后一周周二第八节，学生假期另行确定。

（2）课程实施

学校德育处、团委结合重要节日、重大活动、纪念日确定12个月的观影主题，精心组织推荐既健康向上又深受学生喜爱的影视作品，不断增强观影活动的吸引力和感召力。一部积极向上、格调高雅的影视作品，不仅可以生动地传达给孩子们丰富的知识和高尚的观念，也能激发和鼓励孩子积极进取、奋发向上。每个父母都希望自己的孩子成材，但是在实际生活中，父母更应该从生活的方方面面树立起好的榜样；从心理的角度关注孩子的精神需求；从行动的层次陪伴孩子们共同成长。

（3）主题设置

1）一月份：自立自强自主月

一月是一年之始，也是学期之末，通过对各行各业楷模的学习，培养学生自立自强的品质，以坚定的意志和决心自主学习，不断挑战自我、超越自我，增强做人的志气、骨气、底气。

2）二月份：孝亲敬老感恩月

寒假期间，应培养学生的自我管理能力和社会责任意识。通过一些优秀影视作品，弘扬传统文化，引导学生尊老敬老，懂得感恩，主动承担家务，增强学生的社会责任感。

3）三月份：友爱互助奉献月

通过对"雷锋式"人物的学习，向学生宣传"奉献、友爱、互助、进步"的志愿服务精神，从而引导学生发现榜样、学习榜样、成为榜样，培养学生友爱互助、自我奉献的精神。

4）四月份：读书立志奋斗月

春暖花开，正是一年最好的时光。志存高远方能登高望远，胸怀天下才可大展宏图。选取读书励志、青春奋斗方面的影视作品，激发学生拼搏奋斗的志向。

5）五月份：拼搏创造实践月

我们要做思想的巨人，更要做行动的王者。年轻的一代，要敢于付出行动，加强体育锻炼，突破局限，追求卓越。

6）六月份：感恩母校离别月

六月的离别，总让人潸然泪下。我们应该培养学生珍惜时光，在当下努力奋斗，使学生心怀梦想、拥抱时代、不负韶华、坚守底色。

7）七月份：爱国爱党励志月

培养学生对党的政治认同、情感认同、价值认同，不断树立为共产主义远大理想和中国特色社会主义共同理想而奋斗的信念和信心。

8）八月份：人生百态体验月

人生不止每日的欢声笑语，还充满很多不如意。同学们应该走出象牙塔，观摩不同的人生，体味人生百态。

9）九月份：尊师重教颂德月

学高为师，身正为范。老师，是我们每个人生命中特别重要的存在，他们教会我们的不仅是知识，还有我们对人生、对社会、对世界的认知。

10）十月份：成人成才规划月

成才先成人，爱国先爱校。引导学生对自己的人生进行科学规划，通过脚踏实地做事、真真实实做人，成为对社会有贡献的人。

11）十一月份：珍爱生命安全月

安全重于一切，安全高于一切，安全先于一切。引导学生积极乐观，珍爱生命，成长为身心健康的学生，拥有精彩人生。

12）十二月份：多姿多彩美育月

以美育人、以文化人，能切实提高学生的审美能力和人文素养。扎根时代生活，遵循美育特点，弘扬中华美育精神，让祖国青年一代身心都健康成长。

（4）影片选取

学校德育处、团委确定推荐影片，并做相应宣传。

案例：观影通知

品人生百味，悟世事洞明

——长春市第八中学"尖毛草"课程之假期观影影片推荐

推荐影片：《你好，李焕英》《开心家族》《寻梦环游记》。

推荐目的：亲情是人世间最真挚而美好的感情，简单纯粹却最能打动人心，希望同学们在感动中体悟，在反思中成长。我们要用亲情充盈内心，更要学会强大自己，给家人保驾护航。

推荐理由：不要吝啬你的眼泪，跟我一起开心地笑，痛快地哭，然后再用力地抱一抱最疼爱自己的家人吧。

观看时间：2月4日—2月16日。

观看路径：线上搜索影片观看。

4.月：每月桌椅维修课程

学校内部的劳动资源有限，为了充分开发学校现有资源，学校开发了座椅维修劳动课程，这项相对简单的劳动，可以培养学生热爱劳动、爱护公物、互相帮助以及勤劳节约的优良品质。同时，搭建学生动脑动手的实践平台，进一步丰富学生职业体验的内容，旨在通过实践培养学生动手能力和解决实际生活问题的能力。

（1）时间安排

每月最后一周周五中午或第八节。

（2）课程实施

每一所学校，学生真正可以参与的实际劳动资源都是有限的。当前，学校的座椅多为组装结构，座椅破损的主要原因是螺丝松动，如不及时维修，就会造成相应部件变形，座椅很快就会废弃。因此，安排学生维修座椅是有必要且学生能够胜任的一项有价值的劳动。

（3）劳动安排

学生自愿报名，成立班级维修小组，共设组长1人，成员5人。

学生自愿捐献维修工具箱。

每位同学平时都要密切关注自己的桌椅，定期检查桌椅框架、桌面及螺丝等部位是否破损。每月最后一周周五，班级开展全面检查。

维修小组定期检查并及时紧固松动螺丝，确保桌椅稳固。适时调整桌椅高度，确保每位高个学生使用舒适。当桌椅框架或板面严重破损且小组成员不能处理时，需及时上报学校后勤部门处理。

（4）活动考评

按学期考核，给每个维修小组成员加10学时。对桌椅保护好的班级授予"爱护公物优秀班集体"称号，对表现突出的维修小组成员授予"爱集体爱劳动先进标兵"称号。

5.月：每月名人大讲堂课程

为了让学生了解科技前沿动态及各行各业发展趋势和方向，树立人生榜样，培养学生的人文精神和科学家精神，从而建设一个文化校园。

（1）时间

每月第二周周三。

（2）课程实施

学校通过临时聘任方式，邀请各行各业专家、学者、精英，来校做专题讲座或校园活动。

每次活动学生自愿报名，参加学生综合素质评价计2学时。

活动由德育处组织实施，讲座在五楼多功能厅进行。

案例

名人大讲堂

——弘扬科学家精神，探讨前沿科学问题

文化是一个国家、一个民族的精神命脉和灵魂。科学家精神植根于科学家的科学实践，是科学精神和科学文化在科学家群体中的集中体现，具有科学性、民族性和时代性。在近现代科学文化与中华传统文化的交流激荡中，中国科学家精神得以落地生根。为引导学生走近科学，探讨前沿科学问题，了解科学家精神，增强科学探索的好奇心，长春市第八中学"名人大讲堂"持续开展，旨在鼓励八中学子真正崇尚科学、热爱科学，立志为党成才、为国奉献。

2023年11月17日下午三点，长春市第八中学"名人大讲堂"有幸邀请到了中国科学院长春应用化学研究所栾世方教授担任本期主讲嘉宾，并做了一场题为"前沿科学问题和科学家精神个人浅见"的学术讲座。本次活动由德育处赵丽主任主持，参加本期讲堂的是高一、高二年级自主选修的200多名同学。

本次讲座栾教授以"前沿科学问题和科学家精神个人浅见"为主题，利用多维度的研究视角，探讨了其对新中国科技里程碑事件、十大领域前沿科学问题、我国前沿科技问题及进展、科学家精神和职业素养等的见解。重点解读了科学家精神，即胸怀祖国、服务人民的爱国精神，是勇攀高峰、敢为人先的创新精神，是追求真理、

严谨治学的求实精神，是淡泊名利、潜心研究的奉献精神，是集智攻关、团结协作的协同精神，是甘为人梯、奖掖后学的育人精神。

栾教授为同学们分享了自己课题组的育才目标，希望同学们从科学家身上学习到优秀的科学精神，懂得科学来自平时的疑问，来自刻苦钻研，培养爱科学、学科学、用科学的习惯，立志为国家发展做出自己的贡献。

参加报告会的师生代表对报告会反响热烈，纷纷表示，聆听此次报告受益匪浅。通过全面了解前沿学科在各个领域的应用，激发了八中学子对前沿学科的学习动力，明确了未来的学习目标。"名人大讲堂——弘扬科学家精神"系列活动，在同学们心中种下了科技强国的种子，增强了同学们科学探索的好奇心。八中学子正在秉持乐观进取、积极向上的精神迎接未来的挑战，他们立志为社会做贡献，用科学家的精神点亮精彩人生！

6. 期：每学期图书漂流课程

为了培养学生热爱读书、勤俭节约、乐于共享的优秀品质，让他们在分享交流中体验职业特色、提高沟通能力、濡养审美情趣，为学生形成终身学习能力奠基，学校开展图书漂流活动。

（1）时间

每学期开学的第三周，午休时间。

（2）课程实施

活动由校德育处、团委共同组织，由校领导和老师在活动条幅上签字启动仪式。

学生提供自己阅读过的优质书籍，书目由班级团支书、语文教师、班主任逐一过审。

班级绘制宣传海报，各派3至5名代表，集中宣传讲解本班书籍。

活动现场分两种方式交流。一种是漂流借阅，班级负责人记录好书籍和借阅人信息；另一种是现场买书，可现金，可线上支付，班级提供二维码，供师生使用。

每学年上学期由高二年级、下学期由高一年级承办。活动全校师生均可参与。

案例

赓续红色血脉，奋进伟大征程

——图书漂流活动侧记

最是书香能致远，腹有诗书气自华。图书漂流，是一段文明而美丽的奇妙旅程，这种好书共享方式，让知识因传播而美丽。一直以来，我校致力于全面落实"立德树人"根本任务，坚持"养根守正"育人初心，开设"尖毛草"系列课程——图书漂流活动，旨在引领学生品名著、读好书、养习惯、促发展，推进书香校园建设。

2023年3月15日11:30，长春市第八中学团委联合高一年级部举办了"赓续红色血脉，奋进伟大征程"第五届图书漂流活动。

在这孕育生机的春日里，师生一起与书籍携手共进，与知识一路同行。

张洪波校长、顾慧欣书记带领所有校级领导、部分中层干部和高一年级教师参加签字仪式，开启图书漂流活动。

各个班级为了吸引学生，精心绘制海报、打造班级特色，使得活动趣味横生。只见操场上人头攒动，热闹非凡。大家驻足在书摊前，认真聆听好书推荐，仔细挑选，登记取书。

活动结束后，很多学生仍意犹未尽，摩拳擦掌，期待下一次活动能选到更多自己心仪的书籍。

图书漂流活动已经在我校开展了四年，它培养了学生热爱读书、勤俭节约、乐于共享的优秀品质，让学生在分享交流中体验职业特色，提高沟通能力，涵养审美情趣，为其终身学习奠基。处在青春年华的我们，更要通过阅读筑牢思想根基，把伟大的红色精神发扬光大，让浓郁的书香充盈校园，让希望的火炬代代传承。

7. 年：每年达人赛

让学生充分展示自己，发现、张扬学生体育方面的特长，培养学生自信、自立、自强的品质，同时发现并挖掘学生的潜能和个性特长，树立学生身边的榜样，学校开展体育达人比赛活动，搭建学生展示自我的平台。

（1）时间

每年5月中旬。

（2）课程实施

由校德育处、体育组确定比赛项目，下发活动通知，通过问卷星，让学生自主报名。

学校提供平板支撑、立定跳远、握力、仰卧起坐、跳绳、引体向上、足球定位球踢准、篮球三分球等规定项目和武术、毽球、单双杠花式玩法、轮滑等个人展示项目。

体育组老师根据学生报名情况，在学校操场指定位置进行比赛，记录成绩，最后由校德育处汇总成绩，按照评选标准，筛选成绩。

（二）第二个五：五育融合课程

近几年为了强化学生综合素质的培养，国家先后强化了会实践、研究性学习、研学旅行、职业体验、劳动教育等教育活动。然而教育是一个复杂的综合性工程，每一项教育活动内容本身不是单一的，活动组织也不是孤立的，因此，融合开展各种课程是教育的必然。

五育融合课程，提升了学生的综合素质，培养了学生的个性特长，提高了学生知行合一、认识世界、改造世界的能力，建构了学生正确的世界观、人生观和价值观。

1. 时间

5月、10月、寒暑假。

2. 课程实施

学校购买服务，依托社会研学机构，挖掘优质研学资源，每年组织两次集体研学活动。

3. 研学方案

学校提出研究意见，社会研学机构设计研学方案，学校、学生、家长、研学公司共同确定研学课程，研学方案一般要同时考虑社会实践、文化、劳动、艺体活动、旅游等方面的内容。

案例1

梨树县蔡家镇农耕文化实践研学活动

蔡家镇隶属于吉林省四平市梨树县,位于梨树县东部,东辽河西岸。蔡家镇是省级特色小镇,位于交通大动脉102国道之上,东辽河之滨,区位独特、交通发达,是长春、四平、公主岭、梨树等城镇一小时内到达地。文旅资源丰富,形成了以关东农耕文化为特色,红色文化、宗教文化、辽河文化、辽金文化等多元文化的旅游格局。

课程安排

第一天

研学资源:关东农耕文化博物馆、工匠文化园、黄豆地、自制晚餐、篝火晚会

07:30—08:00　学校集合,准备出发。

08:00—09:30　乘坐大巴车奔赴四平市梨树县蔡家镇(车程约1.5小时)。

09:30—10:00　抵达蔡家镇,于百财广场举行开营仪式,开启两日农业研学之行。

10:00—11:30　参观关东农耕文化博物馆和工匠文化园,了解关东独特的农耕文化,学习工匠精神。

11:30—13:00　走进村民家,认识、采摘午餐所需蔬菜,

协助当地村民烹饪午餐。品尝学生和村民共同制作的集体午餐，收获劳动的味道。

13：00—15：00　黄豆地收黄豆，讲解黄豆营养价值及实用价值。选取优质种子，为来年春天播种做准备。

15：00—17：00　前往娘娘庙村黑土地人才培训基地参观学习；听老农民讲述关于娘娘庙村的故事。

17：00—18：30　晚餐，品尝东北特色农家菜。

18：30—20：00　于黑土地人才培训基地举行篝火晚会，烤毛豆、玉米，交流农耕体验收获。

20：00以后入住黑土地人才培训基地（休息）。

午餐：自制采摘农家美食

晚餐：东北农家菜

住宿：黑土地人才培训基地

第二天

研学资源：黏玉米采摘、黏豆包制作、小豆腐制作、豆浆制作体验

07：30—08：30　洗漱后吃早餐，用昨天采的黄豆制作豆浆。

08：30—10：30　黏玉米地收玉米，讲解黏玉米相关知识。选取优质种子，为来年春天播种做准备

10：30—11：30　走进村民家，学习制作黏豆包，为自己的家人送上一份爱的礼物。

11:30—13:00　午餐,于柳条边客栈品尝东北农家菜及刚做好的黏豆包。

13:00—14:30　用昨天采摘的黄豆到农耕文化博物馆体验学习小豆腐制作。

14:30—15:00　闭营仪式,评选优秀营员及本期研学之星。布置课后作业,根据两日所见所闻所感撰写优秀美文,甄选摄影作品,一周后校内进行评比。

15:00—16:30　返回学校,结束本次农业研学之行(车程约1.5小时)。

早餐:住宿含

午餐:东北农家菜

两天的研学之旅结束了。"我特别高兴,我第一次住农村的土炕,第一次拿镰刀,第一次到地里干农活,我感受到了一种不一样的生活,学到了许多在书本里学不到的知识。"孩子在接受记者采访时,这样说。

案例2

辽源、西夹荒研学旅行

从辽源矿工墓、二战战俘营、东北袜业纺织工业园到最美乡村西夹荒,丰富多样的研学活动让孩子们在身心愉悦的同时,开阔了眼界、增长了知识，感受到了集体学习的温馨氛围，使其更加热爱家乡、热爱祖国。让学生们在研学旅行中感受中华传统美德，感受革命光荣历史，感受改革开放伟大成就，增强对坚定"四个自信"的理解与认同。同时学会动手动脑，学会生存生活，学会做人做事，在劳动实践教育活动中形成正确的世界观、人生观、价值观。

活动特色

辽源矿工墓陈列馆，不忘历史，缅怀死难的矿工。

辽源市侵华日军高级战俘营旧址展览馆，了解法西斯的滔天罪证，铭记历史，不忘初心。

辽源东北袜业纺织工业园，了解辽源袜业的发展史。

参观最美乡村西夹荒，了解自然生态、优美环境，给人们带来心灵上的舒适和享受，感受心中的"桃花源"。

公益植树体现这一理念，"前人栽树，后人乘凉"，造福人类，恩泽后代。

课程安排

第一天

07：20　长春市第八中学集合登车，带着我们的课题开始本次研学旅行活动。

07：20—09：10　乘车到达辽源市（119km，车程预计1小时50分）。

汽车课堂：

（1）致欢迎辞（2）安全知识教育

（3）概况介绍（4）沿途教学　　直观讲授法

09：10—09：40　抵达辽源市，于战俘营广场举行开营仪式。

仪式流程：

（1）主持人开场（2）代表发言

（3）宣布分组（4）授勋仪式（5）合影留念

团队协作

09：40—10：30　参观辽源市侵华日军高级战俘营旧址展览馆，了解法西斯的滔天罪证，铭记历史，不忘初心。

课程一：法西斯的罪证

课程二：二战下的亚洲

参观教学法

情景教学法　　爱国教育

历史知识

11：10—12：00　走进辽源矿工墓陈列馆，了解侵华日军的罪行，不忘历史，缅怀死难的矿工。

课程一：九一八与十四年抗战

课程二：无法抹去的罪证——万人坑

直观讲授法

参观教学法　　爱国教育

警示教育

12：30—13：30　午餐，品尝东北特色餐。

14：00—17：00　辽源市—辉南县西夹荒（189km，车程预计2小时30分，途中于辉南服务区休息15分钟）。

乐学善学

17：00—18：00　寻找珍稀植物，捕捉昆虫，制作琥珀标本。

课程一：常见益虫害虫认知

课程二：琥珀制作体验

课程三：琥珀形成原理

技能收获

18：00—19：00　在最美乡村西夹荒生态旅游度假村西夹荒餐厅用晚餐，品尝东北特色餐。

19：00—21：00　篝火晚会，才艺展示，歌舞表演，集体互动节目，结束后办理入住。

第二天

行中课

07：30—08：30　洗漱后统一用早餐。

08：30—09：30　参观西夹荒生态旅游度假区，了解其优质的自然资源、独特的地理位置，考察村落的建筑美，感受其与自然的和谐搭配。

课程一：自然与社会

课程二：乡风与民俗

09：30—10：30 参与植树，栽种公益林，留住绿水青山。

课程一：树木对环境保护的重要性

课程二：树种认知

课程三：植树技巧

体验教学法   环境保护

10：30—11：00 草编体验，讲解并演示传统工艺的制作，体会生活的不易，珍惜当下的幸福。

课程一：了解传统手工

课程二：动手制作草编工艺品

11：00—11：40 制作体验，学习制作地道的大煎饼、磨小豆腐，为父母献上一份爱的礼物。

课程一：煎饼制作

课程二：小豆腐制作

11：40—12：00 举行闭营仪式。

（1）主持人开场（2）总结发言

（3）研学评比（4）物品回收

互动教学法   乐学善学

12：00—13：30 前往玛珥湖餐厅用午餐，品尝东北特色餐。

13：30—16：30 西夹荒—长春八中（221km，车程预计3小时，途中于康大营服务区休息15分钟）。

带着美好回忆返回八中，结束本次研学旅行活动。

行后课

学生将研学的问题和成果进行梳理、提炼，并通过PPT、视频、调查报告、图表、诗画等方式汇报展示。

学校或班级可以通过举办研学旅行研究报告会、征文、摄影、绘画比赛等后续活动，巩固研学实践成果。

案例3

红光村、马鞍山村学农研学

党的二十大以来，习近平总书记多次发表有关劳动教育的重要论述，强调把劳动素养、劳动观念、劳动精神、劳动能力、劳动态度与品质培养放在同等重要位置；赋予了劳动教育新内涵，丰富了新时代劳动教育体系。本次社会实践活动根据学校教育目标，针对高中学段学生特点，以日常生活劳动、生产劳动和服务性劳动为主要内容开展劳动教育，结合产业新业态、劳动新形态，注重劳动实践效果。

实践行程安排

第一天

07：00—08：30　长春市第八中学集合，乘车赴研学基地。

08：30—10：00　到达红光村。参观红光村村史馆；参观稻田文化展厅；参观稻田公园，了解水稻种植。

10：00—11：00　朝鲜族非遗民俗体验；朝鲜族饮食文化体验。

11：00—11：30　乘车前往国家级美丽乡村马鞍山村。

11：30—12：30　餐厅午餐。

12：30—13：30　办理入住，整理内务。

13：30—14：30　走进九台区红色教育基地红色印记展厅；走进九台区红色教育基地罗明星事迹展厅。

14：30—15：10　参观马鞍山村史馆，感受乡村振兴伟大变革。

15：10—16：30　课程：山野菜小课堂。

16：30—17：30　餐厅晚餐。

17：30—18：30　休息。

18：30—20：00　篝火晚会。

20：00—21：00　洗漱、就寝。

第二天

07：00—07：30　起床、洗漱，收拾行李。

07：30—08：30　餐厅早餐。

08：30—10：00　餐厅美食制作——包山野菜包子。

10：00—10：30　课程：乡村振兴分享会。

10：30—11：30　查房评比、退房。

11：30—12：30　餐厅午餐。

12：30—14：00　公园，重走英雄路。

14：00—16：00　种植田，种植劳动实践。

16：00—17：30　乘车返回学校。

二、组织三个礼

(一)入校礼

新生入学,是每个学生学生阶段重要的节点,也是对学生思想教育最好的契机。因此,学校的育人活动非常有必要抓住这个时间节点,激发学生成长的"内驱力",提升学生的责任与担当意识,放飞学生的梦想,厚植学生的家国情怀。

1. 时间安排

新生开学第二周周五。

2. 课程实施

活动由校德育处统筹安排,高一年级部承办。

3. 基本礼程

序曲:学生文体表演

第一项:升国旗,奏唱国歌

第二项:学校领导、班主任及科任教师为新生佩戴校徽

第三项:学校领导为新班级、新集体授班旗

第四项:新生和学长代表发言

第五项:封存同学们写给三年后的自己的书信

第六项:校长致辞

第七项:合唱校歌《八中——梦想开始的地方》

案例

青春新起点，梦想正扬帆

——长春市第八中学2023级学生入校礼

日月不淹，春秋代序，岁月峥嵘，高天流云，大地流金。不待扬鞭自奋蹄，青春逐梦正当时。9月1日上午8点，长春市第八中学2023级新生"青春新起点，梦想正扬帆"主题入校礼在欢快的氛围中拉开帷幕。

本次入校礼学校邀请了长春市教育局党组成员副局长吕德辉、长春市人民政府教育督导室第二责任区责任督学王国华、许丽、李秀英。张洪波校长、顾慧欣书记、袁伟副校长、闫玉波副校长、郝建平主席以及学校部分中层领导、高一全体班主任及科任教师、高一家长代表及媒体朋友出席了入校礼。

开学礼，成长礼。一场有青春的味道、书香的味道、教育的味道、入脑入心的新学期仪式；一场给孩子们带来仪式感与使命感的庄严仪式！步入高中，是学生求学生涯又一个新的起点，也是学生走向成熟，形成正确世界观、人生观、价值观的重要阶段。学校通过"入校礼"展示学校文化的人文品位和人文关怀，这是一项重要的校园文化活动，既能给学生提供一个自我认知和主动融入新生活的平台，又能使他们具有强烈的归属感和主人翁意识，为其今后的学习生活和健康成长起到推动促进的作用。"入校礼"作为校本必修课，是学校课程体系的重要组成部分，发挥了独特的育人功能。本次入校礼采取线上和线下相结合的方式进行。

1.序曲：筑梦·成长·入校辞

▲航模表演　表演者：长春市第八中学航模社团

▲民乐合奏：《青花瓷》　表演者：长春市第八中学民乐队

▲电子乐队表演：《平凡之路》《无名之辈》

表演者：长春市第八中学电子乐队

▲舞蹈：《美丽中国》　表演者：高一年级舞蹈社团

在老师的带领下，全体高一学生齐声高喊口号和入校辞。

2.八中学子口号

笃行养正，追求卓越，奋发有为，强国有我。

3.八中学子入校辞

天行健，君子自强不息。

我们是，祖国最强最美接班人。

4.升国旗，奏唱国歌

5.为新生佩戴校徽、为新集体授班旗

长春市第八中学是一所积极进取的学校。我校校徽以蓝色为主色调，蓝色象征着蓬勃的生命力，代表着同学们旺盛的青春活力，寓意着健康快乐，象征着文明和谐。佩戴上校徽，希望全体高一新生能够做文明学生，成人成才，回报家庭、学校和社会。

班旗是荣誉的展示，是团队的象征。这十五面活力四射、寓意深远的班旗，凝聚了每个班级的智慧和心血，是15个班集体各自升起的一面奋斗的旗帜，希望每个集体接过班旗后，能够树班风、扬班威，展示集体新风貌，寄予班级新希望！

6.高三学生代表高三2班刘思聪同学和新生代表高一3班闫瑞桐同学共同发言

红日初升，其道大光；河出伏流，一泻汪洋；八中学子，自立自强；走向成熟，追逐梦想；时光荏苒，懵懵懂懂，我们曾挑灯夜战；岁月穿流，兢兢业业，我们将携手前行。美好的八中梦，我们来圆；执着的八中人，薪火相传。

7.封存写给三年后的自己的书信

带着一丝忐忑，怀着美好的憧憬，我们迈入了八中的校门，开始了一段崭新的旅程。我们清楚，前行的道路，不会是一帆风顺。知识的广博深奥，青春的苦闷彷徨，都将伴随着我们的成长。但我们相信，只有千锤百炼，才能振翅翱翔！今天，我们在彩色的信笺上，记录我们的初心，书写我们的信念理想，并把它封存在纪念箱中。三年后，再展信笺，愿我们所有的梦想都能如愿以偿。愿高中三年，成为我们生命中最璀璨的年华，最鼎盛的时光。

8.张洪波校长致辞

"养根育魂，铸就幸福人生。"在开启高中生活的特殊节点，张校长向全体师生分享了三个关键词。第一个词汇是教育，培养学生人文精神，即让学生本体变丰满，即三观要正、人格健全而丰富。

第二个词汇是目标，需要找到自己真正感兴趣并愿意为之奋斗一生的事，当然我们的志趣越崇高，奋斗的动力越强大。第三个词汇就是成功，人生的成功就两步，第一步开始行动，人生的多少美好都在犹犹豫豫中失去，第二步就是坚持行动。

9. 合唱校歌《八中——梦想开始的地方》

薪火相传，我们高举知识的火把，点燃青春的梦想；播撒文明，我们紧握手中的舵盘，指引前进的航程；寒来暑往，我们倾注满腔的热情，培育新生的力量；斗转星移，我们奉献全部的心血，铸就事业的辉煌。长春八中，是梦想开始的地方。

金色的九月，大地飞歌，歌唱理想，歌唱生活，歌唱硕果累累的季节，歌唱芬芳四溢的青春岁月。激情如海，我们满怀信心拥抱未来；高歌猛进，我们昂首阔步继往开来！"入校礼"在歌声中落下帷幕。

学校教育需要有仪式感，好的教育仪式可以收到事半功倍的效果。心里、眼里有学生，一切从学生的需要出发，教育才会充满无穷无尽的创造灵感，才会达到育化心灵、润泽生命的教育境界。相信我们的学生会深刻地记得这场盛大的入学礼，在一次次的洗礼中汲取精神力量，将正知正觉正能量融入灵魂深处，成为祖国最"强"最"美"的接班人！

附：张洪波校长在2023级学生入校礼上的讲话

养根育魂，铸就幸福人生

长春市第八中学校长　张洪波

尊敬的各位嘉宾、各位家长，亲爱的老师和同学们：

大家好！

今天我们在这里隆重举行了2023级新生入学仪式。首先，我谨代表长春八中全体师生员工，向高一新生表示热烈的欢迎，向培养你们的老师、家长和亲友们，致以诚挚的感谢，向一直关注、支持八中发展的各级领导、社会各界朋友表示亲切的问候！在此，也诚挚地感谢各位媒体朋友，八中的发展永远有你相伴。同学们，人生说是漫长，因为它有三万多天，但关键的就是几个节点，人生说也短暂，因为三年的高中时光也会转瞬即逝。在你们开启高中生活的特殊节点，作为你们的校长，今天要和大家分享三个关键词。第一个词汇是教育，这是个让我们所有人既快乐又纠结，但谁也躲不开的词汇。同学们，你们认为教育的核心应该是什么，关于这个问题，八中的答案是培养学生人文精神，即让学生本体变丰满，即三观要正、人格健全而丰富。解题、技能等都是它的次生品。北京22中的孙维刚老师，他从初中把一个班级带到高中，有55%的学生考入清华、北大，他成功的经验就是将80%的精力投入到做班主任工作，教孩子怎么做人，让孩子本体健全和丰满就是他成功的经验。我们做个极端思考，不管你技术有多好，本事有多过硬，如果没有健全的人格，心中没有正确的是非观，能做谁的接班人？最早孔子倡导的教育不是专业教育，不是技术教育，而是文明教育，把人教育成文明人，这就是教育的最原始的功能，我们国家现在确立的教育根本任务是立德树人，它就是人文思想的精髓，是对教育本真的回归。现在有一批社会公知，在倡导知识无国界，科学无国界，请问西方的科技成果给我们分享吗？花钱买都不卖，我们要摒弃这些言论，我们八中要培养的就是又强又美的社会主义接班人。第二个词汇是目标，在同学们的成长中，不论是家庭、学校还是社会，让孩子励志学习时都愿意说一句话：努力学习吧，学习可以改变生活，改变命运。在这种信念驱动下成长起来的孩子，学习成绩可以很优秀，但当生活达到中产阶级，几乎就是他们成长的天花板了，很难有再大的成就。美国宾夕法尼亚大学一个心理学教授，她做了很多研究，在这和平的年代，最后发现影响成功最重要的因素不是智商，也不是情商，而是毅力，但毅力不是盲目地吃苦，而是需要找到自己真正感兴趣并愿意为之奋斗一生的事。当然我们的志趣越崇高，奋斗的动力越强大。第三个词汇就是成功，人生的成功就两步，第一步开始行动，人生的多少美好都在犹犹豫豫中失去。第二步坚持行动。有一组数据很有道理。$1-0.01=0.99$，$1+0.01=1.01$，这中间的差距微乎其微。但是1.01的365次方约是37，0.99的365次方约是0.33。这两个数字都与"1"差0.01，看似微乎其微，但365次方之后，就相差一百一十多倍。那么三年1095天，又该差多少倍？这个0.01就是每天多演算两道题，每日多一次反思，每日比别人多做十分钟有价值的事，这0.01就是平庸和优秀之间的差距，这就是考清华北大和考三本的区别。同学们，生命的长度是有限的，但生命的宽度是无限的，我不想用豪言壮语结束我的讲话，只想把我很喜欢的现代诗人汪国真的一首诗《热爱生命》送给大家："我不去想是否能够成功／既然选择了远方／便只顾风雨兼程……我不去想身后会不会袭来寒风冷雨／既然目标是地平线／留给世界的只能是背影／我不去想未来是平坦还是泥泞／只要热爱生命／一切，都在意料之中。

（二）毕业礼

学生毕业是每个学生学业历程最重要的时间节点，也是高中教育重要的收口工作，它是每个学生的人生转折点，也是新起点。学校认真举办毕业礼，是给学生们上的最后一节课，是点亮学生未来成长的航标，也是学生新征程的起点。八中的毕业礼，不是给学生的成长画句号，而是带着学生憧憬未来。输送给学生自主生长的动力，为培养奉献国家的高素质人才奠基。

1. 时间

每年高考之后第二天（6月9日）。

2. 课程实施

由校德育处统筹安排，高三年级部承办。

3. 基本礼程

序曲：文体表演

第一篇章：

全体起立，奏唱国歌。

副校长宣读毕业生名单。

学校领导、老师为毕业生代表颁发毕业证书、佩戴毕业徽章。

第二篇章：

家长代表和学生代表共同表达心声。

高三年级主任带领班主任为毕业生送上祝福。

各班班主任、班长将班旗和毕业生写给20年后的自己的书信放入毕业纪念箱。

第三篇章：

校长为高三全体毕业生致辞。

领导为高三全体教师授毕业纪念印章。

高三毕业生代表为高三全体教师献花献礼。

合唱《二十年后再相会》。

案例

为成长喝彩，为逐梦壮行

——长春市第八中学2023届学生毕业礼

杨柳吐翠，槐蕊飘香，又是一年毕业季，又是一年青春筑梦时。

2023年6月9日下午18：28，长春市第八中学在操场举行2023届以"为成长喝彩，为逐梦壮行"为主题的毕业礼。长春市教育局体育卫生与艺术教育处处长徐爱民、长春市教育局校外教育培训监管处处长李舒悦莅临活动现场，张洪波校长、顾慧欣书记等六位校领导、部分中层干部、全体高三老师、学生和家长出席毕业礼，共同打造感动又难忘的"专属记忆"。本次毕业礼由高三德育主任杨凯和高三4班孙千贺同学主持，"长春八中校长工作室""一点资讯""长春教育帮""吉林高考直通车"等直播平台同步直播。高一、高二年级同学通过线上直播全程参加活动。

1. 序曲

校民乐社团带来乐器演奏《战台风》《采薇》。

2. 第一篇章：破茧成蝶，蓑羽展翅，为成长拼搏

（1）全体起立，奏唱国歌，熔铸家国情怀。

（2）王晶副校长宣读长春市第八中学2023届毕业生名单。

（3）重温入校时的梦想。

（4）张洪波校长、顾慧欣书记为2023届优秀毕业生代表颁发毕业证书、佩戴毕业徽章。

3. 第二篇章：翱翔九天，鹏程万里，为逐梦壮行

三年历练，少年幻想变成了青年哲思，豆蔻情怀包容了远大理想。同学们在八中度过了一段值得用生命去铭记的时光，在这段时光里，有拼搏的汗水、有青春的记忆、有光阴的故事、有生命

的轨迹。父母恩，海水不能测其深，同学们在父母的呵护中学会了感恩。父亲慈祥的面容、母亲温柔的眼神，时刻提醒着学生要好好做人。

（1）家长代表高三3班马艺萌同学的母亲宋屿竹女士和学生代表高三15班李尚檬同学共同表达心声。

三年磨剑试身手，一朝折桂念师恩。三年的朝夕与共，付出最多的就是班主任老师。今天学生就要离家远行，逐梦扬帆，老师们心里有牵挂、有不舍，更有对学生的最真挚祝福。

（2）高三年级王朝晖主任带领15位班主任为毕业生送上祝福。

（3）各班班主任、班长将班旗和毕业生写给20年后的自己的书信放入毕业纪念箱。

4.第三篇章：不忘师恩，不忘母校，为未来喝彩

忆往事，携手相应相求，难说再见；看明朝，祈愿砥砺前行，征程漫漫。谋事在人，风华正茂意气宏；天道酬勤，胸藏文墨唱大风。

（1）张洪波校长为2023届高三全体毕业生致辞——《锦绣中华，强国必有我》。

参会嘉宾徐爱民、李舒悦、张洪波校长、顾慧欣书记为高三全体教师授毕业纪念印章。

（2）高三毕业生代表为高三全体教师献花献礼。

奋斗的青春，激荡着斑斓的梦想，一路向着未来飞翔，与时代同步，与美好比肩，你们无愧于时代的栋梁！

再过20年，你们再相会！那时的你们要做"铁肩膀，硬脊梁"，为民族铸魂，为国家增光！

（3）李强老师、高三3班马艺萌、高三6班沙芮吉演唱歌曲《二十年后再相会》。

一支粉笔，指点知识王国的迷津；一块黑板，记下比海还深的真情；三尺教鞭，挥向通往理想境界的途径；一块讲台，映照着园丁浇灌鲜花的艰辛。

六月，阳光灿烂，校园的日子化作轻轻的风轻轻的梦轻轻的朝朝夕夕；六月，百花盛放，最美的时光变成淡淡的泪淡淡的笑淡淡的那年那月。恩师的一言一行，一点一滴都将深深地烙印在学子年轻的心上；母校的一草一木，一石一瓦都会深深地镌刻在学子青春的心房。长春八中祝愿莘莘学子打点行装，载着学校、恩师的祝福和家长的嘱托奔赴八方。

附：张洪波校长2023届毕业礼致辞

锦绣中华，强国必有我

尊敬的各位领导、老师、家长，亲爱的同学们：

大家好！

在这祝福、感谢承载着殷切嘱托如期而至的毕业季，我也无法脱俗。作为你们的校长，心中百感交集，千言万语也要化作此刻的祝福和感谢。首先，我谨代表学校，向圆满完成学业、顺利毕业的你们，送上热烈的祝贺！向为你们成长、成才付出辛勤劳动的全体教师及家长表示衷心的慰问！向关心、支持八中的各级领导、社会各界人士表示诚挚的感谢！

同学们，毕业礼既是庆祝的仪式，也是惜别的仪式。完成高中学业，手捧毕业证书，不只是欣喜，更意味着开启18岁成人后的独立生活。校长今天的致辞，不再回味寒窗苦读和校园温情，师生间的拥抱，眼中充盈的泪，已经说清我们的一切过往。今天，在你们远行的起点，我们放眼前程，只话未来。

你们生逢盛世，处于世界发展的节点，世界百年未有之大变局，就是东西方文明的碰撞、更迭、交融。就是以我们国家为代表的新兴国家改变世界传统格局，翻越"中等收入陷阱"。

在这大变局中，我们不能把发展寄托在别人的施舍上，美国到处都说欢迎中国融入国际发展体系，但实际上他们只期望中国人永远为他们生产廉价生活用品，在他们的行动中，美国GPS、月球计划、国际空间站、大飞机、芯片等所有敏感的尖端科研都把中国排除在外。现在售价只有500万美元的隧道盾构机，当年我们在修西康公路的时候，德国卖给我们每台1亿美元，维修的时候自带专家，看都不让我们看。

中国的发展也不能寄希望于国运，这个世界真的没什么国运，有的只是无数个人选择下的命运，汇聚成的人定胜天，国运这个肤浅的词汇太能轻易否定历史细节里所有的牺牲与付出，没有所谓上天注定的国运，有的只是转瞬即逝的机遇和善于把握机遇的民族和国家。中华民族的今天和明天，能靠的只有一代又一代中华儿女前赴后继筚路蓝缕，撸起袖子加油干。

有人称当代青年为"后浪"，就是"心里有火，眼里有光"的一代，19岁的陈祥榕披甲边防，桂海潮等一批80后把飞船送入太空，将蛟龙潜到深海，我可预见，总爱迟到的诺贝尔奖，它会迟到但不会缺席，二三十年后，定会全面拥抱东方文明。未来的1000年也必将是盛世中华。

华夏民族的生生不息，是一代人接一代人的长征，是一代人传承一代人的使命。00后的你们，更是肩负着承前启后、继往开来的家国担当、时代重任，校长送给你们的毕业赠言就是——

做强的人，更要做美的人。这强和美就是待人有责任、工作有本领、生活有梦想、生命有激情。既要体验地气之纯，又要绝不染市景之俗；既要听从党和国家之召唤，又绝不沉浮权势和金钱之使唤；既要有"不独亲其亲，不独子其子"的大爱之心，又要有"苟利国家生死以，岂因福祸避趋之"的赤子之情；既努力去做能顶千层大厦之栋梁，也可做一颗小小的螺丝钉。

做一个脚踏实地的人。自然万物有小大之辩，人亦如此。人的心中有大我和小我，人生也有大家和小家，修身齐家才能治国平天下。更多的深意我不去谈，同学们一定要身强体健，这不仅是人们常说的"1"和"0"的关系，健身更是人生最好的品行修炼场。要经营好自己的小家，因为它是每个身心忙碌者最后的港湾，更是国家、民族和谐美好的基础。治国平天下，对于个体而言，就是要认真对待事业，事业不仅关系到个人生活的幸福指数，更是成就中华伟业的基石。

做一个灵魂有趣的人。人怎么认识世界，就会怎么改造世界，你的灵魂就决定你走什么路、怎么走路、和谁一起走。人活在这个世界上，生命的长度是有限的，但灵魂的宽度是无限的，灵魂高贵的人，无论身处怎样的环境，都随时随地有感知幸福的能力。灵魂丰盈则精神饱满，意志坚定，生活就会处处充满阳光。童心不泯，才能沿着既定的方向去努力追寻真善美，不迷茫，不困惑，有思想，有梦想，哪怕顶风冒雨也会勇往直前，即便走过一生，归来仍是少年。

鲁迅先生曾说："感谢命运，感谢人民，感谢思想，感谢一切我要感谢的人。"同学们，今天长大成人，学成毕业，内心也一定有很多感激。校长想说的就是记住今天，记住母校，树枝不管多长它都连着树根，记住了母校，你们走到天涯海角，都会找到归乡回家的路。

最后，再次祝贺各位同学，学成毕业。愿你们前程似锦，与这盛世中国同步踔厉奋发，谱写生命的华章。

（三）成人礼

十八岁成人，在人一生的成长过程中，是最重要的节点，不仅意味着长大，更应该意味责任和担当，在这个重要节点，学校应该教育孩子懂得感恩，引导和帮助学生规划人生和制定发展目标，明确社会责任与义务，使之成为合格的社会主义建设者和接班人，然而，传统的成人日，就一天，一个活动不足以实现孩子成人应该达到的育人目标，因此，我校把成人日提格为成人季，由一天一项的活动发展为18天五项活动。

1. 时间

每年10月1日至10月18日。

2. 课程实施

校德育处统筹、高三年级部承办。

3. 基本礼程

第一篇：感恩篇

陪祖辈吃一顿饭，为父母洗一次衣服。

现在的孩子大都是由祖辈带大，成长过程都是父母在照顾，在孩子成人这一特殊的日子，反馈祖辈、回报父母，虽然事小，但意义重大。

第二篇：励志篇

明确自己的生涯目标、座右铭。

在成人季，学校要求学生再一次客观审视自我，我的生涯规划目标是什么，我的座右铭是什么。说出来，展示在展板上。

第三篇：反思篇

总结出自己最大的优点和缺点。

优秀都是反思出来的，在成人的日子，正确认识自己，准确定位自己，是每个孩子成长最重要的任务。

第四篇：洗礼篇

第一项：奏唱国歌

第二项：教师代表、家长代表讲话

第三项：领导、老师为全体高三同学加冠、赠《中华人民共和国宪法》

第四项：朗诵《成人颂》

第五项：校领导讲话

第六项：全体高三同学面向国旗宣誓

第七项：齐唱歌曲《我相信》

案例

长春市第八中学2021级"感恩成长，对话未来"成人季活动

火红的青春点燃梦想，激情的岁月放飞希望。18岁是对懵懂幼稚的告别，18岁是与成熟稳健的相约，18岁绽开生命最灿烂的微笑，18岁奏响人生最美妙的旋律。为牢记习近平总书记关于青年的殷殷嘱托，激发青年的爱国主义热情，强化成人意识，引导和帮助学生规划人生发展目标，明确自身社会责任，长春市第八中学将金秋十月定为"成人季"，在高三学子中开展为期18天，别开生面、感人至深的系列活动。同学们通过实践与反思，深刻感受到18岁对自己的意义，在思想上得到转变，在精神上受到洗礼。

此次成人季系列活动，主要分"感恩篇""立志篇""反思篇""洗礼篇"四个篇章展开。在每个篇章活动中，全体同学都通过自己具体的行为去感恩父母、敬爱祖辈；确立人生座右铭，规划生涯目标；认真反思自己的优缺点，扬长避短，努力调整自己的步伐，用最热烈的青春为理想而战，为祖国发展和社会进步奉献自己的力量。

1. 感恩篇

"青春当如何，方有为？"在宣传视频中，一群逐梦的学生，他们的经历虽然各不相同，但却有着一个共同的梦想——实现自我价值。八中学子会在学习的余暇时间，帮助父母打扫卫生、做饭，承担家庭成员应有的责任，展现了不同领域所绽放的"成人之美"。

具体任务：（1）主动陪长辈吃一顿饭；（2）主动为父母洗衣服。

完成时间：10月1日——18日

2. 立志篇

十八岁是成熟的标志，我们将不仅仅是一个自我，更是中华民族的新一代青年，是希望，是未来，是力量，是脊梁！十八岁，我们可以更加正确地认识自己的优点和缺点，扬长避短，使自己更加自信；十八岁，我们努力调整好自己的步伐，用最热烈的青春为理想而战。

具体任务：（1）确认人生生涯目标（职业方向）；（2）确立人生座右铭。

完成时间：10月1日——18日

3. 反思篇

十八岁的我们风华正茂，书生意气。穿过"成人门"，预示着我们从此翻开了人生全新的一页。告别了浮躁、冲动和脆弱，迎来了沉稳、睿智和坚强；告别了无知、幼稚和幻想，迎来了充实、从容和高昂！

具体任务：（1）以成人的庄严总结自己最大的优点；（2）以成人的担当梳理自己最大的缺点。

4. 洗礼篇

2023年10月18日下午15：00，长春市第八中学隆重举行高三年级"感恩成长，对话未来"成人季洗礼篇活动，总结为期18天的成人季活动成果，同学们通过实践与反思，深刻感受到18岁对自己的意义，高三学子共同度过十八岁生日。出席活动现场的领导有顾慧欣书记、袁伟副校长、王晶副校长、郝建平主席还有部分中层领导、家长代表和高三全体教师。

（1）奏唱国歌。

（2）教师代表杨帆主任、高三15班吉煜静家长吉志伟先生讲话。

（3）领导、老师为全体高三同学加冠、赠《中华人民共和国宪法》。

（4）张婉桐、曲耘汐、刘宇航、刘润泽四名同学带来《成人颂》。

我想成为一名作家，用热爱与正义书写纸墨华章。

我想成为一名法官，用信念与勇气捍卫宪法的权威。

我想成为一名教师，用真情与责任拼尽岁月繁华。

我想成为一名飞行员，用担当和生命守护祖国蓝天。

四位同学高喊自己的职业目标，并且与现场同学互动。全场同学大声喊出自己的职业目标，活动气氛达到高潮，嘹亮的喊声，让我们动容，深切感受到青年一代追求梦想的力量。八中学子要用具体的行动去践行诺言，既要仰望天空，更要脚踏实地。

（5）王晶副校长讲话。

（6）全体高三同学面向国旗宣誓。

从今天起，我们是与父母并肩作战的战友，学会感恩，善待家人，悉心照料年迈的祖辈、辛勤的父母。

从今天起，我们应该从象牙塔里走出来，实事求是地认清自己的优势和劣势，转变成一个未来的社会求职者。

从今天起，我们成了国家的主人，努力挖掘自我潜能，增强个人实力，脚踏实地成长为建设祖国的中坚力量。

从今天起，我们肩负着国家兴亡，用青春奋斗托起中国未来，接好实现中华民族伟大复兴的接力棒，谱写出经得起历史和人民检验的精彩篇章。

（7）齐唱歌曲《我相信》。

18岁，代表青春，代表激情；18岁，代表成熟，代表责任。我们将以青春之我，创建青春之国家，我们是祖国的未来、民族的希望，社会主义现代化的目标将由我们来实现。

八中在每个学子三年的学习生活过程中,会送给孩子三个仪式:第一个仪式就是入学典礼,第二个仪式就是成人礼,第三个仪式就是毕业礼。相信这样的三个仪式,一定会在八中学子学习生活中留下最绚烂的一笔。

三、开好四个会

(一)怡心会

放松心情,缓解压力,通过训练项目,让学生充分了解自己的能力,提高自信和解决问题的能力。通过团队协作,完善学生人格,培养学生的勇气、毅力、责任心和荣誉感,进而培养学生正确的人生观和价值观。

1. 时间

每年五月份。

2. 课程实施

临近高考,学生都很焦虑,通过购买社会服务,为45个班做团训,坚持每年开展一次之心理"韵"动会。

(1)第一届:活动项目

1)毛毛虫总动员

2)穿越城堡

3)鱼跃龙门

4)铁甲战车

（二）健体会

1. 课程目标

展示学生体育特长，增强学生体质，帮助学生享受乐趣、健全人格、锤炼意志。寓教于乐，加强班级凝聚力，营造健康向上的校园体育锻炼氛围。

2. 时间

5月份、6月份、11月份。

3. 课程实施

每学期5月份开展平板支撑PK赛、6月份开展全员座位操赛、11月份进行跳绳PK赛，以适合班级为单位参加的集体项目，鼓励学生将体育锻炼融入日常生活，强身健体，健康学习生活。

案例

"舞动青春，秀出精彩"主题座位操比赛

春风浩荡满目新，扬帆奋进正当时。2023年春季学期的学习生活进入稳中有进的阶段，同学们如初升的朝阳，不断积蓄能量，等待着将光和热洒满大地的时刻。我校致力于全面落实"立德树人"根本任务，坚持"养根守正"育人初心，开展"五彩三杠"特色活动，学校举办以"舞动青春，秀出精彩"为主题的座位操比赛，旨在进一步丰富学生的课余生活，陶冶学生的情操。

本次座位操比赛评委阵容强大专业，他们是闫玉波副校长、德育处赵丽主任、王惠民主任、杨帆主任、团委书记杨佳、值周老师迟大巍、林跃文、张鹏、音乐老师温中正、体育老师孙艺萱、语文老师薄紫月，采用匿名投票的打分方式，从精神风貌、动作编排、整齐程度、现场氛围、创意设计等维度进行评分。赛前，同学们利用大课间等课余时间勤加练习，编排座位操的创意动作，不断提高团队默契，从挑选音乐到统一服装，每个环节都精心设计，为比赛展示做足准备，为集体荣誉奋勇争先。

2023年3月28日，长春市第八中学德育处联合高一年级，举办了高一年级座位操比赛，比赛顺序为高一（1）班至高一（15）班。各个班级选取了风格不同的背景音乐，编排了丰富多彩的创意动作，同学们热情洋溢的青春之姿展现了高一年级昂扬向上、积极饱满的精神状态，评委们对高一年级的座位操表演给予了充分的赞扬与肯定，并对高二年级的展示期待满满。

2023年3月30日，长春市第八中学德育处联合高二年级，举办了高二年级座位操比赛。虽有高一座位操的精彩表现珠玉在前，高二年级也毫不逊色。高二年级的同学们经验丰富，自信昂扬，独具匠心地运用各种道具为表演增光添彩，可谓惊喜连连。

长春市第八中学首届"舞动青春，秀出精彩"座位操比赛完美结束，此次活动充分演绎了长春市第八中学莘莘学子饱满昂扬的精神风貌和热情洋溢的美好青春。在座位操比赛中，师生共学、共赏，寓教于乐，既加强了班级凝聚力、向心力，又提高了学生欣赏美、创造美的能力，他们在愉悦向上的校园文化环境中活泼健康地成长，形成了良好的校园文化氛围。一个国家的进步，镌刻着青年的足迹；一个民族的未来，寄望于青春的力量。新时代新青年要继续发扬蓬勃的青春之姿，身体健康，学业进步，精神富足，以青春之我建设青春之祖国，以奋斗之我创建美好未来！

（三）红歌会

爱国教育、警示教育是学校思想教育重要组成部分，学校利"五四""一二·九"这两个重要的纪念日，高一和高二分别开展红歌会，通过红歌会不仅激发了学生爱国的革命热情，同时增强了班级凝聚力，进一步促使学生将小我融入大我，让个人成长与国家发展同频共振。

1.课程时间

5月4日、12月9日。

2.课程实施

活动由学校德育处组织，高一学生参加"一二·九"红歌会，高二学生参加"五四"红歌会。活动都是以班级为单位，进行红色歌曲比赛。

案例1

长春市第八中学纪念"一二·九运动"暨"传唱红色经典，传承爱国精神"红歌合唱大赛

以浩气锤炼飒飒长剑，以碧血铸就巍巍丰碑。为弘扬"一二·九"精神，铭记先辈遗志，紧随历史潮流，担负历史重任，2023年12月14日下午，长春市第八中学德育处、团委携手高一年级部举行了"一二·九运动"暨"传唱红色经典，传承爱国精神"红歌合唱大赛，在"一二·九"来临之际，用最嘹亮的歌声，献上最深情的礼赞。

本次比赛，高一全体师生用最饱满的热情积极筹备，各班同学在班主任老师的指导下，齐心协力，群力群策，展示了良好的班风班貌。在练习中，通过不断磨合，使同学之间的默契度不断加深，歌唱水准不断提高。通过红歌合唱比赛，同学们收获了友谊，凝聚了人心，增强了团队精神。张洪波校长、顾慧欣书记、袁伟副校长、王晶副校长、郝建平主席、部分校中层干部、高一年级教师、全体学生参加了本次活动。现场气氛热烈，掌声不断，承载着家国爱、民族情。

整场比赛，每个班级都精心选取合适曲目，统一着装，声音洪亮，表演精彩，为全校师生带来一场视听盛宴，活动最后，校领导为荣获奖项的班级颁奖。

历史的长河滚滚，流不尽我们对先辈的敬仰；历史的长河滚滚，带不走我们建设祖国的决心。伴随着一曲曲激昂振奋人心的歌曲，我们又一次重温了中华民族前进的历史足迹。回首过往，那是一路挥洒的万丈豪情；凝望品读，那是一首绵延壮丽的史诗。我们是未来的新主人，我们是新时代的开创者。我们将以史为鉴，刻苦学习，发愤图强，请党放心，强国有我，为实现中华民族伟大复兴的中国梦而努力奋斗。

案例2

2023年"凝聚青年力量，绽放时代芳华"五四红歌大赛

五月的阳光红艳似火，五月的歌声催人奋进。为弘扬五四精神，传承责任使命，用"中国梦"激昂"青春梦"，以理想信念续写青春华章。2023年4月28日下午，长春市第八中学德育处、团委携手高一年级部举行了"凝聚青年力量，绽放时代芳华"五四红歌大

赛，在五四来临之际，用最嘹亮的歌声，献上最深情的赞歌。

比赛场上，同学们神采飞扬，歌声嘹亮，用动人的歌声，道尽对祖国和人民的浓浓深情。熟悉的旋律，演绎着时代的激情，传递着情怀不改的真挚。同学们用歌声抒发爱国深情，立志在新征程书写新篇章。活动最后，领导们为荣获奖项的班级颁奖。

百年风雨兼程，神州大地描绘了一幅又一幅精美的画卷。见证沧海桑田，祖国山川谱写着一页又一页辉煌的篇章。千年的历史积淀，东方奇迹筑起了一座又一座灿烂的丰碑，总有一种生活让我们向往，总有一种力量让我们奋进，总有一种精神让我们昂扬。

(四) 音乐会

音乐不仅可以陶冶情操，欣赏美好，表达情怀，释放压力，更是高中美好生活的一部分，为此我校利用周五晚餐休息时间组织开展音乐广场活动，学生自愿参加。此外，学校还利用元旦迎新之际，组织校园音乐会。

1. 时间安排

艺体广场，每周五晚餐休息时间。

新年音乐会，12月30日下午。

2. 课程实施

周末艺体广场，由学校团委组织，学生自愿报名，其他学生自愿观看。

新年音乐会,由学校德育处组织,部分学生现场参加,其他学生观看。

案例

"绽放青春梦想,谱写新春乐章"2024年新年音乐会

新的钟声,新的一年,如歌如梦;

新的祝福,新的期待,如诗如画。

日月开新元,天地又一春。回首往事,我们激情澎湃;展望未来,我们豪情满怀!节日的欢声笑语,寄托着我们对阖家团圆、血脉亲情的守候。

带着对未来新春的祝愿,带着对幸福美好的向往,我校于2023年12月29日15:00在五楼多功能厅举行"绽放青春梦想,谱写新春乐章"长春市第八中学2024年新年音乐会。张洪波校长、顾慧欣书记、袁伟副校长、王晶副校长、郝建平主席、部分校中层干部以及高一高二年级教师和同学也参加了本次活动。

此次活动,采取线上和线下同步进行的方式,活动现场由长春教育帮视频号、一点资讯、成长在吉林、掌上小书包、慧升学全程直播。

踏着青春的节拍,我们向春天走来,一路欢歌,一路笑语,万物也在翘首期盼中安稳抒怀。此时此刻,我们相聚在这里,满怀感恩,携手告别令人难忘的2023;此时此刻,我们相聚在这里,整理记忆,

共同迎接令人憧憬的2024。

1. 张洪波校长新春致辞

2. 舞蹈表演：《一路花开》

表演者：王星雅、王婷懿、徐嘉蔚、梁彧宁、刘雨婷、秦韵涵、高子惠、华绮研、沈淇文、郭佳佳、郭伽琳、徐嘉蔚、汪煜橙、黄博乔

3. 民乐合奏：《花好月圆》

表演者：刘真瑞（竹笛）、王绮悦（竹笛）、李松霖（二胡）、付东昊（二胡）、李欣悦（二胡）、迟燃歌（琵琶）、王俏然（琵琶）、尹馨瑶（古筝）、徐单洋（古筝）、吴艾阳（古筝）

4. 古筝合奏：《丰收锣鼓》

表演者：尹馨瑶、徐单洋、吴艾阳

5. 电子乐队：《海阔天空》《活着viva》

表演者：白那秦（主唱）、杨朝晋（电吉他手）、李峦麒（键盘）、王首涵（吉他手）、张晋唯（鼓手）、战鸿赢（电吉他）、焦琳轩（吉他手）、田雨萌（电鼓手）、钱相宇（吉他手）

6. 重唱：《好运来》

表演者：温忠正老师、黄金豆

7. 合唱：《我爱你中国》

表演者：全体演职人员

年年岁岁，花开花谢；朝朝暮暮，云卷云舒。新的一年开启新

的征程，新的空白承载新的希望。告别今日，我们将站在新的起点；展望明天，我们将绘制更加壮丽的七彩画卷。让我们今日再一次种下胜利与期望，再一次张开热情的双臂，拥抱即将到来的胜利与收获；让我们携手并肩，再一次眺望远方田野，勇立潮头，续写中华民族伟大复兴新篇章。

附：张洪波校长新年贺词

老师们、同学们：

时光壮阔落笔，岁月浩荡成歌。时间的画卷总是在砥砺前行中铺展，精彩的华章总是在接续奋斗里书写，对于奔跑中的八中人，时光总是走得太匆忙。此时，一个奋斗激情的一年马上就要过去；此刻，又一个充满希望的一年已经向我们走来。在这辞旧迎新的时刻，我谨代表学校领导，向尊敬的各位老师、家长，亲爱的同学们送上诚挚的新年祝福，向支持、关心八中发展的各级领导、社会人士表示衷心的感谢。

过去的一年，八中人笃实、求真，追寻教育规律，走过了奋斗和收获的一年。回首2023，擎使命担当、育时代新人。我们思考实践、再思考再实践，用我们的教育智慧擘画新时代"全人教育"办学导图，"432"融合党建升级版，3+2"和润德育"工作体系，五五六"和怡教学"工作体系。标志性成果：扶学思想、"尖毛草"课程、

"五彩三杠"评价新工具已经在全国传播,影响几百万之众。我们办人民满意教育,育时代新人。学生全面发展,八中师生阳光、自信。办学业绩卓著,虽身为二类学校,但我们可以是长春高考状元,可以是长春市辩论赛第一名,重点大学上线率,2024年有望达到40%,八中的发展速度,是在创造基础教育的奇迹。

展望2024,我们还要风雨兼程,所有的逆袭都是有备而来,所有的幸运都是努力埋下的伏笔,我们八中师生拼搏的样子在我眼中就是最美的风景。

最后,再一次祝愿我尊敬的各位老师身心康健、亲爱的同学们学业进步,我们伟大的祖国繁荣昌盛!

(执笔人:杨　佳　高　宁　王惠民)

第十章
基于生涯信念的学生发展指导体系

生涯教育（career education）又称生计教育，是由曾任美国教育部长的西德尼·马兰（S. P. Marland）博士于1971年提出的一种新理念。他认为生涯教育是一种综合性的新教育计划，其核心是促进人生命历程中的事业发展，主张通过社会、学校的共同努力，解决教育与现实生活、工作劳动相脱节的问题。其重点放在人的全部生涯，即从幼儿到成年，按照生涯认知（career awareness）、生涯探索（career exploration）、生涯定向（career orientation）、生涯准备（career preparation）、生涯熟练（career proficiency）等步骤，逐步实施，帮助学生建立正确的自我观念，借助职业生涯选择、职业生涯规划以及职业生涯目标的追求，实现与个人才能相适应的职业生涯目标，并建立个人的生活形态。在美国联邦政府支持下，这种教育理念迅速发展成为影响深远的教育改革运动，并迅速席卷全世界。目前，美国、英国、日本等国都有完备的职业生涯教育体系。中国的台湾地区也较早进行了尝试。台湾地区教育部在1998年公布的"国民教育阶段九年一贯课程总纲纲要"中,确定"生涯规划与终身学习"为国民十大基本能力之一。

职业生涯教育旨在通过帮助学生进行自我评估,使其了解生活目标、职业价值观、兴趣、能力以及个性特征,并通过对职业及职业环境的认知,最终确定自己的职业目标与发展方向,进而不断完善和提升职业生涯的基础模式,从而发挥学生自主学习、自我发展的内驱力,从根本上提高学生的就业竞争力和职业发展能力。最终实现人职匹配,使个人目标与社会目标相吻合,使个人资源与社会资源充分地、合理地、有效地进行配置与利用,达到个人利益与社会利益的双赢,从而获得更多的人生成就感和幸福感。

生涯规划是指个人根据自身的兴趣、价值观、能力以及外部环境等因素,对自己的职业生涯进行有计划、有目标的管理和发展。它涉及对个人职业道路的选择、职业目标的设定、所需技能和知识的获取,以及实现这些目标的具体行动计划。从短期来看,生涯规划主要指学生在新高考方案出台后该如何选科,三年后的高考志愿该如何填报等。从长期来看,生涯规划包括未来立志于从事什么职业,未来想去哪类城市生活、工作,想实现什么样的人生理想等。

国外学生生涯教育的现状在多个国家有着不同的发展模式和特点。生涯教育现状呈现出多样化和系统化的特点,各国根据自身的国情和教育理念,形成了不同的生涯教育模式。

英国的中小学实践中,有专门培养针对落实学校学生的职业教育和职业规划的志愿监管人员的项目。这表明英国重视将生涯教育融入学校教育体系，并鼓励志愿者参与以提供更广泛的支持。美国的职业生涯教育从六岁开始，有国家职业信息协调委员会（NOICC）负责组织制定职业发展指导方针。美国的生涯教育体系中，学校是主要承担者，提供不同阶段的生涯教育课程或培训活动。此外，美国还有家庭参与项目，如家庭"百宝箱"，帮助家长和孩子进行长期的职业生涯规划。德国的教育管理模式虽然与美国不同，但也重视生涯教育，各州教育行政部门、学区和学校都拥有一定的自主权，可以根据当地情况开展生涯教育。澳大利亚政府通过多种途径支持生涯教育，包括提供资金支持和政策指导。加拿大的生涯教育注重个性化和多元化，学校会提供多样化的生涯规划课程和咨询服务，帮助学生了解自我，探索未来职业道路。日本的生涯教育强调终身学习理念，从小学到大学都有相应的生涯教育课程，旨在帮助学生形成正确的职业观和价值观。新加坡的生涯教育与国家的人力资源发展战略紧密结合，政府通过制定相关政策和提供资源支持，促进生涯教育的发展。

我们会发现，首先，国外的生涯教育注重个性化和学生自主性的培养。学校是生涯教育的主要承担者，从小学到大学，不同类型的教育机构都设置了生涯教育相关的课程或培训活动。这些课程旨在帮助学生了解自己的兴趣、能力和价值观，以及如何将这些因素与职业选择相结合。其次，国外的生涯教育也强调实践性和应用性。

劳动教育围绕学生的职业生涯规划而开展,课程分为基于家庭角色、就业和公民培养的劳动教育。这些课程不仅提供理论知识,还鼓励学生参与实际工作体验,以更好地准备他们未来的职业生涯。最后,国外的生涯教育还体现了国际性和合作性。随着职业指导走上国际化舞台,各国专家进行国际性探讨协作,共同探讨职业指导的最佳实践和方法。这种国际合作有助于各国学习和借鉴彼此的成功经验,共同提高生涯教育的质量和效果。

综上所述,国外学生的生涯教育现状显示出各国都在积极探索和发展适合自己的生涯教育模式,以适应社会和经济的变化需求。这些国家的经验和做法对于其他国家的生涯教育发展提供了有益的启示和参考。

在国内,人们一般认为学生发展指导应包含五个方面,即理想、心理、学业、生活、生涯规划,这五个方面合在一起,也就是人们俗称的生涯教育。长期以来,学校教育存在着片面追求升学率的现象,在这种环境下,学生忙于应付各种考试,职业生涯教育也就被冷落到了一边。传统教育培养目标中缺乏职业素质基本要求,教育内容中也缺乏系统的创业能力训练,职业生涯教育课程的缺失,老师无力担负相应的指导,而父母受限于自身专业知识的缺乏,同样无法有效地给中学生予以指导。中学生对自己未来的设计处于模糊与自发状态。这就使许多中学生升学和就业往往经历很长的不适应期。随着课程改革和高考改革,改革的核心在于尊重学生的个体差异，增加学生在选课、考试、专业上的自主选择权，这促使学生必须具备自主选择、自我规划的意识和能力。因此，中学生的生涯规划教育受到前所未有的重视。

教育部教育发展研究中心最近所进行的一项针对初三和高三学生的调研显示：高三学生"对高考志愿中所填报的专业的了解程度"方面，回答"非常了解"的比例为3.4%；回答"比较了解"的比例为21.4%；回答"了解一小部分"的比例为55.9%；回答"完全不了解"的比例为19.3%。这说明过半的学生选择专业的时候并不是很了解。在选择高考专业时，将自己某一科的成绩当作专业选择依据的情况，更是司空见惯。初三学生回答"假设直接工作，你是否具备了必要的知识、能力及素质"这个问题时，只有11.4%的城市学生和7.1%的县镇学生认为自己可以从容就业，而绝大多数的学生认为自己还缺乏必要的知识。当被问及"你们学校是否有一些关于职业教育的内容"时，大约三分之二的学生回答"几乎没有"，开"职业技能课"的学校微乎其微。当被问及"你认为中学开设专门的升学就业指导课程是否有必要"时，有四分之三以上的学生认为有必要。这一结果表明，学生们对于学校能在升学就业方面给予专业指导是非常欢迎的。社会需要学校对学生的升学就业、职业规划和人生发展给予全面的教育和正确的指导。

据另一调查发现，在各种影响中学生选择专业的人中，父母家人是最重要、最普遍的角色。其中，51%的中学生承认受父母家人的影响最大，而受同学和朋友影响的中学生只有10.8%，受媒体影响的只有9.6%，受老师影响的更少，仅有5.7%。令人失望的是，学校和老师本应在中学生的未来规划中起到更重要的指导作用，但事实却并非如此。

调查还发现，近三成中学生（28%）不清楚社会需要什么样的人才，有三成中学生（33%）无法确定自己的个性特征，近四成（38%）中学生不知道应该报考什么专业。

总之，目前大多数中学生存在着"缺乏升学意识、就业意识、发展意识、生涯规划、学习动力"的现象。这说明，目前中学的职业生涯教育还是相当薄弱的，我们学校宣传、引导的不够，缺少相关专业职业信息的分析和积累，不能体现为学生服务的理念，对学生未来的发展、社会的发展没有尽到责任。由于缺少职业生涯教育，中学生对社会职业发展不了解，不能根据社会职业的需求正确认识自我、调整自我，对自己的兴趣、特长及能力不清楚，在个人职业发展前景规划方面理解、认识模糊。学生学习目的的缺失是中国教育的普遍现象，我们往往只关注远大而空虚的理想，而缺少对实际就业与创业上的必要指导。在基础教育阶段进行职业生涯教育，具有十分重要的意义。

高中教育要在九年义务教育的基础上培养高素质的人才。尤其是示范性高中的学生，他们在高中阶段的主要目标是考上一所理想的大学，也有很多人存在这样的误区："考上理想的大学，就有理想的工作"。有些学生的现状却令人担忧，具体表现为：有的学生拼命学习却不知道自己将来能做什么，适合干什么工作，选择什么样的专业；有的学生成绩不好，就慌了手脚，盲目地否定自己，表现为"学习无动力、考大学无意识、生涯无规划"的现象。因此，学生学习主动性不强，自我发展的后劲不足，教师教学任务的完成严重受阻，学校德育工作实效性不强。导致这一现象的根本原因是学生对自我认识存在盲点，对职业缺少了解，对人生缺少设计，没有明确的奋斗目标。

东北师范大学教育学院副院长、教育学博导陈永明教授认为，现在18岁左右的青年整体缺乏就业观念，"不知道自己的前途在哪里"。因为当前这代学生不是在兴趣爱好中成长的，而是在社会的压力和大人的压力下成长的，因此他们个人的兴趣爱好是扭曲的。另外，现在的学生独生子女居多，没有兄弟姐妹的结果是孩子长期和大人打交道，缺乏引领和示范性的成长目标。因此，对就业观来说，总体不是很明确。当前社会上有"唯学历是高""唯名牌学校是高"的现象，很多人都把高学历视作一种奢侈品，家长投入重金，满足社会浮躁的需求。有的孩子明明在动手操作能力上有特长，但是在各种压力下，不得不进了大学，学自己不感兴趣的专业，而对一件不感兴趣的事要做好是很难的。对此，陈永明教授建议社会各界应"设身处地"地从学生的实际情况出发和着想。比如，效仿国外，在中学阶段开设"出路指导课程"。

"有什么样的选择,就有什么样的人生。"我们明天的职业发展是今天高考做出选择的结果。社会上正在进行产业结构调整,专业对口的时代已经过去。如今社会上需求的是创新人才,而大学的师资水平、课程设置一定程度上与社会脱节,再加上就业竞争加剧,学生发现读书和自己的未来难以挂钩后,专业意识也就越来越淡薄,面对各种各样的言论,会对今后的前途产生困惑。

在新的形势下,职业生涯教育已越来越被高中学校所重视。如何以职业生涯教育为引领,指导学生进行有效的生涯规划,用以调动学生的积极性,促进学生主动发展乃至一生持续发展是高中学校值得探究的课题。

学生发展指导的重要意义是"为了每一个学生的终身发展"教育理念的体现。生涯规划能够帮助不同类型的学生实现个性发展并引导其人生方向,有利于学生长远目标的建立,对学生的终身发展具有重要意义。目前,我国教育界已经认识到生涯指导的重要性,并在各地区积极制定有利于学生职业发展的政策文件,以推动我国学生职业生涯规划的实施。教育部陆续出台相关政策推动中学生涯规划教育指导工作的发展计划。2010至2020年《国家中长期教育改革和发展规划纲要》明确要求建立普通高中学生发展指导制度。2013年《普通高中学生发展指导纲要》具体提出学校应积极开设学生发展指导讲座、课程,建立发展指导室,对学生开展团体辅导和学生咨询,为学生建立发展成长档案。《教育部关于加强和改进普通高中学生综合素质评价的意见》（教基二〔2014〕11号）文件中基本原则明确提出要坚持指导性，把握学生的个性特点，关注成长过程，激发每一个学生的潜能优势，鼓励学生不断进步。教育部在2014年《关于全面深化课程改革落实立德树人根本任务的意见》中提出，要建立普通高中学生发展指导制度，指导学生学会选择课程，做好生涯规划。

一、学校生涯教育的课程目标

（一）让学生建立生涯信念

让学生建立生涯信念有着重要意义。生涯规划有利于学生科学设计自己的未来发展，能够指引不同类型学生的个性发展。生涯指导能够帮助学生明确自身的人生追求，选择职业目标，合理规划，努力克服实现目标所遇到的障碍。在中学这一人生关键转折点对学生进行生涯发展指导具有必要性，有利于学生长远目标的建立，对于学生的学习生活能够起到正向推动作用。建立生涯的信念也就是说让学生一生都有目标、有抱负，在人生不同的阶段，目标可能是不同的，通过目标来引领学生的成长，用抱负来激励学生进步。哈佛大学有一个关于目标对人生影响的跟踪调查。对象是一群智力、学历、环境等条件差不多的年轻人，调查结果发现：27%的人没有目标；60%的人目标模糊；10%的人有清晰但比较短期的目标；3%的人有清晰且长期的目标。25年的研究结果表明：那些占3%者，

25年来几乎都不曾更改过自己的人生目标。25年来他们都朝着同一方向不懈地努力，25年后，他们几乎都成了社会各界的顶尖成功人士，他们中不乏白手创业者、行业领袖、社会精英。那些占10%有清晰短期目标者，大都生活在社会的中上层。他们的共同特点是，那些短期目标不断被达成，生活状态稳步上升，成为各行各业不可或缺的专业人士。如医生、律师、工程师、高级主管等等。其中占60%的模糊目标者，几乎都生活在社会的中下层，他们能安稳地生活与工作，但都没有什么特别的成绩。剩下27%的是那些25年来都没有目标的人群，他们几乎都生活在社会的最底层。他们常常失业，靠社会救济，并且常常都在抱怨他人，抱怨社会，抱怨世界。有规划的人生叫蓝图，没有规划的人生叫拼图，没有目标的人总为有目标的人去完成目标。

学生建立生涯的信念对于他们的个人发展、职业规划和未来成功具有重要意义。能够自我认知与定位，生涯信念帮助学生了解自己的兴趣、价值观和能力，从而更好地认识自己，找到适合自己的职业道路；目标设定，有了明确的生涯信念，学生可以设定具体的短期和长期目标，这些目标将引导他们在学习和职业发展中做出有意义的选择；动机与坚持，当学生对自己的未来有一个清晰的愿景时，他们更有动力去克服困难和挑战，坚持不懈地追求自己的目标；决策能力，生涯信念的建立有助于学生在面对重要的教育和职业选择时，能够做出更加明智和符合自己长远利益的决策；适应变化，在不断变化的工作环境中，有坚定的生涯信念可以帮助学生更好地适应变化，抓住新的机会，同时保持个人的职业发展方向；个人满足感，通过追求与自己信念相符的职业生涯，学生更有可能在工作中找到意义和满足感，从而提高生活质量；社会贡献，当个人的生涯信念与社会需求相结合时，他们可以选择那些能够为社会带来积极影响的职业，从而在个人成功的同时，也为社会做出贡献；终身学习，生涯信念鼓励学生继续学习和成长，无论是通过正规教育还是自我教育，以适应不断发展的职业要求；心理健康，有研究表明，拥有清晰的生涯目标和信念可以减少焦虑和抑郁，提高学生的整体心理健康水平。

因此，学生建立生涯信念，这不仅有助于他们未来的职业成功，也对他们的整体幸福感和社会参与感有着深远的影响。

（二）让学生学会规划，成就积极人生

生涯规划是个人对自己未来职业和生活道路有计划、有目标的管理。通过生涯规划可以让学生明确人生目标，帮助个人设定长期和短期的目标，这些目标可以作为行动的指南，使个人在追求梦想的道路上不迷失方向；生涯规划让学生自我认知，通过生涯规划，个人可以更好地了解自己的兴趣、价值观、技能和潜能，这有助于学生选择最适合自己的职业道路；生涯规划让学生提高适应性，在快速变化的社会和经济环境中，生涯规划可以帮助个人预测未来的趋势，提前做好准备，增强适应变化的能力；生涯规划让学生成长

可持续，生涯规划鼓励个人不断学习和成长，以适应不断变化的职业要求，保持竞争力；生涯规划让学生实现自我价值，通过实现生涯规划中设定的目标，个人可以获得成就感和满足感，实现自我价值。通过有效的生涯规划，个人可以更好地认识自己，明确自己的价值观、兴趣和能力，从而做出更符合自身期望的决策。人生路，没有最好，只有最合适。生涯规划让我们明白规划未来应以自己为出发点，而实践的经验又会让我们更认识自己，长远建立自我价值。学生取得自我肯定后，便会有动力寻找发挥平台，达至自我完成。参考性向测试、生涯测评、过往学业成绩，留意自己的兴趣、询问别人对你的评价等，都可以让我们更全面地认识自己，找到自己合适的位置。与上一辈不同，现今时代很少有人会"一份工做到老"，也许会惹来"三分钟热度"的评价。其中原因，或是对自身了解不足，受一时的兴趣喜恶所影响；或是过分美化客观环境，到后来才觉有落差；甚或随着自身情况转变而有不同的目标。生涯规划的过程，让学生的构想更客观全面，以免侧重个别因素或流于主观印象，或能减少我们走错路的机会。但即使更改当初的选择也不全是坏事，生涯规划注重过程中的反思，在体验过程中更能明白自己的想法与能力，长远而言仍有助我们找到真正的选择。就如同学生在不同阶段有不同的理想，初中时想当医生，高中时想当警察，长大后想从政。生涯规划是一个持续的过程，需要个人不断地评估和调整自己的计划，以适应不断变化的环境和个人需求。通过有意识地规划和管理自己的职业生涯，找到自己的核心价值与梦想，最终成就自己积极的人生。

（三）生涯教育的实施策略

要科学、有效地落实学生发展指导工作，既不能脱离于现行教育体系之外，也不应五个方面各自独立，各成体系。在学生的发展指导中，教师要像"园丁"一样浇水、施肥，给学生提供成长需要的要素，让学生主动成长。因此，以生涯规划作为学生发展指导的主线，利用生涯规划的目标预期和过程实践，激活学生内在的潜力，实现学生主动发展，才最接近"本真"的教育。

从课程设置和实践操作来看，学生生涯规划课程含有让学生建立理想的内容，含有学生自我认知、个性品质培养等心理内容，更少不了对学生的学业指导，尤其是国家提出学生发展指导很重要的意义是打开学校教育和社会的壁垒，生涯规划又含有生活指导内容。因此，生涯规划作为学生发展指导的主线，不仅是落实新教育理念的必然，也是落实五个方面指导的可行现实途径。

高考背景下的高中选课和升学专业选择是学生学会规划人生的一个阶段性任务，学校应高度重视，但不要把生涯发展指导实施的着眼点和全部精力都集中在学科选择、专业选择上，当下有些学校将学生发展短期目标定位期末成绩，长期目标定位取得高考分数、上哪所大学，这都是对生涯发展指导理解不够深刻的体现。生涯规划的定位要做到高于高考、高于职业，要放眼于事业、人生信仰层面，如果目标就定位在高考，就会把国家为建构学生素养而设计的未来课程，又拉回到功利教育的旧车道，就会让学生生涯发展指导丢失了其本真的方向。

（四）生涯教育的"4+3"课程体系

课程是学校教育的核心，课程体系的建设是学校开展生涯教育的关键工作，有效的课程体系才能让学生真正建立生涯的信念，激发学生的内驱力，规划成就积极人生，为此，学校建构"4+3"课程体系。"4课"即破冰课、测评课、心理课、学科融合课。"+3"即主题实践课、混龄教育和设计课。

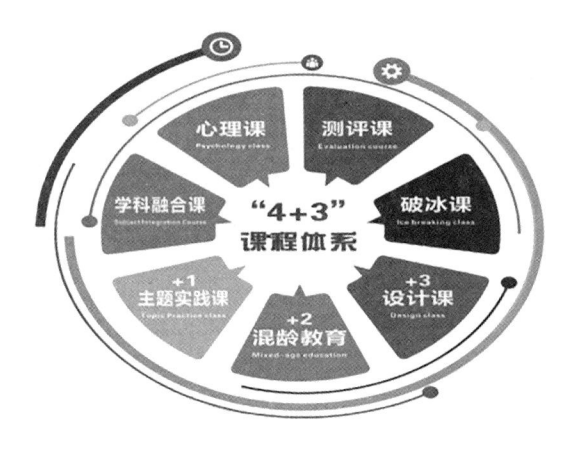

1. 破冰课

主要内容是对学生进行生涯意识的动员，对将要开展的相关指导和安排工作进行宣讲。

2. 测评课

主要内容是关于人职匹配——兴趣、能力、性格、特长等方面的测评。

例如，加德纳的多元智能测评，帮助学生更加客观地认识自己。加德纳的多元智能测评可以帮助学生了解自己八个方面的智能优势与不同智能优势所适合的相关职业。

A 语言智能：文学、社会学、新闻学、教育学、外语、哲学

B 逻辑智能：计算机、经济学、工程学、会计、医学、化学、物理学、经济学、统计学

C 运动智能：戏剧、舞蹈、健身、外科医生

D 音乐智能：乐队、声乐、作曲、合唱、乐团、指挥

E 人际智能：市场推广、公共关系、服务、销售、教育、商业管理、护理学、人力资源管理

F 内省智能：创意写作、哲学、政治家、思想家、心理学家

G 自然智能：生态学、园艺学、动物学、天文学家、考古学家、环境设计师

H 空间智能：视觉设计、服装设计、建筑、工程、航空、地理、摄影、广告、平面设计

按照加德纳的多元智能测评可以根据以下方式进行多元智能探索。

音乐智能：特雷门电子琴

逻辑智能：独棋盘、伤脑筋十二块、汉诺塔棋盘、珠玑妙算、鲁班锁、孔明棋

人际智能：镜像神经元

语言智能：看图猜成语

自省智能：意念方舟

运动智能：火线穿越

空间智能：密室逃脱

3. 心理课

根据不同年段呈现不同的课程内容。高一阶段课程内容主要关于自我认知，从四个维度帮助学生认识自我。一是个性维度，个性维度是自我认知非常重要的一个方面，它关乎我们的价值观、信念、态度、兴趣爱好等方面。二是能力维度，能力维度是自我认知中另一个重要的方面，不同的工作或学习环境需要拥有不同的技能和知识。三是兴趣维度，兴趣维度是自我认知的一个重要方面，在我们的生活中有很多不同的领域和活动，我们可以通过探索自己的兴趣爱好来寻找自己感兴趣的领域，了解自己身处的情境和环境。四是动力维度，动力维度是自我认知中重要的方面之一。动力是行动的源泉，它包括内驱和外驱两部分。内驱主要指我们内在的动力和追求，是由自身的目标、价值观和兴趣驱动产生的，而外驱主要是由外界的奖励和惩罚机制所促发。只有了解自己的内在动机和外在驱动力，我们才能更好地驱动自己实现目标、追求自己的梦想。高二阶段课程内容主要关于自我探索。自我探索是帮助学生了解自己，以便更好地规划自己的职业生涯。例如，兴趣探索，通过各种测试和活动，帮助学生发现自己对哪些领域感兴趣，这些兴趣可能与未来的职业选择有关；价值观探索，引导学生思考自己认为重要的生活和工作价值观，如创造性、稳定性、社会服务、领导力等；个性评估，使用标准化的个性测试（如迈尔斯－布里格斯类型指标MBTI）来帮助学生了解自己的性格特点，以及这些特点如何影响职业选择；技能和能力评估，识别学生的个人技能和能力，包括学术技能、沟通技能、团队合作能力等，以及如何将这些技能应用到未来的职业中；经验反思，鼓励学生回顾自己的学习经历、实践经历、志愿服务、兴趣爱好等，思考这些经历如何塑造了他们的兴趣和能力；职业兴趣测验，使用职业兴趣测验（如霍兰德职业兴趣测验）来帮助学生了解与自己兴趣相符的职业领域。高三阶段课程内容主要是自我定位。例如，生活目标设定，引导学生思考自己的生活目标和职业目标，以及这些目标如何相互关联；定位自己的决策风格，帮助学生了解自己在做决策时的倾向和风格，以及如何在面对职业选择时做出有效的决策；案例研究和角色扮演，通过分析不同人的职业路径案例或参与角色扮演活动，让学生在模拟情境中探索不同的职业选择；职业访谈和职业体验，安排学生与行业专家进行交流或参观工作场所，以获得第一手的职业信息和经验。

通过心理课程，不仅可以帮助学生做出正确的职业选择，还可以帮助学生提升职业技能，实现职业发展，最终实现自我价值。因此，应该高度重视课程内容，将其作为生涯教育的重要组成部分。

4. 学科融合课程

教育改革以来，学科渗透一直是教育研究的一个主题，二十世纪八九十年代，人们研究学科教学如何渗透德育；二十世纪九十年代至二十一世纪初，教育重点研究学科教学渗透心理健康教育，课程三维目标的提出应是这些研究的成果。现在，教育又提出了学科教育要渗透学生生涯发展指导，这些做法均体现出当前教育改革所倡导的融合教育的思想。深度解析学生生涯发展指导目标的要求，可以得出结论：在学科教学中，全面落实课堂教学的三维目标，尤其对过程与方法、情感态度价值观的落实，就是落实学生生涯发展指导最基础的课程。

深度解析国家的各项改革，它们都不是孤立的，而往往都有共同的指向，即学生的发展。教育部《关于全面深化课程改革落实立德树人根本任务的意见》中有个词组引人关注：核心素养体系。文件强调，教育部将组织研究提出各学段学生发展核心素养体系，明确学生为适应终身发展和社会发展需要而应具备的必备品格和关键能力，突出强调个人修养、社会关爱、家国情怀，更加注重自主发展、合作参与、创新实践。而这些要求就是学生生涯发展指导的核心要义。从广义上讲，落实学科核心素养，就是在学科教学中落实学生生涯发展指导内容。

从具体学科的学科核心素养看，每个学科核心素养中都有生涯发展指导需要的支撑点。比如语文学科素养中的思维品质、品德修养、审美情趣、个性品格、学习方向、学习习惯；数学学科核心素养中的逻辑推理思想、数据分析观念；历史学科核心素养中的时空观念、历史价值观；政治学科核心素养中的政治认同、理性精神、公共参与等要素；体育学科核心素养中的健康行为，体育品德等等，这些人生发展必备的素养离不开学科土壤，否则就会失去生命力。

从学科实际教学上看，抛开广义价值，在学科教学中可以重点从四个方面入手：

（1）认知世界，了解职业

人类对社会与自然的认知，基本上都要通过直接经验和间接经验这两个途径获得，由于每个人活动的空间范围、时间长度都是有限的，因此，人类的认知大都来自间接经验。学校的学科教育就应该是学生发展过程中认知世界、了解职业的重要途径，比如政治学科的教学内容"走进国际组织"，就是让学生通过学科学习初步了解这些远离自己但与国家命运息息相关的国际组织，也许这节课就开启了学生走向世界的第一步；再如，当年魏巍的一篇"谁是最可爱的人"，就让多少热血青年穿上了军装。

（2）模范人物，建构品质

发挥模范人物的榜样作用，是学生生涯发展指导过程中重要的课程。身边的模范人物影响力最大。比如回校讲学的校友，学识渊博的老师、名人等，都可能成为学生未来努力的方向。但书本中的模范人物也同样有价值。在高中政治课"价值的创造与实现"的学习中，同学们受到了在最平凡而艰苦岗位上创造非凡价值的焊接工人李万军的精神鼓舞，学习热情空前高涨；"用信念书写历史用价值铸就人生"是历史学科课，张仪、张謇、钱学森等历史上鲜活人物的事迹一样激发了学生对人生价值的追求与责任担当意识；"'一蓑烟雨任平生'的苏东坡"是高中语文课，学生在学习中无不被苏轼旷达、豪爽、乐观的性格所感染；在一节"群文阅读"教学中，台湾平均81岁的梦骑士队员为梦想扔掉拐杖等励志文章，让学生感受到梦想的力量。数学、物理、化学、生物课中那些科学家，每一个人都可以成为学生们成长的坐标。

（3）课程实践，浅度体验

新课程改革突出的一个特点就是强化理科与科技、生产实践相结合，文科与社会、时事相结合，很多结合的过程就是学生进行初步职业体验的过程。学科教学中所有的实验课程，课堂学生的发言，还有课程中的辩论、陈述和协作，这些不是真实的社会生活，但通过这些活动，也可初步判断学生可以做什么，适合做什么，因此可以叫作"浅度体验"。其实，老师对学生未来的职业指导很多都来自于此，比如，实验课可以看到学生的动手能力，预测未来可不可以做技术工作；课堂发言的思辨能力，判断未来是学理科还是工科；演讲、辩论可以看到学生的语言和思维，是否适合组织社会活动，是否适合做管理工作，是否适合从事教师职业等。这种浅度体验，也是学生生涯发展指导很重要的一部分。

（4）学习规划，适应未来

未来社会将会处于快速变革之中，学生未来经常站在起跑线上，因此，学生生涯发展指导的一个很重要的目标，就是让学生学会规划，而这种规划能力，可以依托学科教学来培养。高一英语有一节课"Travel journal——旅游日记"，融合地理学科"旅游景观欣赏"，让学生通过策划旅游方案来学习规划人生的基本方法。

学科教学是学校教育的主阵地，自然也是指导学生发展的主渠道，因此，学科教师在学生生涯发展指导这项改革中，责无旁贷要担负起主力军的任务，以"促进学生综合素质发展"为准绳，做好融合教育。

5."+1"主题实践课

生涯教育是为了学生发展进行指导，它同时还肩负着打开学校与社会、自然界的壁垒，让学生走出去，到大自然中去。这些课程是实现教育目标的关键，也是难点。为此，学校在学生德育工作的大框架下,建立了一套"尖毛草"特色课程体系,并通过综合素质评价让生涯教育形成闭环。

6."+2"混龄教育

目前的学生大都是独生子女,同伴都是同龄同学,人生成长过程中缺乏年龄相仿但又不同年龄伙伴的陪伴。凯兹(Katz)有关认知发展的研究表明,无论年龄的大小,当互相交往的双方处于不同理解水平时,会产生认知冲突。尤其是不同年龄同伴的互动,产生的认知冲突更可能促进认知的发展。但是,我国在教育中过分强调同龄人之间的互动,导致学生的先天倾向受到抑制性的影响。因此,教师在教学中,要合理使用混龄教育方式,促进不同年龄学生之间的交往,逐渐增强教育教学工作效果,创建良好的区域活动氛围。在此期间,教师应鼓励不同年龄学生之间参与区域活动,并为其提供丰富的材料,以便于培养学生的互动能力,形成对学生人生观、价值观的正确引领。

在区域活动中,教师需合理使用混龄教育模式,创新教学管理机制,明确各方面要求,建立多元化的教育体系,保证形成现代化的教育模式,培养学生的综合能力。教师在区域活动中,不仅要关注课程改革工作,还要将学生发展作为核心内容,合理融入混龄教育模式。

混龄教育是一种教育模式,指不按年龄分班级的教育方式。混龄教育认为年龄不一定代表学习能力和认知能力的发展阶段,根据儿童或青少年的发展阶段和需求制定个性化的教育计划,为学生提供更加灵活、个性化的教育。混龄教育被认为有助于促进孩子的社交能力、创造力和自我管理能力，并能培养学生的团队精神和合作意识。

"认知冲突论"和"最近发展区理论"为混龄教育实施的可行性提供了有力的理论依据。我们坚守"以人为本"的新课程理念，尊重人的创造和创新，尊重人的个性，尊重人的能力，尊重人的价值。强化过程育人，充分发挥学生身边重要人物对其成长的引导作用。关注学习过程，关注学生的内驱力培养，切实在教育教学过程中落实立德树人的根本任务。

认知冲突论：当个体意识到个人认知结构与环境或是个人认知结构内部不同成分之间的不一致所形成的状态。（约翰伯格）

最近发展区论：指人类认知和情感的发展是通过获得新的经验和知识来完成的。这一理论认为知识的获取与经验积累密切相关，只有当人们接触到新的经验时，才能够促进发展，从而升级到更高级别的认知和情感。（维果茨基）

混龄教育最大的特色是有年龄差异，但差异不是很大，有讲道理，指方向，更突出的以身示范和榜样力量，有效利用思想共情的动力。

混龄教育的资源，可以是在校学长、家族中的哥哥、姐姐，父母朋友、同事家里的哥哥姐姐，邻居家的好孩子。

混龄教育活动地点没有边界，校内校外、家里家外均可，内容没有界定，只要对学生身心健康、成长有益，可以是聊天，可以是讲方法、讲道理，可以一起做事，一起参加有价值的活动。

7."+3"设计课

设计课程的内容是学生对自己个人成长规划的设计。每位学生拥有一份属于自己的个人成长规划档案。学生个人成长规划档案的设计采取三个三原则，一是，学生要对自己选择未来的职业，写出三个理由。二是，要说出对该职业的三点了解。三是，三个不必。第一个不必是自己选择未来的职业目标不必一次到位。（通过每一次的主题实践课程后，学生会对自我有更客观的认识，对职业有深入的了解，学生的目标会因此发生改变，这也正是生涯教育的价值所在。）第二个不必是不必加入学业成绩，不要把学生的个人成长档案变成了学业档案。第三个不必是不必要求事事留痕，学校没有规定成长档案里必须有什么，学生就是把自己认为有意义、值得纪念的事情记录下来，记录属于自己的成长足迹。

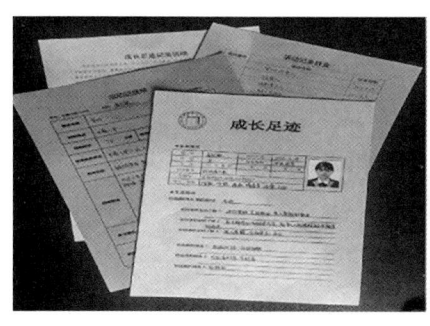

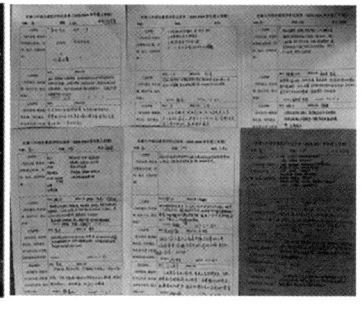

8."4+3"课程的时间管理

学校"4+3"课程内容丰富多样，课程内容涉及各个方面，很多学校会担心这么多的课程内容什么时间去做，需要增加多少课时才能完成。其实不然，丰富的课程内容不是增加了课时，而是在学校现有的课时基础上有效地实施"4+3"课程内容，学校完全不需要增加任何一节额外的课时。利用心理健康教育课时来完成心理课和测评课的内容；利用每周的班会课时完成破冰课和设计课的课程内容；学生在学校的课余时间、周末和假期时间完成混龄教育和主题实践课程的相关内容；利用学科课时完成的自然是学科融合课程的内容。通过这些策略，学校可以在不增加额外课时的情况下，有效地将生涯教育融入学生的学习生活中。

课时管理 CLASS MANAGEMENT
心理课时：心理课、测评课
班会课时：破冰课、设计课
周末假期：主题实践课、混龄教育
学科课时：学科融合课

二、五维一体的师资队伍

随着高考改革的推进，学生生涯发展指导已经成为高中学校的一项重要任务，那么完成这项任务的师资在哪里？俗话说，思路就是出路。融合教育不仅是教育改革的新思路，也是破解教育难题的出路。随着社会进步和科技发展，还会有很多新的知识进入基础教育，但大都不会以学科形态进入校园，而是要融合在学校的现有课程之中。与课程匹配的师资培养需要周期，我们无法期望高等教育在改革之前就能调整学生培养方向，及时输出与改革配套的专业人才。因此，依托已有师资，融合校外力量，是解决高考改革师资队伍问题的有效渠道。学生发展指导所用的知识，无外乎心理学、教育学、教育管理学等，而这些课程是每个师范毕业生的必修课程，是每位教师原本的"库存"，因此，每位教师都是有能力，也有义务承担此项工作的，这并不是一项额外任务。新时代的教育就是需要我们教师把这些"库存"激活，提升自身素养，学会用现代的教育理念，做更科学、更好的教育。

融合教育不只有知识融合，还应有团队协作。学生生涯发展指导不仅需要指导内容上与学校各项教育活动融合，还需要队伍建设上与学校、社会各方教育力量融合，组建指导团队。只靠班主任、心理教师几个人孤军奋战，学校是无法全面达成学生生涯指导任务的。根据学生生涯发展指导的需求，我们应建构"五维一体"的师资队伍，即由班主任、心理教师、学科教师、社会人士、教育专家组成的学生生涯指导师资队伍。

（一）班主任

班主任是学生发展指导的中坚力量。生涯教育的推广者，班主任可以向学生介绍生涯教育的重要性，帮助他们了解生涯教育的目的和内容，并鼓励他们积极参与生涯教育活动；学生的引导者，班主任可以根据每个学生的兴趣、特长和发展潜力，引导他们进行自我认知和职业探索，帮助他们制定符合自身特点的生涯规划；信息的提供者，班主任可以为学生提供各种职业信息和就业指导，帮助他们了解不同职业的工作内容、发展前景和所需技能；活动的组织者，班主任可以组织各种生涯教育活动，如职业讲座、企业参观、社会实践等，为学生提供实践机会和体验职业的机会；家长的联络者，班主任可以与家长保持联系，让家长了解学校的生涯教育工作，并邀请家长参与到孩子的生涯规划中来；学生的评估者，班主任可以对学生的学习成果进行评估，包括理论知识的掌握程度、技能的运用能力、实践活动的表现等，并给予反馈和建议。班主任的工作对于学生的生涯发展具有重要的影响。

（二）心理教师

心理教师是学生发展指导的重要师资力量。他是学生自我认知的引导者，心理老师可以帮助学生进行自我认知，引导他们了解自己的兴趣、能力和价值观，从而更好地规划自己的生涯；他是职业探索的指导者，心理老师可以向学生介绍各种职业的特点和要求，帮助他们了解不同职业的工作内容、发展前景和所需技能，从而做出更符合自身特点和愿望的职业选择；他是决策制定的辅导者，心理老师可以教授学生如何进行有效的决策，包括确定目标、收集信息、评估选择等，帮助他们在面对重要的生涯决策时能够做出明智的选择；他是心理健康的保障者，心理老师可以为学生提供心理咨询和支持，帮助他们应对生涯发展中可能遇到的困难和挑战，保持良好的心理状态；他是家校合作的协调者，心理老师可以与家长保持联系，让家长了解学校的生涯教育工作，并邀请家长参与到孩子的生涯规划中来，同时，心理老师也可以为家长提供心理支持和建议，帮助他们更好地支持孩子的成长和发展；他是生涯课程的执教者，生涯课程都离不开心理老师，时间管理、目标管理、成功品质、人际交往、沟通技巧、情绪调节、压力调整等都是学生生涯发展指导的基础课程。总之，心理老师在生涯教育中扮演着多重角色，他的工作对于学生的生涯发展具有重要的影响。

（三）学科教师

学生无论是三观的形成，还是对社会、自然界的认识，大都还是来自学科学习，从学科教育渗透的角度看，学科教师掌控着生涯教育的主渠道，生涯教育对每个教师而言也是责无旁贷的。科任教师在所教授的学科领域内具有专业知识和技能，他们可以通过课堂教学、实验、项目等方式，帮助学生掌握相关的知识和技能，为未来的职业生涯打下基础；科任教师可以结合所教授的学科内容，向学生介绍相关职业领域的信息，包括职业特点、发展前景、所需技能等，激发学生对特定职业的兴趣和意识；科任教师可以通过观察和交流，了解学生的兴趣爱好、个性特点、学习风格等，引导学生进行自我认知，帮助他们更好地了解自己的优势和潜力；科任教师可以为学生提供关于选课、升学、职业选择等方面的建议和指导，帮助他们做出符合自身特点和愿望的决策。

（四）家长、校友等社会人士

教育是一个民族必须优先发展的社会事业，家长、校友、各行各业人士都有义务为教育服务，家长作为一种隐性的教育资源，具有丰富性和可再生性，蕴含着巨大资源。所以，学校成立了"百名家长精英职业导师团"，由班主任向家长发出邀请，家长提供基本资料，经学校审核，最终成立近百人的"家长精英职业导师团"，再联合校友、社会人士来完成主题实践课程。生涯教育要依托这支队伍鼓励学生走向社会、了解社会，参与社会体验与实践，寻找自己的生涯发展方向。

（五）专家队伍

生涯发展指导离不开科学的指导，教师队伍的提升更离不开专家的引领，我们要依托教育的科学做科学的教育。专家队伍具有丰富的专业知识和实践经验，他们可以为学生提供深入的职业领域知识和技能培训，帮助学生更好地了解特定职业的要求和特点；专家队伍可以向学生介绍不同行业、不同职业的发展趋势和前景，拓宽学生的视野，激发他们对新领域、新兴职业的兴趣和好奇心；专家队伍能够为学生提供专业的实践机会，让学生在实际工作环境中学习和体验职业世界，积累实践经验和提升职业技能；专家队伍更能给予学生个性化指导，专家可以根据学生的兴趣、特长和发展潜力，给予个性化的职业发展建议和指导，帮助学生制定符合自身特点的生涯规划。因此，生涯发展指导需要专家做更深入、更专业的工作。

三、总结

班主任，心理教师，学科教师，家长、校友等社会人士，教育专家，构成了学校实施学生生涯发展指导的"五维一体"师资队伍，学校要进一步思考的就是如何优化这五支队伍，如何最大化发挥这五支队伍的作用！

长春市第八中学的生涯教育，唤醒了学生的内驱力，学生学会规划自己的学习和生活。张大鸣老师所带的高二四班的学生，自发成立自我规划小组，小组里的成员根据自己的需求规划每天的内容，例如，有人每天规划自己做一道数学题，有人每天背5个单词，有人每天就是写鼓励自己的一句话，还有人每天坚持一项运动等等。这就是生涯的信念，学生们有了生涯的信念，就会去规划，坚信未来的他们会在每一天的规划中，成为有自律、有方向、有韧性、有态度的人生赢家。

提升学生的自主性和责任感。生涯教育可以帮助学生更好地认识自己的兴趣、能力和价值观，从而做出更符合自身特点和愿望的职业选择。这有助于培养学生的自主性和责任感，使他们成为自己人生和职业发展的主导者。

增强学生的职业适应能力。生涯教育可以让学生了解不同职业的特点和要求，提前做好职业准备。这有助于提高学生的职业适应能力，使他们能够更快地适应工作环境和要求，提高职业竞争力。

促进学生的全面发展。生涯教育不仅关注学生的职业发展，还关注他们的个人成长和心理健康。通过生涯教育，学生可以学会如何平衡工作与生活，如何处理人际关系，如何应对压力等。这有助于促进学生的全面发展，提高他们的生活质量。

减少学生的职业迷茫。许多学生在升学或毕业时感到迷茫和焦虑，不知道该如何选择。生涯教育可以帮助学生了解自己的兴趣和优势，探索适合自己的职业道路，从而减少职业迷茫。学生精神面貌有了明显的变化，在应试教育的背景下，学生在学校是被管理、被训练的对象，青春年少应有的热情和活力以及对未来的美好向往被一次次的考试和分数绑架了，通过学生生涯发展与德育活动的有效融合，促使学生的精神面貌出现了明显的变化，变得积极向上、主动、有激情。无论是早晨课前的自习，还是课堂上的专注投入与积极思考，无论是跑操时的口号，还是集体活动的精神面貌，都表现出强烈的团队意识和良性的竞争氛围。

生涯教育也转变了教育理念和策略。教师不再把自己的教育任务定位于传授知识，而是主动去关注和研究指导对象的个性特点、发展潜能，研究指导和激励学生的策略。班主任的管理艺术也在提高，在制度管理的同时，更注重文化的熏染。许多教师正逐渐成为学生成长过程中的精神导师，一大批教师在各级各类比赛中获奖，为学校教育后续发展奠定了良好基础。教学方法的改变，生涯教育往往需要采用一些新的教学方法，如案例分析、角色扮演、模拟实践等，这些方法可以帮助学生更好地了解职业世界和自己的兴趣。因此，基于生涯信念的引领，教师会更加注重教学方法的创新和多样化。角色定位的改变，在生涯教育中，老师不再是知识的唯一传授者，而是成为学生学习和发展过程中的引导者和伙伴。老师会更加注重与学生的互动和沟通，帮助学生发现自己的兴趣和潜力。专业发展的改变，生涯教育需要老师具备一定的专业知识和技能，以便为学生提供有效的职业指导，更加注重自己的专业发展和学习，以满足教学的需求。师生关系的改变，生活教育提高了每个教师对学生的关注度，教师由更多关注学生成绩转变为全面关注学生发展，师生之间的关系更多地表现为平等、关爱、对话、激励，师生形成了良性互动的关系。

生涯教育让家长同步成长。家庭教育观念的改变，生涯教育强调学生的个人发展和综合素质的培养，这会影响家长的教育观念。家长会更加注重孩子的兴趣和个性发展，而不仅仅是学习成绩，从而更加支持孩子探索自己的兴趣和潜力。家长参与程度的改变，生涯教育需要家长与学校、老师保持密切的联系和合作，共同关注孩子的学习和成长。因此，家长会更加积极地参与到孩子的学习生活中，与学校、老师建立良好的沟通和合作关系。家长对孩子职业规划的支持，生涯教育可以帮助家长了解孩子的兴趣和潜力，以及不同职业的特点和要求，家长会更加支持孩子进行职业规划和探索，为孩子的职业发展提供更好的支持和帮助。家长自身职业发展的改变，生涯教育不仅针对学生，也可以对家长产生一些影响。家长会通过了解不同职业的特点和要求，对自己的职业发展进行重新审视和规划，以更好地支持家庭和孩子的成长。家校合作交流，使家长更多地理解学校的办学理念，增进了家长对学校的了解，增强了家长与学校的合作交流。

学校开展基于生涯信念的学生发展体系，重大意义在于它不仅塑造了学生的未来，也构筑了社会的进步。通过这一体系的教育形式，学生得以在自我探索中成长，为终身学习和职业发展奠定坚实基础。同时，生涯教育还为社会培养出能够适应快速变化经济和技术环境的高素质人才，这对于推动社会创新和提升国家竞争力至关重要。因此，生涯教育不仅是学生个人发展的助推器，也是社会发展的催化剂，它的实施对于构建一个充满活力、可持续发展的社会具有不可替代的作用。

（执笔人：徐凤花　刘兴宇　闫玉波）

第十一章
建构"三·七"思政课程体系

新思想引领新时代,新使命开启新征程,新征程谱写新辉煌。习近平总书记在思政课教师座谈会讲话中曾指出,思政课作用是不可替代的,思政课教师责任重大。思政课教育对于培养学生正确的世界观、人生观、价值观和良好的思想道德品质具有重要意义。根据党的二十大精神、中小学德育工作指南和思政课的任务,我们通过高中教育教学实践建构"三·七"思政课程体系,从"教书育人,管理育人,活动育人"等多方面培养了学生终生必备的品格和能力,使学生学会做人,学会生存,学会发展,在体验中成长,在成长中享受快乐人生!

一、教书育人,七个思政内容

为全面贯彻党的教育方针,落实立德树人,发挥政治学科的主渠作用,帮助学生系好人生的第一粒扣子,循序渐进地培养学生终生必备品格和能力,高中思政课程应进一步做好各学段教学的贯通衔接,统筹推进大中小学思政课教学改革,围绕"党和国家政策""爱国主义与中国梦""中华优秀传统文化""社会主义核心价值观""道德与法治""中华民族精神"以及"马克思主义理论"七个主要方面展开。这七个主要方面的课堂指引学生发展，培养时代所需要的社会主义建设者，进而推进时代的进步和发展。七个教学方面的核心内容从理论落实到实践，从课内拓展到课外，多视角地为一线教师教育教学提供可借鉴的参考，帮助学生树立正确的世界观、人生观、价值观，使学生保持坚定的理想信念、正确的政治方向和良好的道德情操，培养学生求真务实的精神以及良好的价值判断和行为选择！

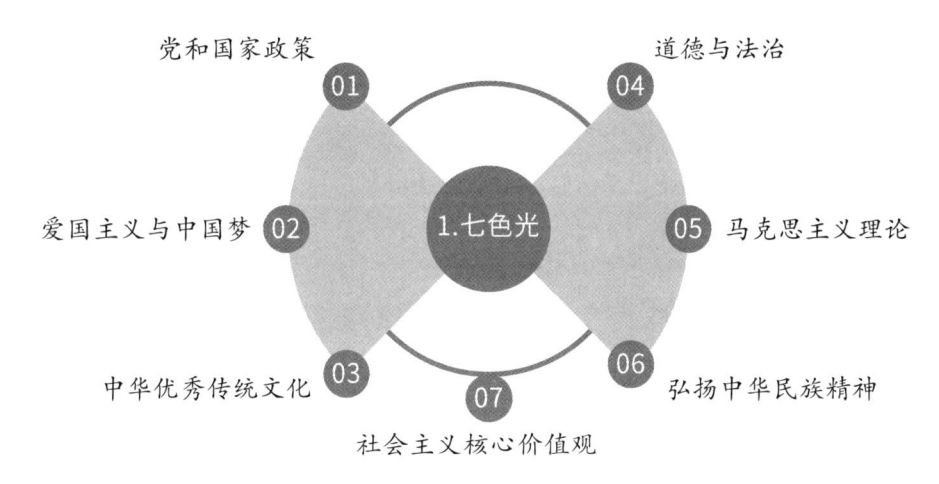

```
党和国家政策              道德与法治
         01          04
爱国主义与中国梦  02   1.七色光   05  马克思主义理论
         03          06
中华优秀传统文化    07       弘扬中华民族精神
              社会主义核心价值观
```

（一）党和国家政策

关注时事动态，关心国家大事是每个成年公民必备的素养。对于将成为成年公民的高中生来说尤为重要。纵观往年的高考试题，紧跟时代热点和国家重大事件占据了大量篇幅，体现了思想政治学科鲜明的时代性特征。因此，思想政治学科的教师和学生更应关注时事动态，养成关心国家大事的好习惯，并在实际生活中加以运用。关注党和国家的政策、路线、方针，提升自身的综合素质，拓展国际视野，关注世界局势的发展变化，真正地做到"风声雨声读书声声声入耳，家事国事天下事事事关心"。

为此，长春市第八中学围绕"走进新时代，开启新征程""众志成城，抗击疫情""全国两会精神""贯彻落实二十大精神"等多个主题，积极开展了时事评说"五个一"行动：一日一评说；一周一沟通；一月一侧记；一假期一实践；一学期一展示。例如"一日一评说"，即每日利用课后十分钟的时间，由班级学生自行组织，轮流进行"时事评说"，从《人民日报》《光明日报》、新华社以及央视新闻等媒体报道中选取感兴趣的时政热点事件，为同学们讲解新闻的背景、内容、影响，并对此事件进行评论，发表个人的观点和见解，同学们也可以充分交流讨论，积极表达自己的看法，营造浓郁的思政学习氛围。在具体实践中，学生们以"中美贸易战""碳达峰碳中和的利与弊""养老金20连涨背后的原因"等内容为题展开了充分的探讨。

与此同时，学校还定期组织开展时事竞赛活动，围绕"五大发展理念""四个自信""我国当前的主要矛盾""两个一百年""社会主义核心价值观""时政热点"等思想政治学科相关知识对学生进行考查，既能巩固课内已学知识，也能引导学生关注并深入了解党和国家颁布的各项政策、提出的各个理念，旨在培养心怀天下、勇担重任的高中生。

"时事评说"特色思政课堂有利于帮助学生了解更多的时政热点，培养具有国际视野、有家国情怀的高中生，通过对时事新闻的阅读和评析，能够活跃学生的逻辑思维，提升学生分析与写作的格局，为培养社会主义建设者和接班人奠基，让学生亲身感受内化于心，价值引领外化于行。

（二）爱国主义与中国梦

"天下兴亡，匹夫有责。"列宁曾说，"爱国主义就是千百年来固定下来的对自己祖国的一种最深厚的感情"。爱国主义是中华民族精神的核心，是把中华民族紧紧团结在一起的力量，它深深地植根于每一个中国人的心中，是我们应有的精神和情怀。习近平总书记在十九大报告中明确指出，"中国梦是民族的梦，也是每个中国人的梦，实现中华民族伟大复兴就是中华民族近代以来最伟大梦想"，我们都坚信这个梦想最终一定能够实现。如今，我们已经进入了中国特色社会主义新时代，爱国主义与中国梦教育是提升学生思想政治素质的基础性工程，高中思政课教师在日常的教学过程中要旗帜鲜明地向学生渗透爱国主义精神与伟大的中国梦。

在进行相关内容的教学时，思政教师可以通过播放《建党伟业》《建国大业》《长津湖》等红色经典影片向学生展现中国共产党自成立以来团结带领人民进行了艰苦卓绝的斗争，谱写了气吞山河的壮丽史诗，也可以通过《战狼》《湄公河行动》《我和我的祖国》等电影向学生展现直至今日国家经济社会发展的繁荣昌盛和面对世界局势时的大国风范，以此来引导学生明确中国梦的本质是国家富强、民族振兴、人民幸福，要时刻牢记新时代党的历史使命，以及两步走建成社会主义现代化强国的目标。

不忘初心，方得始终。伟大梦想的实现不可能是一蹴而就的，爱国主义也绝不是虚无缥缈的纸上空谈，要一步一个脚印地落实在具体实践中。沐浴在新时代的阳光里，成长在新中国的臂弯中，青年要坚定爱国主义信念，勇担时代大任，思政教师要高举爱国主义大旗，鼓励、引导青年学生抓住大有可为的历史机遇期，锐意进取、埋头苦干、善于创新、永不懈怠，不负时代的要求和历史的期待，进而为实现中华民族伟大复兴的中国梦贡献力量！

(三) 中华优秀传统文化

文化对人有潜移默化和深远持久的影响。优秀的文化能丰富人的精神世界，增强人的精神力量，促进人的全面发展，使人们的思想道德素质、科学文化素质和健康素质等方面得到提高。优秀的传统文化为高中生的健康成长提供了不可缺少的精神食粮，对促进学生的发展起着不可替代的作用。中国传统文化影响着中国的过去、现在以及将来，它并不只是静静地躺在博物馆中的展品，还色彩鲜活地体现在人民群众的日常生活和实践中，它让物质文明和精神文明得以保存，使历史得以延续，它是中华民族的"根"和"魂"。在中国人民的心中，要取其精华去其糟粕、推陈出新、革故鼎新、传承优秀的中华传统文化，否则我们的民族将会失去灵魂。

随着经济的发展和时代的变化，越来越多的外来文化、网络文化正涌入我们的生活，整个社会对传统文化的认同感和氛围不浓，高中生接受传统文化的熏陶不足导致许多学生没有真正理解传统文化的内涵。课堂教育是学生学习的主阵地，各个学科教师要充分发挥引导者的作用，结合本学科内容源源不断地向学生渗透传统文化，使学生能够充分理解感悟并对中华优秀传统文化产生认同感。长春市第八中学在学科文化周中设置了海报与手抄报展示环节，学生以"中国文化、美食、节日"为主题，独立或合作绘制完成了精美画卷，向大家介绍中国古代的美食和春节、元宵等节日，让知识动态地展现在眼前，使课本中的文字变得更加具象，寓教于乐，培养了学生的动手能力、创造力和想象力，发展了创新思维。

中国传统文化内容丰富，教师要善于让学生走出思想政治的课堂，以社会实践的形式来探索中华传统文化资源。例如，组织学生进行传统文化主题研学，或利用假期时间进行社会实践，通过实地考察、采访调研等形式来探寻我国优秀传统文化遗产及保护情况。在实践过程中，真正感受优秀传统文化的内涵，树立传承优秀传统文化的信念，坚定文化自信。

（四）道德与法治

良好的思想品德是健全人格的根基，是公民素质的核心。在当今世界，民族素质和创新能力越来越成为综合国力的重要标志。国际竞争的加剧，推动着基础教育课程向着更加重视公民道德与法治、更加重视公民创新意识培养方向发展。在我国构建社会主义和谐社会、加快建设创新型国家的历史重任下，要求我们必须加强建设社会主义核心价值体系，培养学生良好的道德素质、勇于探索的创新精神和良好的法律意识。

作为即将步入社会的高中生，要成为一名合格公民就必须具备良好道德和法治素养，才能更好地为社会和国家的发展做出贡献。因此，教师要通过多种渠道来引导学生牢牢掌握思想道德和法治的基本知识，结合教材内容，引导学生树立正确的人生观、价值观、道德观和法治观。

思想政治学科可开展小组活动，通过"模拟法庭""辩论赛"等方式，让学生近距离感受司法环境，亲身体验司法的公正和法律的威严，通过实践来丰富教学内容。模拟法庭教学注重理论与实践相结合，能够促进理论知识向实践技能转化。在思政教师的指导下，由学生扮演法官、检察官、律师、案件的当事人、其他诉讼参与人等身份，通过庭审准备、公布开庭、庭审调查、法庭辩论、法庭调解、合议庭评议、公布判决等流程沉浸式地模拟体验审判案件的全过程。通过模拟法庭再现庭审全程，不仅能够锻炼学生的口才表达能力、临场应变能力、综合思辨能力以及理性思维等，还有利于向学生普及法律常识，在潜移默化中接受法治教育，使学生深入了解相关法律条款，树立法治观念，增强学生的法律素养，提升学生的综合素质，当自身的合法权益受到侵犯时，敢于拿起法律的武器保护自己，使用合法的手段维护自身的正当权益，从而真正体会法律的公平公正精神，形成良好的法律意识，奠定坚实的法治信仰。

（五）马克思主义理论

中国共产党是用马列主义的理论武装起来的政党，马克思主义理论在我国革命、改革和现代化建设中发挥着重要的作用，不仅是全党和全国人民团结奋斗的共同思想基础，是我们立党立国的根本指导思想，同时也是我国基础教育最鲜亮的底色。高中阶段是学生系统学习和了解马克思主义基本理论的最初阶段，思想政治课作为对学生进行思想政治教育的主渠道，是传播马克思主义理论的有效载体，思政教师承担着帮助高中生坚定马克思主义理想信念的重要任务。新时代思想政治课教师必须高效利用课堂，宣传普及马克思主义理论，让学生在马克思主义理论的正确指导下，接受系统的思想教育，对培养担当民族复兴大任的时代新人，落实立德树人的根本任务，保证党和国家长远发展具有重要意义。

宣传马克思主义理论要坚持与具体实践相结合，"大思政课"要落实到日常的学习和生活中，寓理于情，把新时代中国特色社会主义伟大实践中涌现的典型人物、感人事迹转化为思政教育中最鲜活的素材，用摆事实、讲道理的方式来向学生阐释马克思主义真理，以求培养学生的情感认同。青年要成长为国家栋梁之材，既要读万卷书，又要行万里路。社会实践活动、志愿服务活动以及校内各类文体艺术活动都可以成为筑牢学生理想信念的第二课堂。因此，思想政治教育要拓宽教育渠道，关注时代需求、服务于国家发展大局，把思政小课堂和社会大课堂融合在一起。可以充分用好红色纪念馆、爱国主义教育基地、研学基地，带领学生用脚步丈量祖国大地，指导学生开展合理的社会实践和调查研究，引导学生深入群众，积极参加志愿服务活动，在实践中让学生进一步了解基本国情、社情和民情，感受时代脉搏，让学生真正感悟马克思主义真谛。

（六）弘扬中华民族精神

中华民族精神是中华民族在漫长的社会历史发展过程中逐步形成的，它是中华各族人民社会生活的反映，是中华文化最本质、最集中的体现，是各民族生活方式、理想信仰、价值观念的文化浓缩，是中华民族赖以生存和发展的精神纽带、支撑和动力，是创新社会主义先进文化的民族灵魂。中华民族精神的基本内容主要包括爱国主义、团结统一、爱好和平、勤劳勇敢、自强不息等。想实现伟大复兴的中国梦，就必须弘扬中华民族精神，以爱国主义为核心的民族精神，以改革创新为核心的时代精神。

中华民族精神作为民族文化的结晶，其形成和发展是长期历史积淀的过程，也是随着时代变化而不断丰富的过程，近百年来中华民族精神的丰富和发展，主要体现在中国共产党领导全国各族人民奋斗的历程之中，体现在革命、建设和改革的各个时期。在新民主主义革命时期，中国共产党人的革命精神成为中华民族精神的主体，具有深厚的民族性、鲜明的时代性和先进性。例如，红船精神、井冈山精神、长征精神、延安精神、红岩精神、西柏坡精神，都是这个时期中华民族精神的突出表现。新中国成立之后，在社会主义革命、建设、改革中，中国共产党继续弘扬中华民族精神，不断为中华民族增添新的时代内容，把中华民族精神提升到了一个新水平。雷锋精神、两弹一星精神、大庆精神、抗洪精神和载人航天精神等，都是这个时期中华民族精神的突出表现。

弘扬中华民族精神，是提高全民族综合素质的必然要求，也是不断增强我国国际竞争力的要求，还是坚持社会主义道路的需要。如今，如何立足中国特色社会主义的伟大实践，继往开来，与时俱进，丰富和发展民族精神，是我们必须面对的时代课题，必须深入学习研究和践行。思政教师在教学过程中可以将知识点与中国精神所体现出来的先进事迹和模范人物进行充分结合，通过讲述展示各类英雄人物的事迹等"微观"视角来呈现"以爱国主义为核心的民族精神，以改革创新为核心的时代精神"，把理论知识与实践紧密结合，做好身边感动的宣讲活动，从而大大提升思政课堂教学的亲和力。

（七）社会主义核心价值观

社会主义核心价值观是社会主义价值体系的内核，体现社会主义核心价值体系的根本性质和基本特征，反映社会主义价值体系的丰富内涵和实践要求，是社会主义核心价值体系的高度凝练和集中表达。党的十八大提出，富强、民主、文明、和谐是国家层面的价值目标，自由、平等、公正、法治是社会层面的价值取向，爱国、敬业、诚信、友善是公民个人层面的价值准则，这就是社会主义核心价值观的基本内容。

习近平同志在十九大报告中指出，要培育践行社会主义核心价值观。教育要以培养担当民族复兴大任的时代新人为着眼点，强化教育引导、实践养成、发挥社会主义核心价值观对国民教育、精神文明创建、精神文化产品创作生产传播的引领作用，把社会主义核心价值观融入社会发展各方面，转化为人们的情感认同和行为习惯。教育是一个系统、完整的工程，需要多方合作才能达成目的，思政教育不仅仅是学校和教育部门的事，家庭、社会等方面也要一起倾注力量。家庭教育是学校教育的基础，可从搭建平台、创新方法和综合素质培育上建立长效的家校互动模式，搭建家庭参与学生培养的平台渠道，就人才培养目标、育人理念等加强家校沟通，多角度了解高中生的真实心理和实际需求，形成家校互补、协调一致的合作。同时，也要提升家庭与学校的育人素养，培育和践行社会主义核心价值观，学生家长应转变思路、与时俱进，教师也应紧跟时代步伐，更新自身的知识储备和教学技巧，与学生共同成长进步。

"一·七"的核心思想是"发挥政治学科思想引领作用，端正正确的政治方向"，旨在帮学生树立正确的世界观、人生观和价值观，感悟家国情怀，在思政课堂潜移默化的培养中使学生思想更成熟，心灵更纯净，志向更高远。同时也要通过丰富多彩的思想政治理论课学习来贯彻落实党的教育目标，把学生培养成为德智体美劳全面发展的社会主义建设者和接班人！

二、管理育人，七个思政感悟

在高中生的校园生活中，多数时间是以班级为单位的，为学生营造开心愉悦的生活和文化环境，使班级成为学生心灵健康成长的乐园至关重要。良好的班级管理，使学生能更好地适应新环境，认识自我，感谢父母的养育和老师的教育之恩，思想日渐成熟；学会与人沟通和交流，增强责任意识，并制定班规生约，自律自强。这既丰富了学生的学习生活，充盈了精神力量，也能提高学生的认知水平，使学生进一步磨炼自我，规划人生，为将来更好适应社会展做好准备。

2.七彩生活

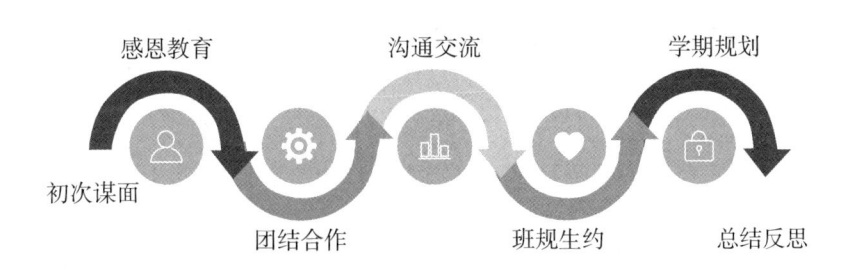

感恩教育　沟通交流　学期规划
初次谋面　团结合作　班规生约　总结反思

（一）初次谋面

心理学研究指出，初次见面，45 秒内会产生第一印象，即"首因效应"。首先，教师要在初次谋面时给学生留下深刻的印象，既展现教师端庄大方的形象，同时也要有自己的风格，甚至还可以赋予某种特殊意义。人与人之间的给予是相互的。让学生感受到教师发自内心地喜欢他、尊重他、欣赏他、接纳他，从而学生也更容易敞开心扉，为良好的师生交往打下基础。

其次，班委是班级的核心支柱，也是协助老师日常管理班级的小助手。一个好的班委团体，可以决定一个班的班级风气，带动班集体进步。因此，教师必须在开学之初，新班级组建后慎重并及时地进行班委和课代表选举，鼓励有意向的学生踊跃参与，大方展示自己的能力，做到"人人有事干，事事有人干""事事有人管，时时有人评"，让学生真正成为班级的主人，成为舞台的主角。

最后，召开新生见面主题班会，通过自我介绍积极地向同学们展示自己的兴趣爱好和特长才艺，组织趣味小游戏加深彼此之间的了解，"7的倍数"游戏，锻炼了同学们的反应能力；"你画我猜"游戏，考验同学们之间的默契程度和沟通技巧；"谁是白板"游戏，让同学们之间少了一些拘谨，增添了几分欢乐。简单的小游戏能够让原本冷清的班级氛围逐渐变得热闹起来，给予每一位同学结交认识新朋友的机会，增加了大家的勇敢和自信，提高学生的集体意识、团队意识，营造班级团结友爱、和谐温暖的氛围，帮助新生迅速融入新班级这个大家庭，同时也能为日后班级学生工作的顺利开展打下坚实的基础。

（二）感恩教育

感恩是中华民族的传统美德，中国历来就有"滴水之恩，当涌泉相报""投之以桃，报之以李"的感恩思想。感恩教育的目的是实现感恩认知，教育引导学生理解感恩的意义和价值，让学生知道什么是感恩、为什么要感恩和如何感恩。首先，要运用合理的教育手段，通过开展以"教师节""母亲节"等感恩为主题的班会、爱国主义为主题的观影以及谈心谈话等等，教师通过多种渠道去帮助和引导学生形成正确的观念，让学生有被关爱、尊重的良好体验，培养学生健全的人格。其次，积极组织开展社会实践和志愿服务，让学生步入社会，加强与他人的沟通交流，在服务他人、奉献社会的实践中将感恩思想内化于心、外化于行。再次，应发挥榜样示范的带动效应，选树典型，用身边的例子给予学生鼓励和激励，带动形成感恩父母、老师、学校、社会、国家的良好氛围。

感恩教育包含着尊敬师长、关爱他人、回报祖国、珍爱生命、追求和谐等伦理价值。长春八中坚持开展"感恩成长，对话未来"成人季活动，分为"感恩篇""立志篇""反思篇""洗礼篇"四个篇章展开。"感恩篇"号召学生在学习的余暇时间，主动为长辈做一顿饭，在家里打扫一次卫生，承担家庭成员应有的责任，展现不同领域所绽放的"成人之美"。良好道德品质的形成往往不是一蹴而就的，需要一个长期教育、熏陶和培养的过程。培养高中生学会感恩应该从小事做起，如体谅父母、孝敬长辈、感谢老师。感恩从身边小事做起，让感恩的种子在平凡的生活中发芽成长。

（三）团结合作

在核心素养下的教育不仅仅是学习知识，合作和竞争意识的培养也是一堂必修课。在班级管理中，可以采取"小组合作"的模式，既能使学生在班级有存在感和归属感，提高班级的凝聚力和集体荣誉感，同时也可以促进班级内部的团结合作和良性竞争。将班级学生分成若干个小组，在组长的带领下，同学们讨论确定各组内负责纪律、负责卫生、负责收取作业的同学，原则是人人有担当，有利于同学之间相互熟悉，人人有担当能让每一个同学都在班级中有价值感，进而增添积极向上、努力学习、为组增光的力量。通过小组合作，使学生意识到团结的力量，发挥班级文化的育人价值，唤醒学生内心的积极性，点燃心中希望，激发学生内在的潜力。

学生在校园内长时间相处下，不可避免地会产生矛盾和冲突，出现语言暴力甚至打架斗殴等情况，教师要及时干涉，防患于未然，寻找适当的时机，通过召开主题班会和互助小组的形式教导学生树立团结合作的意识。在处理集体内部学生之间的矛盾时，要站在学生角度去解决矛盾，真正沉下心来倾听学生的心声和委屈，心平气和地倾听矛盾发生的起因，在矛盾双方的对质中认真分析问题的症结，然后再引导学生从集体大局出发，培养集体利益高于个人利益的意识，促使学生问题以友好和解的方式解决。

（四）沟通交流

在思政教育中，沟通是桥梁，理解是基石。教育不是简单的教与学，而是心灵的交流与成长。师生之间是教学中最重要、最直接、最紧密的合作关系，做好沟通交流十分重要。

教师应该充分理解学生，关心学生的感受，站在学生的角度思考问题。当学生遇到困难和问题向教师寻求帮助时，要给予他们足够的支持和鼓励，帮助他们解决问题。同时，教师也要注意自己的言语和行为，让学生感受到尊重和信任。站在学生的角度，设身处地地思考问题,这才是真正的共情能力。作为教育者,我们要用爱去引导学生,用平等的方式去沟通,而不是用威严去压制。

除了课堂上的交流,教师还可以通过写信、邮件、小纸条等方式与学生保持联系,丰富多样的沟通方式可以更好地适应学生的需求,让他们在不同的情境下感受到教师的关注和支持。对于一个合格的教育者来说,良好的师生沟通能够解决教育教学工作中存在的各种问题,优秀的师生沟通甚至能够预防很多问题的发生。只要学生在努力,只要他们没有触碰原则的底线,教师要多一些善意,多一分理解,满足学生的合理需求,激发学生的学习热情和潜力,促使学生健康成长。

(五)班规生约

没有规矩,不成方圆。规章制度是班级建设的护航员,用好规章制度可以增进学生认同、建立共同的班级价值目标、优化班级教育管理。班规是对学生综合品质的一种考验,遵守规定可以培养学生自律、诚信、责任感等优秀品质,从而提高学生的整体素质。

"一旦离开了规则,每个人都是自由行事,结果是每个人都得不到真正的自由。"班集体步入正轨后,教师要带领班级同学一起以中学学生守则为依据,民主参与讨论发表意见,制定合理的班规生约。班规制定的原则要适合学生的最近发展区,标准不可过高,过高的标准学生无法达到,容易产生挫败感,最终班规无人遵守。也不可过低,要求过低的班规学生无须遵守,形同虚设。

班规制成颁布后，学生要承诺共同遵守并时刻互相监督，教师严格监管，对出现违规行为的学生予以处罚，让班规生约真正落到实处。班规的制定与实施注定不是一蹴而就的，是螺旋上升的过程，注定会经历不断的修改和完善，因此需要全班同学在实践班规的过程中不断地反思，从而找出最适合本班班情的班规。班规是同学们认同，自主约定的，在此过程中，教师和全班同学都会坚持从实际出发，实事求是，并能及时地调整。这样在科学有效的班规约束下，班级同学的学习有序、自主、自觉，实现了良好的教育效果，并促进学生成长为更加优秀的自己。

（六）学期规划

新学期的开始是一个崭新的起点，制定一个明确而有效的学习计划能够帮助学生更好地应对学习挑战，提高学习效率和成绩。

制定学习规划，要确立学习目标。根据学期或学年的课程要求和个人目标，设定具体、可衡量和有时限的目标。将目标分解为短期、中期和长期目标，不急于求成，循序渐进地完成好每一个短期小目标，以便更好地追踪进度和取得成就感。

制定学习规划，要明确学习重点。为了更好地完成学习任务，将学习计划分解为具体的步骤和行动项，列出每门科目的学习思路、课程大纲或学习计划，明确学习重点，并将它们转化为每周、每日的具体任务。做好五个计划，即日计划、周计划、月计划、学期计划、学年计划，优先安排重要的任务，确保能够按时完成。

制定学习规划，要坚持贯彻落实。切实将计划落实到每一天。有效的时间管理对于学习计划至关重要，评估每天的时间分配情况，制定一个周密的时间表，合理安排学习时间和休息时间，要确保给每个小任务留出足够的时间，避免时间压力和拖延。根据德国心理学家艾宾浩斯提出的遗忘曲线规律来指定复习计划表，做好相应的复习巩固。

凡事预则立，不预则废。面对繁杂的知识和信息，培养良好的学习习惯，制定一份详细的学习计划可以帮助学生明确目标，规划学习进度，保持动力，克服学习中的困难和挑战，在有限的时间内获得最大的收益。

（七）总结反思

"反求诸己""扪心自问""吾日三省吾身"等至理名言，向我们昭示人类自古以来便关注反思。自我反思是高中生成长的关键步骤之一，通过反思自己的行为、决策和结果，可以获得宝贵的经验和教训，有助于识别自己的优点和不足，并加以改进。

反思是纠正错误行为的润滑剂。良好的思维品质需要培养，而培养思维品质需要通过相应的思维训练。"反思"作为其中的一种训练方式，对提高思维的灵活性、批评性、严谨性和广阔性均能起到良好的作用。在阶段性测试后，学生要以试卷作为重要的依据进行反思，关注自己没有掌握的知识点以及各个知识点的失分原因，并在之后的学习中查缺补漏。在遇到人际交往的难题时，要学会向他人寻求反馈，与同学、老师或者家人分享自己的经历，并征求他们的意见和建议，寻求合理的解决问题方式。

反思是一种高贵的品质，使思考者能够始终保持清醒。正如一位哲人所说："在奋进中反思，我们不会偏离目标；在失败中反思，我们不会气馁；在成功后反思，我们不会停顿。"学生树立总结反思的意识，也就为自己立起了一面"认识自我、反省自我"的镜子。反思也是培养创新的桥梁。对高中生而言，学习是一种经历，只有在经历中总结出经验时，学习才具备了真正的价值和意义。人的经历是有限的，但只要我们能去反思，就可以从这有限的经历中总结出经验来，甚至可以从感性认识上升到理性认识。

"二·七"的核心思想是觉悟成长，自律自强，促使学生学会发展，通过感悟班级"七彩生活"，班集体很快形成凝聚力，同伴间形成的比学赶帮超的热情更加高涨，进而形成良好的班级氛围和健康的班集体。

三、活动育人，七个思政体验

党的教育方针是培养德智体美劳全面发展的社会主义建设者和接班人，但在实际的教学育人过程中，难免出现忽视德育和劳动教育等情况，从而过分强调智育，只注重学习成绩的情况大有存在。因此，社会上出现了一些智高德低的问题学生，过分强调智育的教育模式不利于学生身心健康成长，也不利于综合性人才的培养。一些青少年中出现了只重视智力学习，不珍惜劳动成果、不想劳动、不会劳动的现象。为此，教师必须重视并采取有效措施组织学生活动，加强劳动教育，设置劳动教育课程，把劳动教育纳入人才培养全过程，让学生走出课堂，参加活动，进入社会体验不同的身份和角色，感悟辛勤劳动所创造的物质和精神价值，在活动和劳动育人的过程中促进学生形成正确的世界观、人生观、价值观。

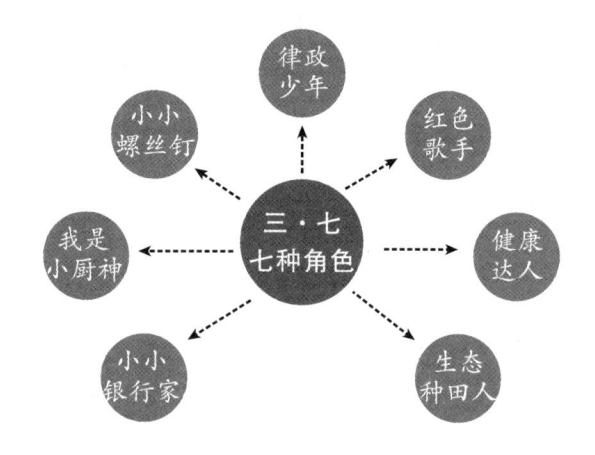

（一）小小银行家

银行作为金融体系的核心机构之一，扮演着至关重要的角色，是现代社会中不可或缺的存在，对于经济的稳定和发展起着重要作用，为人民群众的日常经济生活提供了便利，能够通过货币政策来对经济进行调节和引导。体验银行职员的工作，有利于帮助学生了解社会主义市场经济的运行规律，理解积极稳健的货币政策对社会经济稳定发展带来的影响。

来到银行，首先由职业导师为同学们讲解大堂经理、柜员、客户经理等不同岗位的职责，同学们体验自主操作取号机、自动存取款机等机器设备，通过实地参观体验银行人的日常工作，了解银行机器设备的使用方法和注意事项。接下来，同学们来到银行窗口，和柜员们深入交流，在学习存取款、银行卡开户等相关知识后，进行角色扮演，体验存款业务，近距离感受到了银行紧张有序的工作氛围和工作人员严谨细致的工作态度，真实体验银行柜员的工作。最后，职业导师给同学们介绍点钞机的使用方法，并用练功券现场展示了单指单张和多指多张点钞手法，娴熟的点钞技能引得大家发出连连赞叹，同学们都迫不及待地想尝试一下，现场氛围热闹非凡。经过短时间的练习后，同学们纷纷展示学会的点钞技能，获得了工作人员的一致好评。

同学们纷纷表示，经过银行职业体验，切身感受到了银行柜员辛勤工作的不易，在未来的学习生活中要踏踏实实干好每一件事，持之以恒地去学习，通过劳动去为社会创造更大的价值。通过银行职业体验活动，学生们了解很多金融知识和银行业务，学会了辨别真假纸币的方法，掌握了简单的点钞手法，不仅开阔了视野，了解了银行职员的工作内容，丰富了人生阅历，同时也树立了远大的职业理想，锻炼了动手能力和沟通交往能力，丰富充实了假期生活，增强了自身的学习动力。同学们带着"银行家"的梦想满载而归，在轻松愉快的环境中提升了综合素质，获得了满满的体验感和幸福感。

（二）我是小厨神

习近平总书记多次强调劳动的重要性，指出："劳动创造了中华民族，造就了中华民族的辉煌历史，也必将创造出中华民族的光明未来。"诚然，劳动教育被视为关键的教育方式，也是在新的层面对于劳动教育提出的更高要求。

长春市第八中学始终坚持素质教育，坚持"五育并举"，致力于培养学生全方位发展，实行全面全方位育人。为培养学生基础生活能力与劳动创造能力，学校在寒暑假期间深入开展"厨神争霸"系列活动，此次活动作为学校劳动教育的展示课程之一，备受学生们的喜爱，学校提倡学生利用假期闲暇的时间，为家中长辈制作自己的拿手好菜，换位思考体验长辈们的艰辛，培养自己良好的劳动习惯与生活技能。在活动通知发出之后，同学们积极响应，纷纷表示要在家长面前"大显身手"，他们化身"厨神"，以美食为力量，寻味千古流芳，一载百味情长。各位同学身怀绝技，各式各样的菜品在同学们手中变成精美的摆盘，千门百类的食材在锅中翻腾烹炒，最终变成难得一见的佳肴。热油翻滚，挥舞铲勺，清蒸油焖，厨下烹鲜，同学们对于各自的菜品介绍的是有条不紊，各种注意事项分析得头头是道。八仙过海，各显神通，他们精心烹饪的食物不仅展示了自己精湛的厨艺，也体现了同学们对于劳动的热情与热爱。

劳动是一切幸福的源泉，就如同马克思主义理论所强调的那样：劳动是人类本质的活动，是推动人类社会进步的根本力量。习近平总书记说："幸福不是毛毛雨，幸福不是免费午餐，幸福不会从天而降。人世间的一切成就，一切幸福都源于劳动与创造。"因为有了劳动，我们的生活才会得以幸福美满。柴米油盐酱醋糖，调出万千美味；蒸煮炒焖爆炸煎，烹出百种佳肴。长春市第八中学学子烹调的是一份快乐和恩情，父母品尝的是一份欣慰和幸福，老师收获的是一份感动和美好，给孩子们一次机会，他们就会遇见更好的自己。

（三）小小螺丝钉

我国是工人阶级领导的、以工农联盟为基础的人民民主专政的社会主义国家。工人阶级是先进生产力和生产关系的代表，也是坚持和发展中国特色社会主义的主力军。一切幸福都源于劳动和创造。回首奋斗路，是中国共产党带领工人阶级和广大劳动群众，以劳动托起中国梦。

作为高中生，只有多参与劳动实践，才能知道各行各业的一线工作环境千差万别，劳动者各有各的艰辛。在学校的组织下，学生分组前往社区、餐饮店、研发中心、汽车部件生产公司等地，真正体验工人劳作的艰辛。以长春市博明汽车部件有限责任公司为例，工作人员带领学生参观了汽车部件生产车间和装配线，了解了汽车发动机线束的组装工艺和生产流程，还讲解了质量检验把关的各项指标要求。随后，学生们来到组装车间，共同动手体验，先对最新生产出来的一批发动机线束进行组装，按对应的线序插接护套，再进一步缠绕波纹管、缠好绞带，然后将线束连接电脑、接通设备电源、自行检查线束线路的通断、判断产品的质量是否合格。

经过亲身体验，学生们不仅增长了见识，也对汽车制造和零部件生产有了初步的了解，对装配工作和质量检验有了深切的体会，对国家的发展进步有了更加直观的印象，进一步激发了学生们的学习积极性和自信心。同学们纷纷感叹，一台汽车由成千上万的零部件组成，哪怕是一个小小的螺丝钉出了问题都会影响到汽车最终的质量和安全。对于国家而言，我们每个人都愿成为一颗"小小螺丝钉"，只有尽力把自己的事情做好，才能让国家这台大机器运转的越来越高效，变得越来越强大，为未来祖国的建设和强大添砖加瓦，强国必然有我的情感油然而生！

（四）律政少年

思想政治教育是培养合格社会主义建设者和可靠接班人的重要方式之一，法治思想作为中国特色社会主义事业的重要组成部分，应该融入高中生的思政教育中，法治思想融入思政教育可以帮助学生更坚定地理解和支持国家的法治建设，提升学生的法治意识和法治素养，促使学生更好地为中国特色社会主义事业发展贡献力量。

为弘扬和培育法治精神，在学校的组织和教师的引领下，学生们来到律师事务所开展"律政少年"实践活动。来到律所，指导教师为了让同学们更快、更好进入角色，沉浸式体验律师行业，组织同学们在模拟法庭进行了"宅基地纠纷"当事人咨询环节，通过角色互换的形式，同学们以"律政少年"的身份回复"当事人"的问题，由此也上了一堂生动的法学课，深入了解到"宅基地所有权、使用权、使用性质、违建"等法律知识。为了让同学们更真实地体验法庭现场的唇枪舌剑，律师事务所精心挑选了一起与"名誉权"相关的民事案件，现场还邀请一位同学担任书记员，宣读法庭纪律。整个模拟法庭严格按照法庭审理程序要求进行，经过举证质证、法庭调查、法庭辩论等程序，让同学们身临其境地感受到法律的威严和神圣，体会到了作为一名优秀的律师，除了具备深厚的法律知识和雄辩的口才，更重要的是心中坚守的那份正义与真诚。庭审结束，指导教师就本案的裁判要旨进行分析点评，以案释法、以案为戒，引导同学们如何在生活中维护自身合法权益。同学们积极发言、大胆提问、思维缜密，律师们纷纷感叹，"律政少年"前程似锦、未来可期！

法者，天下之程式也，万事之仪表也。"律政少年"实践活动是同学们认识社会、认识自我的重要方式，同学们在此次律政活动中不仅增强了法制观念，还树立了坚定的职业理念。社会是课堂、法律是良师，炼理性之法眼观世界，持正义之法律辨是非。与法同行，与人为善，维法、用法、理法，让求学之路化作铺满希望的康庄大道。

（五）红色歌手

一颗初心，镌刻赓续传承的百年荣光；一种信仰，汇聚日月新天的磅礴力量；一方耕耘，照亮千家万户的灯火辉煌；一曲红歌，勾勒山河无恙的盛世景象。在思政教育中，要充分挖掘红色文化内涵，并与教材内容充分融合，激发学生的学习兴趣，发挥好红色文化的教育功能。红色歌曲主要是指五四运动以来我国各个历史时期的革命歌曲，歌赞中国革命、建设与改革事业，歌颂领袖和祖国的经典歌曲，其中蕴含着爱国主义、无私奉献、团结一致等红色元素。

历史的长河滚滚，流不尽我们对先辈的敬仰；历史的长河滚滚，带不走我们建设祖国的决心。为铭记先辈遗志，紧随历史潮流，担负历史重任，每逢"五四运动""一二·九"纪念日来临之际，学校都举办"传唱红色经典，传承爱国精神"红歌合唱大赛，用最嘹亮的歌声，献上最深情的礼赞，把红色歌曲和红色文化融入德育课堂，唱响思政教育主旋律，以浩气锤炼飒飒长剑，以碧血铸就巍巍丰碑。各班同学在教师的指导下，能够齐心协力，群力群策，展示良好的班风班貌。在练习中不断磨合，使同学们之间的默契度不断加深，歌唱水准不断提高。通过红歌合唱比赛，同学们净化了心灵，收获了友谊，增强了团队协作精神，传承了红色基因。

"忆往昔栉风沐雨峥嵘岁月，看今朝百年辉煌风华正茂。"百年前，正是那群青年在红船下立下的铮铮誓言，能让我们有机会生在这个幸福的时代。吾辈青年，长在春风里，目光所至皆为华夏，五星闪耀皆为信仰。百年后，生逢盛世的我们注定不负盛世，愿以吾辈之青春，传前辈之火炬，昭盛世之中华。伴随着一曲曲激昂振奋人心的歌曲，重温中华民族前进的历史足迹。青年是未来的新主人，也是新时代的开创者，通过唱红歌来培养学生以史为鉴、刻苦学习、发愤图强的精神，为实现中华民族的伟大复兴的中国梦而努力奋斗，充分激发学生的爱国情怀，坚定对马克思主义和共产主义的信仰，有利于培养堪当民族复兴重任的时代新人。

（六）健康达人

学生健康成长，事关国家发展，事关民族未来。党的二十大报告指出："人民健康是民族昌盛和国家强盛的重要标志。把保障人民健康放在优先发展的战略位置，完善人民健康促进政策。"健康教育作为素质教育的重要内容，也是国民教育体系不可或缺的组成部分。

为深入开展阳光体育运动，促进学生养成良好的体育锻炼习惯，培养学生坚强毅力和克服困难的勇气，长春八中德育处及团委利用寒假，组织全校同学开展"健身之星——我是平板王"体育锻炼活动，号召同学们在家打卡锻炼。生命在于运动，运动在于锻炼，锻炼贵在坚持，坚持就是胜利。在学校的号召下，同学们充分利用假期时间，积极参与到学校假期运动打卡活动中，掌握了简单有效的健身方法和运动常识，科学有效地促进自我锻炼，为自己制定短期目标并为之坚持下去，不断提高锻炼的自律性、积极性，从而养成良好的锻炼习惯。通过每天亲身感悟来激励、反思自己，克服惰性，感悟成长真谛、珍爱自己、关爱生命。

开学返校后，学校举办"健身之星——我是平板王"班级PK赛，由德育处在各班级随机抽取十名同学作为参赛选手，目的在于鼓励每位同学在平时也自觉进行平板支撑的练习，真正做到体育锻炼的全员参与。没有懒惰松懈，没有轻易放弃，正是日复一日地坚持，才有扭转乾坤的力量。发抖的身体，额头上的汗珠，憋红的脸颊，握紧的拳头，快支撑不下去的时候，咬咬牙坚持到底，一定会迎来属于自己的胜利。每次平板支撑比赛充分展现了学生朝气蓬勃的精神风貌，激发了学生热爱生活、科学健身的热情。同学们真正做到了弘扬体育精神，保持踔厉奋发的朝气、敢为人先的锐气和不畏艰难的勇气，正在成长为德智体美劳全面发展的新时代青年。

（七）生态种田人

习近平总书记指出，生态环境保护和经济发展是辩证统一、相辅相成的，建设生态文明不仅可以满足人民日益增长的优美生态环境需要，而且可以推动实现更高质量的发展。为全面贯彻落实党的教育方针，实施素质教育，实现以劳树德、以劳增智、以劳健体、以劳益美、以劳促创，学校成立了"芳草园"学生劳动实践基地，由有农耕经验的老师参与指导和管理，开展农耕民俗和劳动体验课程，以班级为单位组织成立劳动实践小队，学生体验农耕文化，了解农具的使用，辨析农作物品种，并在校内种植西红柿、土豆、萝卜等农作物，学生参与农作物育苗、栽种、浇地、除草、施肥等田间农活体验。同时，还组建了学生营销社团，待果实成熟后每周组织一次农作物义卖活动，义卖所得用于基地农资购买，义卖现场气氛热烈，获得师生一致好评。

学校多次在植树节来临之际组织学生植树造林，同学们在仔细聆听老师讲解的注意事项后积极搬苗、扶苗、培土、踩实，分工明确，干劲十足，互相配合，充分体现了团结、互助、协作的团队精神。经过辛勤的劳动，一棵棵新绿新植迎风而立，在和煦的微风中萌发盎然生机。参加活动的同学们纷纷表示，栽种下的一棵棵树苗，不仅是播种对美好未来的希望和憧憬，更是以实际行动为建设和谐美丽的绿色家园做出贡献。

"读万卷书,行万里路",经历是最好的成长,研学是最美的相遇。学校组织学生进行研学活动,前往西夹荒生态旅游度假村,观赏田园美景,感悟乡土人情。在研学过程中,学生学习了草编制作,利用芦苇、麦秆、高粱秆等天然材料,应用正扣、反扣、经纬挑压、套圈、包缠等多种技法,一片玉米叶,转瞬间就成了一件艺术品,杯垫、手链,甚至日常使用的各种筐、篮子等都能编制而成,变废为宝,栩栩如生,惟妙惟肖。

"三·七"的核心思想是角色定位,实践出真知,学生深入体验工人、银行工作者、农民、律师等多个角色,了解不同岗位的性质、职责和特点,理解并成为默默奉献的劳动者,学会换位思考,形成健全人格和良好的思想道德品质,树立正确的职业观、劳动观和人生观,提升自身的动手能力和创新意识,更加科学、合理地规划人生。

(执笔人:王玉冬　姜隽姝　王朝晖)